おとなの学びの行動学●第2部

# 学習関心と行動
## 成人の学習に関する実証的研究

藤岡 英雄

学文社

## まえがき

　NHK 教育テレビがスタートした昭和 30 年代のなかば，駆け出しのディレクターとして『英語会話』など講座番組の制作に追われていた著者がいつも気になっていたことがある。それは，自分が担当している番組はいったいどんな人が見ているのか，その人たちはなにに満足し，なにを不満に思っているのだろうかということだった。それを知るただひとつのよすがは視聴者からの投書で，それは番組づくりに役立ったし，また力づけられるものでもあった。でもそれはごく一部の熱心な視聴者の声で，全体としてどんな人がどんな目的で，どんなふうに利用してどんな成果をあげているのか，なにに不満をもち，どんな番組を求めているかといったことは，ほとんどわからなかった。その頃は特定番組についての調査は，学校放送など一部の番組を除けばほとんど行われていなかったのである。

　10 年近く教育教養番組の制作に携わったのち，希望がかなって NHK の研究部門のひとつである放送文化研究所に転属となり，ようやく積年の疑問を解き明かす仕事ができることとなった。「こどもの生活とテレビ」の調査に参加しながら並行して手がけたのが，前著『おとなの学びの行動学・第 1 部　学びのメディアとしての放送』で紹介した講座番組や教養番組の視聴者についての研究である。その仕事を通して多くのことを学ぶことができた。なかでも印象に深く残っているのは，こうした番組の視聴者は決して一様ではなく，番組の利用の目的も利用の仕方も実に多様で個性的であること，そしてその誰もが自ら求めて学びに取り組み，学ぶことそのものの中に大きな喜びを見出していることであった。

　番組づくりに携わっていたころには，効果的に伝えたり教えたりする技法上の工夫に専念していたものだが，調査を通して教育教養番組の視聴者に接していくうちに，この人たちが放送以外にも多様な手段や機会を利用して学びに取り組んでいることに，あらためて気づかされたのである。いったいこの人たちはどんな理由や目的で，なにを求めて学んでいるのだろうか。学ぶことはこの

人たちにとってどんな意味をもっているのだろうか。それは加齢や時代の変化とともにどのように変わっていくのだろうか……，といったような疑問がつぎつぎと生まれ，それをもっと組織的により深く探ってみたい，という関心へと拡がっていくこととなった。

　わが国の成人はどんな学習をしているのか，あるいはしたいと思っているのか，またそれは時代や社会環境の変化につれてどのように変わってきているのか調べてみたい。そこで得られた知見は，放送番組の企画・制作の資料になるだけでなく，社会教育・生涯学習など行政のプログラムづくりにも役立つのではなかろうか。こうした問題意識から生まれたのが，本書でまずはじめに紹介する「NHK学習関心調査」である。これは，人びとの日常生活から生じるさまざまなニーズが学びへの関心を生みだし，それがなんらかの機会を得て現実の学習という行動へ顕在化する，そうした一連のプロセスをモデル化したものをベースに開発した調査で，1982（昭和57）年の第1回調査を皮切りに99（平成11）年までの間に5回実施され，わが国の成人の学習実態と意識について貴重な知見が得られている。本書前半では，この調査の理論的な枠組みとなった「学習関心モデル」の考え方，調査から得られた人びとの学習関心や行動の実態とその時系列による変容を探るとともに，それをもとにした社会教育計画のあり方について考えてみた。

　ところでおとなの学びは，特殊な社会体制の下でのそれは別として，本来他者から強制されて行うものではない。自らの意志と責任のもとに自らにふさわしいやり方で進めるところにその特色がある。その意味できわめて個性的であるが，そのことにじかに触れる機会が与えられたのは，NHKを定年退職後10年近く奉職することになった徳島大学においてであった。そこでは公開講座を企画・運営し，また自らその講師として日常的にさまざまな受講者に接するだけでなく，受講者の会の企画による研修旅行や各種のイベントへの参加を通して，学ぶおとなの人たち一人ひとりと親しくふれあう貴重な機会を得た。本書後半部分で紹介するのは，徳島大学で行った数々の調査やもろもろの体験を通して明らかになったこと，考えてきたことを整理して示したものである。

　講座番組や教養番組のつくり手であれ，公開講座などおとなの学びを企画し

たり教えたりする者であれ，そうした立場にある者に求められるのは，教えることの専門家である前になによりもまず学びの支援者であること，そしてそのために求められるのは，学ぶおとな一人ひとりに寄り添った理解と共感，そして暖かいまなざしであろう。"おとなの学び"の探求と支援をライフワークとしてきた著者が最後にたどりついたキーワードは，この「学びの理解と共感」であった。

　前著と同様，読者への便宜として本編の前に「序章」を設け，各章の概要と相互の関連をあらまし紹介した。通読いただき，本書の意図をなにがしかでもくみ取っていただけるならば，著者としてはそれだけでも十分なよろこびである。なお，本書で取り上げた調査研究の多くはいずれも数年から十数年にわたって行われたもので，本書は著者が研究誌や編纂書等に逐次発表した論文を要約・整理して紹介したものである。したがって個々の調査研究の詳細については，各章の「注」および本書巻末の「著作一覧」に示した原論文を参照していただければ幸いである。

学習関心と行動

目　次

まえがき

序　章——研究の背景と各章の構成 …………………………………………… 9

第1章　学習関心と行動の把握
　　　　——「学習関心調査」の開発 ……………………………………… 27

　1．学習要求調査の問題点　27
　2．学習関心の階層モデル　36
　3．学習関心調査　39
　4．「学習関心調査」からみた日本人の学習　42
　5．"階層モデル"の検証　53

第2章　学習関心の動向と社会教育の課題 ……………………………………… 65

　1．学習ニーズの把握　65
　2．調査からみた学習ニーズの動向　69
　3．潜在的関心の発掘と行動化　83

第3章　社会教育計画における学習者支援 ……………………………………… 91

　1．成人学習者の理解　91
　2．成人学習のプロセスと形態　101
　3．学習ニーズの把握と学習課題の設定　109

第4章　大学公開講座にみるおとなの学び ……………………………………… 117

　1．公開講座受講者の研究とその背景　117
　2．公開講座受講者のプロフィール　122
　3．公開講座受講の成果　130
　4．受講成果の因子分析　136
　5．補足的考察　144

第5章　公開講座の"固定受講者" ……………………………………………… 149

　1．公開講座のリピーター：固定受講者　149

2．固定受講者の特性　153
  3．固定受講者のタイプ分け　164
  4．継続受講者と公開講座の課題　168

第6章　学びのスタイルとその背景
　　　——公開講座受講者の事例研究から………………………………………175

  1．事例研究によるアプローチ　175
  2．13人の学習者——そのプロフィール　180
  3．継続学習者を特徴づけるもの　184
  4．継続学習者を生み出すもの　189
  5．明確な目標と隠された動機　193
  6．継続学習者にとっての大学公開講座　203

第7章　僻地住民の学習ニーズ
　　　——徳島県における実態調査をもとに………………………………………209

  1．僻地住民の学習実態と学習関心　209
  2．大学への期待と課題　222

第8章　おとなの学びの関連要因
　　　——学びを生み出すもの，学びが生み出すもの…………………………227

  1．CORモデルとその問題点　227
  2．学習プロジェクトとベネフィット　231
  3．公開講座が生み出すベネフィット　233
  4．おとなの学びとパーソナル・インフルエンス　236
  5．学習ニーズと学習関心　239
  6．"学びの意味"を通しての人間理解　242

あとがき　251
参照文献一覧　255
著作一覧　263

## 第1部　紹介

藤岡英雄　著
おとなの学びの行動学・第1部
学びのメディアとしての放送
　～放送利用個人学習の研究～

主な内容――
- ■成人学習媒体としての放送
　　　――日本における歴史的展開と研究の軌跡
- ■放送による職業技能学習
　　　――1960～70年代に職業教育番組が果たした役割
- ■成人学習としての講座番組利用
　　　――利用実態と番組機能の分析
- ■「学習補助情報」とその効果
　　　――放送利用個人学習の支援に関する実験的研究
- ■「放送テキスト」の利用形態とその機能
　　　――『スペイン語講座』『ロシア語講座』『家庭大工入門』テキストを中心に
- ■放送利用への意識と学びの諸相
　　　――放送利用の意識調査とケース・スタディから
- ■"教養"のメディアとしての放送
　　　――教養観と教養番組視聴に関する研究

# 序　章
## 研究の背景と各章の構成

### 「学習関心調査」の開発

　今日では社会教育の事業を企画する際に住民の学習実態やニーズを探る調査が行われることが多く，そこで産出されたデータはおびただしい量になる。しかしその質となると問題のあるものが少なくない。多額の経費を投入しながら簡単なクロス集計の報告に終わっているものがほとんどであるうえ，多くが単発調査で人びとの意識や行動を継続的に把握していこうとする姿勢は希薄である。その背景には姿勢や意識の問題だけでなく，成人の学習についての行動科学的研究など，基礎研究の未成熟がある。かねてからこうした問題意識をもっていた著者は，放送で学ぶ人の研究の自然の延長として成人の学習の実態とそのニーズを探る調査の開発へと進んでいった。その過程で生まれた「学習関心の階層モデル」とそれをもとにした「学習関心調査」の結果を紹介したのが第１章である[1]。

　従来行われてきたこの種の調査は，他の行動科学領域のそれに比べてかなり立ち遅れてきたように思われる。その原因のひとつは，対象となる事象についての基礎研究，たとえば市場調査における消費者行動の研究に相当する研究，本論の場合でいえば成人の学習行動についての行動科学的研究の未成熟がある。そこでまず海外の先行研究のリヴューをもとに，調査の土台となる方法論上の問題点を検討したところ，学習ニーズ調査の要件として次の４点が浮かび上がってきた。

　第一に，調査がとらえようとするものが"要求・欲求としてのニーズ"であっても，その背後にある"必要としてのニーズ"に接近しようとする姿勢が求められる。さらにとらえようとしている「学習」が明確に定義されているかどうかが，第二のポイントとなる。つぎに学習の内容を問うにあたり，10～30

程度のカテゴリーで回答を求めることが多いが，これでは分類が粗すぎて事業企画にはあまり役立たない。そこでどれだけ学習内容を細分化できるかが，第三のポイントとなる。そして最後に，学習意欲の強さ真剣さをどれだけ弁別して把握できるかが第四のポイントとなるが，これは予測の有効性を左右するだけに重要だが，把握の最も難しいものでもある。

　こうした反省のもとに目指したのは，学びたいという意識（学習関心）を行動化の可能性の大小で2つのレベルに分けてとらえようとする試みで，その土台となったのは著者が「学習関心の階層モデル（氷山モデル）」と呼ぶ理論モデルである。これは人がなにかを学ぶことについて，関心の全くない状態から多かれ少なかれ関心を抱く状態を経て行動化した現実の学習に至る，ひとつの連続体としてイメージしたものである。氷山にたとえれば，海面上に姿の見える部分がすでに行動化している学習（学習行動），一方海面下の巨大な部分は意識レベルの学習，すなわちまだ行っていないが今後行いたい学習で，これを「学習関心」と呼んでいる。「学習関心」はさらに意識の表層にあって行動化の可能性の高い「顕在的関心」と，「学習項目リスト」のような手がかりが与えられると意識化される「潜在的関心」の2つの層に分けることができる。そのねらいは，行動化予測の精度を高めることもあるが，さらにはこのモデルを媒介として潜在的ニーズへと目を向けさせ，自らは気づかなかった必要としてのニーズの発見を通して学習行動へとつなげていく，そうした期待もあるからである。2つのレベルの「学習関心」を区別して取り出すために，この調査では個人面接調査と配付回収調査を組み合わせ，まず個人面接で「学んでみたい」と自発的に回答されたものを「顕在的関心」，続いて留め置き調査票で提示された項目の中から「学びたい」として選ばれたものを「潜在的関心」として処理した。

　かくして生まれた「NHK学習関心調査」は，20歳〜79歳のわが国成人から無作為抽出された人たちを対象に1982（昭和57）年から98（平成10）年までの間に5回実施されている。ちなみに第1回調査では次のようなことが明らかになっている。まず過去1年間に総計7時間以上の「学習行動」をひとつでも行った人は40.2％で，わが国成人の約4割，3200万人がなんらかの学習に取り組んだことになる。「学習行動」のある人の過去1年間の学習時間量の平均は

210時間を上回っており，ここから計算すると年間学習時間量の総計は最も低く見積もっても67億2000万人時間になる。これは学習指導要領の定めるわが国の全小学生が1年間に受ける授業の延べ時間量（83億人時間）にほぼ匹敵するもので，成人の学習が小学生児童のそれと同程度かそれ以上の時間とエネルギーを消費する，巨大な領域であることがわかる。

　人びとの学習内容は多岐にわたるが，「趣味」領域が最も多く全体の4分の1を占め，「スポーツ」がこれに続く。具体的内容では「編みもの」「園芸」「華道」「茶道」「テニス」「ゴルフ」「英語会話」などが多かった。一方，なんらかの「学習関心」を示した人は9割近くあったが，「顕在的関心」を示す人は半数にとどまった。「顕在的関心」が最も多く示されたのは，「学習行動」と同様「趣味」領域であった。また学習行動率，顕在的関心率はいずれも若年層で高く，年齢とともに低下していく傾向がみられた。

　「学習関心調査」は，「顕在レベルの関心は潜在レベルのそれよりも行動化の可能性が高い」との仮定に立っているのだが，その正否は検証が必要となる。そこで第1回調査から3年後の1985（昭和60）年，首都圏の有効サンプル489人に追跡調査を行ったところ，無関心レベルにあった学習項目の中で追跡調査時点までに行動化したものは僅か0.1％であったのに対し，「潜在的関心」レベルからは1.0％，「顕在的関心」レベルからは10.1％が行動化していた。つまり3年のスパンでみれば潜在レベルは無関心レベルの，顕在レベルは潜在レベルのそれぞれ10倍の確率で行動化したわけで，これは「学習関心の階層モデル」の有効性を示すものといえよう。「学習関心の階層モデル」はのちに一部識者の間に知られるところとなり，地方自治体の中にはこのモデルを参考に学習相談事業の改善に取り組む事例もみられた。

### 変動するニーズと行政の役割

　人の生涯にあってはライフステージの移行に伴い新たな学習ニーズが生まれ，環境の変化はそれに適応するための学習ニーズを生み出す。なにかの学習機会を得たら，そこから新たな学習ニーズが生まれたりする。学習ニーズをとらえるとはこうした変化の中でとらえることだから，それは定点観測的に反復実施することが求められるが，自治体調査の多くは単発で，たまに反復されること

があっても対象や方法・内容が変えられていて、時系列変化を正しくおさえられないものが少なくない。「学習関心調査」はこうした反省に立ち、人びとの学習への関心と行動を同一フォーマット調査の反復実施により、長期にわたりフォローしようとするわが国ではじめての試みであった。第2章では1982 (昭和57) 年の「第1回調査」から93 (平成5) 年の「第4回調査」までの11年の間に、わが国成人の学習にどのような変化が生じたかをたどるとともに、公的事業としての社会教育の対応のあり方を併せ考えてみた[2]。

　この11年間に学習行動率 (過去1年間に総計7時間以上の学習活動をひとつでも行った人の比率) は40％から45％へと5ポイント上昇し、学習関心率 (行ってみたい学習がある人の比率) も2ポイント増で89％となった。学習の領域では「教養」「職業」への関心の伸びが著しく、顕在的関心は全体として6ポイント上昇した。また学習の具体的内容にも変化がみられた。第一は学習ニーズの多様化で、たとえば行動率では伝統的に女性に人気のある「華道」「茶道」「編みもの」などは依然上位にあるものの、調査の回を重ねるごとに順位が下降し、代わって国際化の進展に対応する形で「英語会話」が大きく進出した。「英語会話」は関心率でも7％もの伸びがみられ、とりわけ中高年女性の関心の高まりが注目された。関心の上昇したのはこのほか「ゴミ処理」「自然保護」「老人問題」「水・大気汚染」「高齢化社会」「農薬」「環境アセスメント」「まちづくり、地域づくり」など「社会」の領域と、「パソコン」「ワープロ」など「職業」の領域で、わずか11年の間の急速な環境変化と、それに対応した関心の高まりがここにもみられた。

　一方、学びに取り組む人の層にも変化がみられた。第一は、中高年層の行動と関心における伸びである。とりわけ男性50代の学習行動率は他の年層を上廻るまでになった。一方女性では50代以上で大幅に上昇し部分的には若い層を逆転するまでになった。意識や行動の変化は個人のレベルではゆるやかであっても、社会全体では大きな流れとなる。国際化、情報化、高齢化に対応した学習は、今日では常識にすらなりつつある。高年層の学習ニーズは高齢化の進行とともにさらに増大するであろうが、この場合必要なことは、高齢者の真のニーズがどこにあるかを誤りなく見定めていくことであろう。

社会教育の事業を振り返ってみると，対象が高齢者といえば判で押したように健康と医療のお話，民謡，カラオケにゲートボール，そして文化人やTVタレントを講師に迎えた「文化講演会」といったように，どこかですでに経験したようなものが繰り返し提供されてきたきらいはないだろうか。「第4回調査」の結果をみると，高齢者の「社会」領域への関心の高さに驚く。たとえば関心率上位15の項目をみると，対象者全体では「社会」領域の項目は「老人問題」ひとつであったが，60代男性に限ればこれに加え「高齢化社会」「社会保障の基礎知識」「最近の政治情勢」と4項目もあがっていた。今日の社会への高年層の関心は想像以上に高いものがある。「お年寄りには趣味と健康」といった固定観念にいつまでもとらわれていると，人びとの真のニーズを見誤ってしまうことになろう。

**社会教育計画と学習者の理解**
　おとなの学びの支援が社会教育・生涯学習行政の重要な役割のひとつであるなら，その計画の中心にすえられるべきものは学ぶ人そのものであり，したがってその人たちの学びをどう理解するかが事業の成否を左右することになろう。そこで第3章では社会教育計画をめぐるいくつかの問題を，学習者を軸に考えてみた[3]。

　同じ学びでもおとなと子どもでは多くの点で違いがある。その最大のものは子どものそれが拘束的で画一的であるのに対し，おとなのそれは高い自由度と多様性をもつことにあろう。しかし現状ではこうした違いを考慮することなく，学校教育的発想で事業が計画され実施されていることが少なくない。成人は一人ひとりユニークで多様な経験をもつが，その豊かで個性的な経験は自らの学習の土台になるだけでなく，他の学習者の学習資源にもなる。異質な経験をもつ成員からなるおとなの学習集団は，同質的な子どものそれよりはるかに豊かな学習資源を共有できるのである。社会教育計画は，成人学習者のそうした多様で豊かな経験を最大限に活用できたときに，最大の成果が期待できよう。

　社会教育計画は学習者の自律性を前提とするが，同時に自律的な学習者を育てることもまた目標に組み込まれるべきであろう。与えられたものを受け取るだけでなく，主体的に目標を定め学習を継続発展させていくことのできる学習

者を生み出していくこともまた，社会教育計画の中に位置づける必要がある。そこで望まれることは第一に，計画づくりと学習活動の各段階に学習者自身が参加すること，第二に，学習活動を行うのに必要な知識や技能を身につける機会を，意図的に用意することである。学習集団を組織したり，目標を設定して情報収集や調査を行い，成果をまとめ評価するといった，そうした技能の習得のための組織的な機会を創り出す努力が，行政には望まれよう。

　成人学習者は一人ひとり異なった目的や動機から，多様な内容の学習をさまざまな手段を組み合わせた独自のスタイルで行っている。そうした背景の中で社会教育計画を考えると，対象地域の住民や社会教育事業の対象者がどのような人たちで，時代とともにそれがどのように変化してきているか，といったこともおさえておく必要がある。その意味で地域住民の学習活動の実態把握と意向吸収，学習ニーズの把握が欠かせないものとなる。

　学習ニーズの把握は，近年自治体レベルで学習要求調査などの名のもとに行われることが多くなったが，それらはおおむね要求としてのニーズをとらえようとするもので，必要としてのニーズ把握の視点は薄い。それをおさえるためには質問の設定や分析の上での工夫が求められるが，把握すべきニーズは調査データのように整理されたものでなくとも，公民館ロビーでの市民との会話，新聞や雑誌記事など日常のさまざまな経験すべてがそのために役立つ素材となろう。

　私たちはとかく人びとのニーズに対応して学習機会が用意されると考えがちだが，逆にたまたま提供された学習機会が眠っていた学習への関心を呼び覚まし，新たな学習ニーズを生み出すこともある。たとえば1980年代に放送されたTVドキュメンタリー番組『シルクロード』が全国的な"シルクロード学習ブーム"をまき起こしたことは，多くの人が記憶している。ここからの教訓は，人びとの求めるものを提供するだけでなく，人びとの関心をさまざまな方法で刺激し，必要としての学習ニーズを発掘し行動へと顕在化していく努力もまた，社会教育の担うべき役割だということである。

## 学びの場としての大学公開講座

　文部科学省の調査によると，2004（平成16）年度にわが国の大学では約2万

1000の公開講座が開設され，のべ106万人が受講したという。戦後の教育の民主化，機会均等へ向けてのひとつの表れとして，欧米より半世紀以上遅れてスタートしたわが国の大学開放事業も，今日ではすでにおとなの学びの手段・機会として欠かせない存在になっている。

　大学開放の中心的事業である公開講座へのニーズは，今後団塊世代の退職期を迎えて一層高まると予想されるが，いったい大学公開講座はこれまでどのような受講者によって支えられてきたのだろうか。受講者はどんな動機や目的で受講し，またそれによりどのような成果を得ているのだろうか。公開講座にはどのような改善が必要だろうか……。こうした問題意識から，著者はNHKを定年退職後に職を得た徳島大学において，公開講座の受講者を対象とした一連の調査・研究を行ってきた。第4章から第6章までの各章では，そこで得られた知見を整理しておとなの学びへの理解を深めるとともに，公開講座のあり方について考察した[4]。

　徳島大学の公開講座受講者の人口学的特徴は，まず広い年齢層にわたっているがその7割は女性で，男性受講者はその多くが60代以上，職業は主婦と無職が多く，有職者は専門的・技術的職業で高学歴の受講者が過半数を占めていた。受講者の多くは常連で，毎年毎期くり返し受講するだけでなく複数の科目を並行して受講し，また受講者の8割は公開講座の他にもさまざまな学習活動に参加している，きわめて"アクティヴな学習者"であった。受講目的は「そのことをもっと知りたい，深めたい」が最も多く，以下「学ぶ楽しみ」「教養を豊かにする」「日常生活に役立てる」と続くが，これには科目数，受講者数とも最も多い知識・教養系科目への回答が反映している。分野別にみると，趣味・スポーツ系では学習活動それ自体の喜びと老化防止，そして仲間ができることへの期待があり，職業・技能系では「職業活動に役立てる」「時代の流れについていく」が目的となっていた。

　受講の成果をどのように評価しているかをみるために，15の評価項目への回答をスコア化して分析したところ，最も評価が高かったのは「学ぶことの楽しさが味わえた」「ものの見方，考え方が深まった」「未知のことがらに目が開かれた」など，意識変容に関わる項目であった。さらに評価の背後にある心理

的機制をさぐるため因子分析を試みたところ,「認識」「交流」「解放」「喜び」「健康」の5つの因子が析出された。「認識」因子は受講目的1位の「もっとよく知ったり深めたりしたい」に対応するもので寄与率が高く,「ものの見方,考え方が深まった」「未知のことがらに目が開かれた」など認識の枠組みへのゆさぶり,組み替えを引き起こしたことが評価されていた。第2因子の「交流」は受講者同士や講師との人間関係の形成を評価するもので,学友と机を並べ,教師と親しく接するなかから「自分は大学で学んでいる」といった満足感が生まれ,それが学習継続への支えとなっていると推測される。

このように公開講座の受講が生み出す「満足感」の源泉は,第一に認知的側面での効果,続いて情緒的・身体的・運動機能的側面での効果,最後に受講の副産物である交流と解放の側面での効果であった。そのどの側面をいかに評価するか,すなわち認識が深まったり,新しい友を得たり,講師と親しくなれたかどうかといったことがもたらす心理的充足の違いが,受講者の満足感に関わっていると思われる。

公開講座の受講者はもともとさまざまな学習機会を追い求める,アクティブな学習者であったが,そこには学習のもたらす満足がさらなる学習への動機づけを生み出し,新たな学習を引き起こすといった,"学習の自己増殖"ともいえる傾向性が認められた。そうした学びの連鎖の中から生きがい感が生み出されることは,第6章で紹介する受講者の具体的事例の中にも少なからず見出すことができる。

### 公開講座の固定受講者

徳島大学の公開講座は発足11年目にのべ受講者数が開設時の2倍に達したが,そこでは毎年継続受講している常連層が3分の1を占めるようになり,受講者の固定化が進行していた。こうした"リピーター"を大切にしながらもひろく地域住民のニーズに応え,新たな顧客層の開拓につながる事業にしていくためにはどうすればよいか。これが新たな問題となってきたのである。そこで取り組んだのは,"固定顧客"である固定受講者についての理解を深めること,すなわちそれはどのような人で公開講座はどのような機能を果たしているかを把握することであった。これが第5章のテーマである。素材は1994(平成6)年

度の受講者調査であるが，結果の分析から過去5年間に4年度以上受講した固定受講者の特徴は，比較的年齢が高く中等教育レベルの学歴で無職の人が多いことであった。その多くは高等教育進学率が低かった時代に青少年期を迎え，さまざまな事情で上級学校進学の夢を絶たれた世代である。その一度絶たれた勉学への思いをいま公開講座で回復しつつあるようにもみえる。向学心のきわめて高い人たちで，それは多様な学習機会への積極的参加からもうかがえる。

　固定受講者は総じて「知識・教養系」科目に多いが，例外は「趣味・スポーツ系」の『たのしい女声コーラス』で，受講者のほとんどが中高年女性である。このほか固定受講者は書道や健康関連科目にも関心をもち，複数科目を受講する。受講で得られた成果については，「ものの見方，考え方が深まった」「高度の学問的知識が学べた」「未知のことがらに目が開かれた」「客観的・批判的な見方を学んだ」など，認知面の評価が高かった。試みに固定受講者のプロフィールを描けば次のようになる。——60代以上の無職男性または50代以上の女性。新制高校ないし旧制中・女学校卒か，短大または旧制高校・専門学校卒レベルの学歴で，複数の科目を受講するだけでなく行政の学級・講座にも積極的に出席。学ぶこと自体を目的とする「学習志向的」傾向が強いが，健康増進，老化防止への欲求もみられる。また「ものの見方，考え方が深まった」など，認知面の成果を高く評価する。

　ここから浮かび上がってくる固定受講者のイメージは，米国の研究者が「学習志向型」「成長に向かって動機づけられた学習者」などと呼んだものに近く，その多くは高齢者であった。それは未来学者のA.トフラーが自著『未来の衝撃』の中で紹介している，彼の未来学セミナーの参加者のひとりで77歳の老人のことばを思い起こさせる。「私は生涯裁縫師をやってきた。私は教養ある人間として死にたいのだ」というそのことばからは，現世利益を超えたなにか大きなものの探求が見えてくる。学ぶことを"人生最後の大事業"として公開講座にやってくる人は，少なくはあるまい。"ひまつぶしのお楽しみ学習"として時には軽蔑の眼を注がれることもあるが，生ある限り成長を求め続ける存在としてもっと正当な扱いを受けてしかるべきではなかろうか。

　近年集客力のある趣味・教養系や技能系の講座を中心に，公開講座の"カル

チャーセンター化"が進行し，講座編成が次第に市場原理に支配されていく傾向がみられるが，公的資金で開設される国公立大学の公開講座にあっては，あくまでも「教育の機会均等」の理念のもとに，すべての人に高等教育へのアクセスを保証することを拠り所とすべきであろう。とりわけ地域社会に基盤をもつ地方大学の場合，地域の課題にいかに応えるかが問われるようになり，地方自治体との連携のもとに地域課題に取り組む公開講座もみられるようになった。大学開放事業の向かうべき方向のひとつがここにみえるように思われる。一方，教養系科目受講者の多くは自己実現型の学習者だが，この人たちの中には講座で学んだことを高齢者運動や障害者支援，子どもを守る市民運動などに活かしていった事例もみられた。公開講座が個人の自己実現にとどまらず，それが社会変革へとつながる契機ともなるなら，公開講座はその存在意義をいっそう高めることができよう。

### 事例研究にみる学びの諸相

そもそもおとなの学びを生み出すものはなんであろうか。また，学びは人びとになにをもたらすのだろうか。第6章では公開講座受講者13人に行った事例研究を素材に，この点に焦点をあててみた。13人はいずれも受講歴が長く複数科目を毎期受講している固定受講者で，分析の主たる素材は個人面接記録と留め置き調査票への自由記述である。分析を通してこの人たちに共通するいくつかの特徴が浮かび上がってきた。

まず第一は，旺盛な知的好奇心である。学ぶことが喜びで，それが不可欠なものとして生活の中にとけこんでいる。59歳の主婦は「勉強するとすごく充実してるんです，その時間ね。なにかひとつ挑戦したり覚えたりしたときの快感は，何歳になっても変わりません」という。この女性に限らず多くが旺盛な知的好奇心と，未知への挑戦の喜びを語っている。そしてそれは定年退職などをきっかけに，一気に噴出することが少なくない。ぼんやりとテレビを見ていて偶然公開講座の案内を目にし，すぐ電話して全科目の受講を申し込んだという女性もいる。しかしそこにはいささかの悲壮感もない。傍目には突飛な行動と映るものも旺盛な学習への関心のあらわれであり，それは学びの手段や形態の多様さと結びつく。講座の受講が触媒となり，エンドレスな"学習の連鎖"

が生み出されていくのもまた，この人たちの特徴である。

　第二に，何人かには，上級学校への進学の夢が絶たれた青年期の挫折体験がみられた。11年間に41科目も受講した59歳主婦の場合，戦争で父を喪い母子家庭となったため，大学進学した兄と同じ道を歩むことを泣く泣くあきらめた，あの高校3年のつらい夏が忘れられないという。人一倍知的好奇心の旺盛な彼女はのちに公開講座に出会い，大学で学ぶという長年の夢が叶ったという。ここには公開講座の受講が青年期の喪失体験から自己を回復する，一種の代償行為として機能しているのをみることができる。同様な例は受講者中最高齢の92歳の男性にもみられる。貧しい農家に生まれながらも向学心絶ちがたく，小学校卒業後は大阪で電信技師として働くかたわら夜学で学び，戦後帰郷して農業に従事，70歳で一念発起して県立盲学校に入学，5年かけて鍼灸師の国家資格を取得した後，老人ホームに住み込みその技能を生かした人である。あの札幌農学校のクラーク博士のことば「青年よ，大志を抱け！」が，貧しくとも向学心に燃える自分たちを支えてくれたという。逆境の中でも高い志をもって励んだ青年期の体験が，晩年を迎えてなお新たな挑戦を続けていく精神的バックボーンとなっているこうした事例は，公開講座受講者の中ではなにも特殊なものではない。

　第三に，だれかに役立ちたいといった，はっきりした目標を目指して学んでいる人がいる。中国語講座を受講する62歳男性は，会社を定年退職後外国人に日本語を教えているが，将来中国の高校で日本語を教えるという夢がある。高年齢者雇用アドバイザーをしている68歳の元地方公務員男性は，高齢者運動のリーダーとして活動しながら，公開講座で『高齢化社会のゆくえ』『福祉と医療の経済学』『地域の経済と住民の役割』から『社会調査の基礎知識』まで幅広く学んでおり，それを高齢者福祉支援に役立てたいという。このように定年退職後にもう一度，社会のお役に立ちたいという受講者が少なくない。社会に貢献したいという，共生への思いにつき動かされた学びはもっと若い世代にもみられる。47歳のある主婦は，わが子の不登校体験をきっかけに子どもの問題に関心をもち，仲間とともに不登校児の安らぐ場をつくる活動を始める。そして「子どもの権利条約を読む」をテーマとした公開講座で，講師の指導の

もとに受講生仲間とともに子どものことばに翻訳された「権利条約」を本にする体験を経て、地域を越えた子どもを守る運動へと活動の輪を拡げていくのである。

　第四に、純粋に学ぶ喜びがそこにはみられる。前述の受講者中最高齢の男性は、「学ぶとは私の生きがいと言えます。私からこの精神を奪い去れば、私は生きる活力を失うでしょう」という。ここにあるのは、神谷美恵子が「無償の学究心」と名づけたものにほかならない。またそこには仲間と共に学ぶ楽しさがある。競争相手ではなく励まし合う仲間として。そこに喜びが生まれ、さらなる学びへとつき動かされるのであろう。

## 僻地住民の学習ニーズ

　おとなの学びの多くは生産活動をはじめ日常の生活行動と密接に関わっているから、どのような地域・環境に生活しているかが、その実態を大きく左右する。こうした地域特性の視点から住民の学習を取り上げた研究は、ルポルタージュや実践記録を除くと社会調査など組織的で大量観察的な手法によるものは限られており、とくに山間僻地、過疎地住民の学習を扱ったものは稀である。過疎や高齢化は行政や産業、医療や福祉の問題であると同時に、教育や文化の問題でもある。そうした地域の住民はどのような支援を求めているのか、それに対して行政や大学はどのような支援をなすべきでであろうか。

　徳島大学は大学開放事業を徳島県下全域に拡げる試みとして、1989（平成元）年に「出張公開講座」を開設した。これは講師を県内各地に派遣する公開講座の"出前サービス"である。その際とりわけ僻地で過疎化の進んでいる県西部と南部を対象とした「出張講座」については、地域のニーズにそったものにするため両地域住民を対象とした意向調査を実施した。そこで得られたデータをもとに、過疎地・僻地住民の学習ニーズと支援のあり方について考察を試みたのが第7章である[5]。

　調査では「過去1年間に継続的に学んだこと（学習行動）」の有無をたずね、「ある」場合には具体的な内容を回答してもらった。その結果回答者の34％が過去1年間になんらかの学習を行っていたが、これは県央地区に比べ約7ポイント低かった。ただし注目されたのは学習領域別にみたときの「社会」領域の

学習行動率で，県西県南は県央よりも2ポイント高くなっていた。ここには過疎と高齢化をかかえたこの地区住民の社会的テーマへの関心の高さが表れているが，それは全国の成人を対象にした「NHK第4回学習関心調査」(1993年)の結果と比べてみるとはっきりする。すなわちこの地区の成人の学習行動率は全体として全国にくらべ10ポイント低かったのだが，「社会」領域に限ると全国の2倍の行動率を示しいる。それは主に50代以上の男性と30代以上の女性が全国を凌いだことによるが，このように中高年層の「社会」関連学習への積極的な取り組みが，この地区の大きな特徴である。なお具体的な学習内容をみると，70代以上の男性に「福祉・医療」「高齢化社会」「国内の政治・経済」「人権」など「社会」領域の学習が県央地区よりも多くみられた。

　一方「学んでみたいこと」がある人の比率(学習関心率)は57%にのぼり，学習行動率との差が大きかった。注目されるのは20代女性の「社会」領域への関心で，行動率わずか1%ながら関心率は17%と，県央を含めた女性全体の中では最高を示した。具体的には「福祉・医療」「ボランティア技術」「国内の政治・経済」などで，この地区の若い女性たちがこうした問題に少なからぬ関心を抱いているのが印象的である。

　この地区の人たちがどのような方法で学習しているかをみると，最も多かったのは「公的機関の学級・講座・講習会」，次いで「本・雑誌・新聞」等による個人学習，そして3位に県央6位の「地域のグループ・サークル」があがっていた。また，学びたい場合の方法でも「学級・講座」をあげるものが最も多く，行政の提供する学習機会が僻地住民にとっては最大の拠り所となっていることを示している。大学の「出張公開講座」については，6割近くが自分の居住地で開かれれば受講してみたいと関心を示した。なかでも「ぜひ受講したい」と積極的な希望を示したのは50代男性の18%で，県央同年代の5%を大きく上回り，アカデミックな学習機会に乏しいこの地区成人の期待の大きさがうかがわれた。ちなみに希望内容を調べたところ，「社会」領域が三分の一を占めていた。

　「公開講座」にかぎらず，僻地・過疎地に住む人びとは大学になにを期待しているのだろうか。この点については「地域の発展に役立つ研究」を期待する

ものが他を大きく引き離しており，これに続く「研究成果の地域還元」とともに地域貢献への期待の大きさがうかがえた。また県央地区より多かったものに「国や県，市町村の政策立案への協力」がある。これは自治体の取り組みに，大学も手を貸してほしいとの期待と読み取れる。この地域では自治体の意欲的な試みも始まっており，こうした取り組みを支援していくことが，地域社会に足場をもつ大学の果たすべきもうひとつの役割であろう。

**学びを生み出すもの・学びが生み出すもの**

生涯学習時代の今日，学ぶおとなの姿はとりわけ珍しいものではなくなった。それとともに行政や研究者の関心は「学びの課題はなにか」「学びをいかに支援するか」といった，より実践的な課題へと移っていった。しかしそうした実践も，学ぶおとなについての十分な理解なくして成功は望めないであろう。子どもの成長発達や学習についての研究と理論が学校教育の実践を支えてきたように，おとなの学びについての研究と理論の必要な理由がそこにある。

米国やカナダでは 40 年以上前からこの領域でいくつもの研究がなされてきたが，そのひとつに，おとなが学びに取り組むプロセスを説明する Cross, P. の「反応の連鎖モデル」がある。学習能力への自己評価と教育への態度から出発して，最終的に学習参加に至るという，複数要因の連鎖により成人の学習参加を説明しようとするもので，参考になる点が少なくない。しかし今日の視点からみると問題もある。そこで最後の第 8 章では，まず Cross のモデルを検討するとともに，成人の学習活動を「学習プロジェクト」としてとらえる Tough, A. の理論を紹介する。そしてそれらを批判的に検討する中で，おとなの学びがどのようにして生み出されるのか，なにがそれを支えているのか，そしてそれはなにを生み出しているのかをあらためて考えてみた[6]。

Tough は成人が多様な学習機会や媒体を主体的に選択し組み合わせて行う「学習プロジェクト」の概念を提出し，それを把握する調査を開発・実施するのだが，その際に学習が生み出す「ベネフィット（利得・恩恵）」に注目する。それは知識・技能の獲得と使用や報酬の獲得などであるが，同時にその過程で生み出される喜びや自尊感情，他者からの肯定的反応といった，学習をさらに動機づけるものにも注目する。そこにあるのは学習内容とは直接関係ない側面，た

とえば新しい人と出会い友達を得る，単調な生活に変化をもたらす，息抜きや逃避になる，といった「ベネフィット」である。

　約10年にわたり日々大学公開講座に集う人たちにじかに接してきた著者は，学びが生み出すさまざまな副産物がいつしか当初の目的に取って代わり，学習を支える中核的動機となっていったケースを数多くみてきた。たとえば第6章で紹介したいくつかの事例，たとえば定年退職後ぼんやり見ていたテレビで公開講座の開講を知り，すぐに全科目の受講を申し込んだ女性，そして心身を現職時代と同じ状態に保ちたいと，数多くの科目を受講し続ける元中学教師など，高齢受講者の少なからぬ人たちが求めていたのは，定期的・継続的に知的刺激が得られ，生活のハリを保ち老化を防いでくれるものであった。

　一方，学ぶ喜びを仲間と共にすることは，年齢を問わず学習の継続・発展を動機づける。仲間がいるというただそれだけで学習継続への大きな動機づけになる。またこの人たちの多くは多かれ少なかれ，忘れ去ることのできない喪失体験をもつ。高齢者の学習参加の背景には，時として人とのつながりへの隠されたニーズのあることを忘れてはなるまい。求められるのはそうした一人ひとりのケースに対応した感受性豊かな学習支援であり，その際同じ体験をもつ仲間の存在はお互いに大きな支えとなろう。

　人生には時として予期せぬことが起こる。人はその時自らの生き方を問い直し，それが学びへの契機となったりする。かつて首都圏の成人学習者を対象に行った事例研究で，ある女性のケースに出会った。60代のその主婦は，ふだんから精力的に学びに取り組んでいた姉の不慮の死という突然の出来事に遭遇し，それまでなにもしないで生きてきた自分に気づき目が覚めたという。それを転機に彼女は地域の社会教育の活動に積極的に参加するようになり，さらには託児ボランティアなど学ぶ仲間を支える活動へと進んでいくのだが，そこで得たのは"かけがえのない仲間"だったという。おとなの学びは「誰かに教えてもらう」のではなく，「学ぶことをお互いに助け合う」ことの中にこそその本質があるのかもしれない。そのように考えれば，社会教育・成人教育の実践に携わるものにまず求められるのは，一人ひとり異なった背景や動機をもつ学習者を理解し共感する能力であって，それはプログラミングや学習指導の技能

以上に大切なものではなかろうか。おとなの学びの支援にあって核となるべきものはただひとつ，人間理解であろう。

**注**
1) 第1章は以下の論文を素材に，加筆・再構成したものである。藤岡英雄「教育番組のマーケット・リサーチ (1) "マーケット"をどうとらえるか――その性格と構造――」『NHK文研月報』(1981年9月号) 日本放送出版協会，p.33-37．藤岡英雄「教育番組のマーケット・リサーチ (2) マーケット情報の種類と要件」『NHK文研月報』(1981年11月号) p.33-37．藤岡英雄「教育番組のマーケット・リサーチ (3) 教育番組需要調査の開発――調査の要件と問題点」『NHK文研月報』(1982年1月号) p.46-49．藤岡英雄「教育番組のマーケット・リサーチ (4) 学習行動把握の方法と問題点」『NHK文研月報』(1982年5月号) 日本放送出版協会，p.20-25．藤岡英雄「教育番組のマーケット・リサーチ (5) 学習関心把握の方法と問題点」『NHK文研月報』(1982年6月号) p.28-32．藤岡英雄「"学習関心の階層モデル"とその有効性――追跡調査の結果から」『NHK放送研究と調査』(1986年2月号) 日本放送出版協会，p.56-59．藤岡英雄「学習関心の階層モデル――学習ニーズ把握の新しい枠組みとその有効性について――」日本生涯教育学会編『生涯教育論 (研究) に問われるもの』(日本生涯教育学会年報第7号) 日本生涯教育学会，1986，p.223-238．藤岡英雄・大串兎紀夫・小平さち子「日本人の学習関心――成人の学習ニーズをとらえる (学習関心調査・報告1)」『NHK放送研究と調査』(1983年5月号) p.2-43．
2) 第2章は以下の論文を主な素材として，加筆・再構成したものである。藤岡英雄・大串兎紀夫・小平さち子「日本人の学習関心――成人の学習ニーズをとらえる (学習関心調査・報告1)」『NHK放送研究と調査』(1983年5月号) p.2-43．藤岡英雄「学ぶ日本人のプロフィル――成人学習者の諸類型 (学習関心調査・報告4)」『NHK放送研究と調査』(1984年5月号) p.36-42．藤岡英雄「成人学習者のタイプ」NHK放送文化研究所編『日本人の学習――成人の学習ニーズをさぐる――』第一法規，1990，p.195-205．原由美子「日本人の学習'93――成人の意識と行動をさぐる――(第4回学習関心調査報告)」『NHK放送研究と調査』(1993年9月号) p.2-31．
3) 第3章は以下の拙稿を主な素材として新たに書きおこしたものである。藤岡英雄「学習者の特性と学習課題――学習者主体の観点――」倉内史郎編著『社会教育計画』学文社，1991，p.41-69．
4) 第4～6章は主として以下の論文をもとに，加筆・再構成したものである。藤岡英雄「公開講座の受講動機と心理的充足に関する考察」『徳島大学大学開放実践センター紀要』(第5巻)，徳島大学大学開放実践センター，1994，p.21-48．藤岡英雄「公開講座固定受講者の研究 (1)「固定受講者層」の形成とその特性」『徳島大学大学開放実践センター紀要』(第8巻)，1997，p.19-37．藤岡英雄「公開講座固定受講者の研究 (2) 公開

講座受講者にみる学びのスタイル～ケース・スタディの結果から」『徳島大学大学開放実践センター紀要』(第10巻), 1999, p.43-66.
5) 第7章は主として以下の資料等を素材に, 加筆・再構成したものである。徳島大学大学開放実践センター『過疎地の生涯学習──その現状と課題──』(生涯教育需要調査・徳島県西県南地区報告書) 1995. 藤岡英雄『生涯学習需要の構造と大学開放──徳島県における実証的研究──』教育出版センター, 1998.
6) 第8章は主として以下の論文・資料等をもとに加筆・再構成したものである。藤岡英雄「CORモデル再考──成人の学習行動解発要因研究のための試論──」『東洋大学文学部紀要第55集, 教育学科編』東洋大学, 2001, p.37-58. 藤岡英雄「教育番組のマーケット・リサーチ(4) 学習行動把握の方法と問題点」『NHK文研月報』(1982年5月号) 日本放送出版協会, p.20-25. 倉内史郎・鈴木真理・西村美東士・藤岡英雄編著『生涯学習の生態学──成人学習の個別化状況を探る──』(野間教育研究所紀要37集) 野間教育研究所, 1993.

# 第1章　学習関心と行動の把握
## 「学習関心調査」の開発

## 1．学習要求調査の問題点

### はじめに——研究の背景

　社会教育の事業を計画するに先だって，住民の学習活動・文化活動の実態やニーズを探る調査が行われることが多い。そうした調査には地域住民を対象とする大量観察的手法による調査，特定の個人や集団を対象とする事例研究的調査，関係者や専門家を対象とする有識者アンケートなどさまざまなものがあるが，なかでも「学習要求調査」「生涯教育調査」などの名称で呼ばれるところの大量観察型の調査は，中央省庁や地方自治体が行う調査の最も一般的なものであるといってよい。

　これまでにこの種の調査が産出したデータは相当な量になる。そしてそれなりの成果をあげていることは確かであろう。しかしその質となると，問題は少なくないように思われる。たとえば問題の設定と調査内容の構成，結果の信頼性や予測力などからみるならば，満足すべきものは必ずしも多くはない。さらにデータ処理も単純集計かせいぜい簡単なクロス集計で終っているのものがほとんどで，多額の調査費を投入したわりには平凡な結果を得るにとどまっている。また，ほとんどの調査が一回限りの単発調査に終り，たえず変動する人びとの意識と行動を継続的に把握し，その動向や背景を見定めようとする姿勢に欠けている点も指摘できる。同一名称の調査が反復実施されているケースもあるが，この場合調査の対象や質問項目等が調査ごとに変わっているため，時系列変動を正しくおさえることができず，折角の継続調査がその価値を減じているケースもある。

このように学習要求調査の多くは，他の行動科学領域の調査に比べて質の点でかなり立ち遅れているように思われる。その原因としてはまず社会調査における投票行動の研究，市場調査における消費者行動の研究といったものに相当する基礎的研究，すなわち本論の場合でいえば成人の学習行動についての行動科学的研究の未成熟がある。この領域での研究の歴史が浅いことからいえばやむをえないことで，これからの研究の蓄積を待つほかない。ただ当面取り組むべきものに，調査における事前の十分な方法論的検討がある。たとえば「学習」の定義とその提示の仕方，学習内容の分類，学習意欲の強さを把握する方法など，検討すべき点は少なくない。しかしこうした点の吟味が十分になされた調査は，きわめてまれであるといってよい。

　NHK放送文化研究所では，「学習社会における放送の役割に関する研究」の一環として，わが国成人の学習ニーズと学習活動の実態をさぐることを目的とした「学習関心調査」を，1982（昭和57）年から98（平成10）年にかけて5回実施している[1]。著者はこの調査の開発段階から第3回調査まで直接関わってきたものであるが，企画にあたりとくに留意したことは，上述のような反省に立って方法論上の検討を加え，より高い精度で成人の学習ニーズと行動を把握する手法を開発することであった。その工夫のひとつは，あることについて学びたいという意識（学習関心）を，行動化の可能性の大小により2つのレベルに分けてとらえようとするものである。その基底にある理論モデルを著者は「学習関心の階層モデル」（通称"氷山モデル"）と名づけているが，本章ではまずこのモデルとそれをもとにした「第1回学習関心調査」の概略を紹介し，あわせてこのモデルがどの程度の妥当性，有効性をもちうるのか，追跡調査により検証した結果を提出してみることにしたい。

### 調査への姿勢

　「学習関心調査」の設計にあたっては，関連先行研究のリヴューを行い方法論上の問題点を洗い直すことから出発した。この作業はもともと「教育番組のマーケットリサーチ」のための準備作業として行ったものであり，結果もすでに発表しているので[2]，ここではその要点を紹介するにとどめたい。

　いわゆる学習要求調査の目的はいろいろあるにしても，その中核部分は成人

の学習ニーズの把握にあるといってよい。第3章であらためて論じるが，ニーズには人が主観的に必要を感じている"要求・欲求としてのニーズ"と，なんらかの規範の下に第三者により必要と判断された"必要としてのニーズ"がある。学習要求調査がとらえようとしているのは，直接的には"要求・欲求としてのニーズ"であるけれども，それを通じて背後にある"必要としてのニーズ"にもできるだけ接近しようとする姿勢が，とりわけ行政の行う調査では必要とされよう。それは調査主体の姿勢の問題であり調査技術以前の問題である。この点をまず確認しておきたい。

調査手法上の問題は大きく分ければ，1）調査の理念・目的・対象等の企画の段階，2）調査の具体的内容と調査方法のデザインの段階，3）集計・分析計画のデザインの段階の，それぞれの問題として考えることができる。このうち1）と3）は社会調査に共通の問題であるので検討対象から除外し，2）の主な問題点について検討してみよう[3]。

学習に関する調査である以上，ここでとらえようとしている「学習」ないし「学習行動」の意味がどれだけ明確に定義されているかが，第一のポイントであろう。定義とはもともと目的規定的なものであるから，調査のねらいによりさまざまな定義がありうるが，要は調査者の側の共通理解としての「学習」の定義が存在することである。それによる把握がどれだけ可能か，といったことはそのつぎの問題であって，まずは目的に照らしてとらえようとするものの内包と外延をできるだけ明確に提示することが求められる。この点についてわが国で過去に行われた調査を調べてみると，ごく一部を除けば調査企画者の側にそもそも「学習」についてのはっきりした定義があったかどうか，疑わしいものがほとんどであるといってよい[4]。

### Toughの「学習プロジェクト」モデル

明確な定義から出発するという点で参考になるのは，欧米の同種調査である。たとえば米国のJohnstone, J.W.C. とRivera, R.J. のすでに古典ともなっている調査[5]では，"educational activity" の定義とそれをとらえる方法的手続きがはっきりと示されている。一方，カナダの研究者 Allen Tough は，成人の学習における非制度的・自己計画的学習の重要性に照明をあてたことで知られて

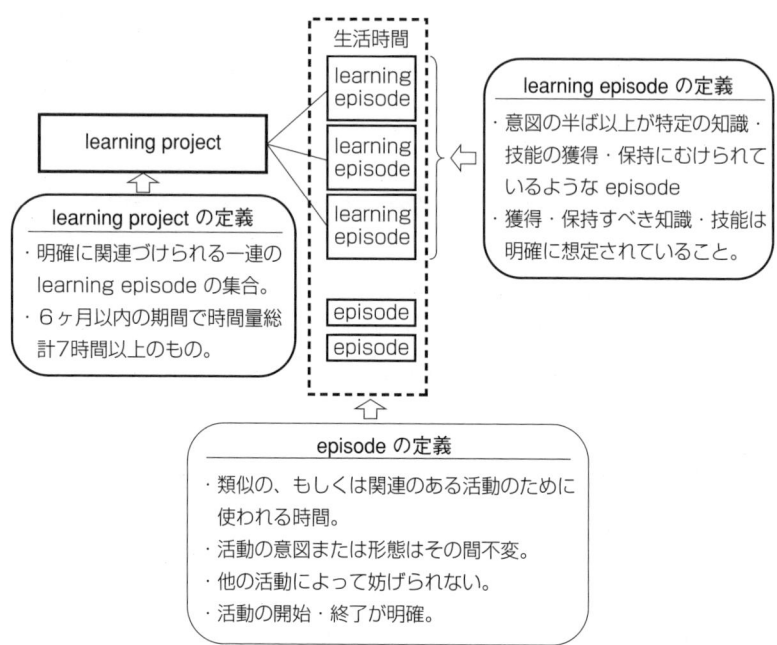

図1.1 「学習プロジェクト（learning project）」の概念図

いるが，彼は日常生活レベルの個々の行動（episode）を構成要素として，それらが有機的・目的的に統合されたものとして成り立つ「学習プロジェクト（learning project）」を重視し，それをとらえる理論モデルをもとにした調査を実際に行っている[6]。その研究は多くの研究者の注目を集め，米国をはじめいくつかの国でも追試研究が現れ，その影響力という点から「過去20年間に行われた最も注目すべき研究のひとつ」[7]と評されたこともある。以下，調査手法を中心にその概略を紹介してみよう。図1.1はToughの「学習プロジェクト・モデル」を簡略化して示したものである。

Toughは図のように"episode""learning episode""learning project"の3つの概念を提出する。私たちの生活時間は，朝食をとる，新聞を読む，電車で通勤する……といった，それぞれひとつのまとまりをもった行動の集積から成り立っている。このような個々の行動により区切られた生活時間のひとつひと

つを，Toughは"episode"と名づける。"episode"の中には特定の知識・技能の獲得・保持を主たる目的とするものがある。これが"learning episode"である。"learning episode"は単独でも存在するが，個別に存在する"learning episode"がある時間のひろがりの中で，相互に密接な関連をもつ場合も少なくない。たとえば，(ア)エネルギー事情を解説した本を読む，(イ)石油資源の供給をテーマにしたテレビ番組を見る，(ウ)エネルギー政策に触れた新聞記事を読む，(エ)原発問題の講演会を聞きに行く，などの行動は「エネルギー問題」についての認識を深めるという共通の目的をもつかぎりにおいて，それらは相互に密接に関連づけられたものと考えられよう。このように学習という目的のもとに相互に関連づけられた一連の"episode"の集合をToughは"learning project"と呼んでいる。

Toughの考え方の特色は，従来のように個々の学習機会や学習手段の側からそれを利用する行動を拾っていくのではなく，個々の学習者の生活行動の中から学習として意味をもつすべての行動を取り出そうとする点にある。そこから「エネルギー問題」の例のように，従来調査では見過ごされてきたような生活行動の断片も，個人の"learning project"を構成する重要な要素として光があてられることになるのである。

このように規定された"learning project"の概念は，学習行動把握の際のひとつの計量的単位となる。したがってToughや他の追試者が行ったように"learning project"の数や"project"あたりの時間量を算出したり，相互に比較したりすることも可能になってくる。この点は興味をそそられるところであり，著者らの「学習関心調査」においても，Toughのモデルを下敷きにした「学習関心・行動モデル」を考え，それをもとに調査設計を行っている[8]。

### 調査手法・技術上の問題

定義された「学習」なり「学習行動」を調査相手に正確に理解させ，求める回答をうまく引き出すには，その方法についての十分な検討と工夫が求められる。ワーディングはもちろん面接法，配付回収法，郵送法等の調査方法と，プリコード，アフターコード，選択肢提示，例示などの調査場面での質問・回答形式との組み合わせが，慎重に決められなければならない。調査がとらえよう

としている「学習」の意味は，通常質問文あるいは回答選択肢の中に組み込まれた形で提示されるが，その場合の質問は学習内容をたずねるものであることが多い。学習内容を聞き出して記録するやり方には，大きく分けてつぎの3つがある。
① プリコード・選択肢提示方式……プリコードされた学習内容カテゴリーを調査相手に示し，該当するものを選んでもらうもの。
② プリコード・自由回答方式……調査相手の自由回答を手がかりに，調査員がプリコードされたカテゴリーの中から該当する項目をチェックするもの。
③ アフターコード・自由回答方式……調査相手の自由回答をそのまま記録し，回収後なんらかの規準のもとに複数のカテゴリーに分類・記録するもの。

このうち最も一般的なのは①のプリコード・選択肢提示方式である。このやり方には，ア）調査相手に「学習」の範囲を理解させることができる，イ）調査相手に想起の手がかりを与えることができる，ウ）調査員の負担が少ない，などの利点があるが，反面，エ）回答が予め設定されたカテゴリーの範囲に閉じ込められてしまう，オ）見栄やタテマエ意識から実際には存在しない学習行動や学習要求が回答されるおそれがある，などの欠点も存在する。同様に②③もまた長所と短所をもつ。つまりそれぞれ一長一短があるわけで，どれかひとつの方法で通すのではなく，複数の方法を組み合わせてそれぞれの長所を生かし，短所を補い合うようなデザインが望まれよう。しかしそうした配慮がなされた調査は，きわめてまれなのが実状である。

**学習内容と学習意欲の把握**
　各種の学習要求調査に共通に認められる問題点のひとつは，学習内容の分類が粗すぎることである。質問形式は多様だがその多くは「政治・経済に関すること」「育児に関すること」といった，せいぜい10〜40個程度の領域や内容のカテゴリーを提示して反応をとるものである。まれにみられる自由回答形式の場合も，集計段階で10〜20程度のカテゴリーに集約されるのが普通である。この程度の粗いカテゴリーでは，おおまかな傾向はつかめても，具体的な事業計画の資料としてはあまり役立たない。

これまで最も細かい内容分類を使用した事例として，1972（昭和47）年にNHK総合放送文化研究所が東京教育大学の辻功講師に委嘱して実施した「市川調査」がある。この領域での先駆的研究であるこの調査では，知識・技能の広い領域にわたり151もの学習内容カテゴリーが設定されており，職業関連のものをみても「珠算」「タイプ」「速記」といったように細分化されている[9]。人びとの学習要求が多様化しつつある現状を考えれば，この程度の細かさはほしいところである。こうした反省から筆者らの「第1回学習関心調査」では，後述のように学習内容を370のカテゴリーに細分化して，できるだけ具体的にとらえようと試みたのである。

　学習の「内容」から人びとの学習ニーズを把握しようとするのではなく，人びとのもつ「自己を変えたい」という欲求からそれに迫ろうとするアプローチもある。NHK総合放送文化研究所の三輪正による「もっとこうなりたい調査」（1974年）がそれである[10]。三輪によれば人びとがもつ「学習欲求」とは，「現実の自分の姿の評価にもとづいて，理想とする自分の姿へ変わっていくことをめざす志向性」であるとする。そして3種の自己認識，すなわち1）環境との交渉の働きとしての自己，2）環境についての認識をもつものとしての自己，3）このような交渉の主体としての自己，のそれぞれに対応する「学習欲求」，すなわちA）受容や作用の働きの認識―ある働きができるようになりたい，じょうずになりたい，B）環境の認識―あることがわかりたい，知りたい，C）自己の認識―ある状態に自分をしたい，なりたい，といった3種の「学習欲求」について，32にのぼる項目を提示してその把握を試みた。**表1.1**は「学習欲求項目」の一部を抜粋したもの，**表1.2**は全国の16～65歳の5000人を対象に行った実際の調査で，このようになりたいと「強く感じている」と答えた人の多い項目を示したものである。

　「もっとこうなりたい調査」は，人びとの主体的な自己変革欲求を探り出すことに主眼があり，それを知ることで人びとがどのような学びを求めているかについての理解を深め，将来予測の手がかりを得ることが可能となる。その意味で従来の調査にはない新しい視点から，貴重な示唆を与えてくれるものといえよう。ただ，現実の社会教育関連プログラムの開発に役立ちうる調査を目指

**表 1.1 「もっとこうなりたい調査」の学習欲求項目（抜粋）**

**A－受容や作用の働きの認識**
- （絵，書道，彫刻…（略）…などのような）何か美しいものを作ることが，もっとじょうずになりたい。
- （工作，和裁…（略）…などのような）何か実用的なものを作ることが，もっとじょうずになりい。
- （そろばん，タイプライター…（略）…などのような）手ですることが，もっとじょうずになりたい。
- （自動車の運転，カメラ…（略）…などのような）機械や道具を使うことが，できるようになりたい。もっとじょうずになりたい。
- （花，植木や作物などのような）植物を育てることが，もっとじょうずになりたい。
- （話し方や文章の書き方などのような）言葉の使い方が，もっとじょうずになりたい。
- （詩や小説を書いたり，和歌や俳句を作ったりするような）言葉で自分の気持ちをあらわすことが，もっとじょうずになりたい。
- （英語，フランス語，中国語など）外国語を読んだり話したりすることが，できるようになりたい，もっとじょうずになりたい。
- 歌ったり，楽器を演奏したりすることが，もっとじょうずになりたい。
- 子供を育てたり，若い人を教えたりすることが，もっとじょうずになりたい。

…… （略） ……

**B－環境の認識**
- 人の気持ちを感じとったり，同感したりすることが，もっとよくできるようになりたい。
- 今の世の中の様子や動きを，もっとよく知りたい。
- 世の中のしくみ（社会，経済，政治などの勉強を通じてわかるようなこと）をもっとよく理解したい。
- 法律や世の中のきまり（取引，建築，裁判などについての法律や，税，戸籍などについての役所へ手続きなどのようなこと）をもっとよく知りたい。
- 世の中のしきたりや作法（冠婚葬祭に関すること，テーブルマナー，お茶の作法，暮らしのエチケットなど）をもっとよく知りたい。
- 日本や世界の歴史をもっとよく知りたい。

…… （略） ……

**C－自己の認識**
- 体を丈夫にしたい。健康を保ちたい。
- （野球，ボウリング，ゴルフ，バレーボール，水泳などのような）スポーツの技術がもっとじょうずになりたい。
- 人生や社会のことについて，しっかりした考え方を持ちたい。
- もっと人間としての魅力を持ちたい。
- もっと心や気持ちの安定を得たい。

…… （略） ……

**表1.2 「こうなりたいと強く感じている」項目の比率**

| | | |
|---|---|---|
| 体・健康…………62.6% | 美しいものを作る……24.8 | 世の中のしきたり……20.4 |
| 言葉の使い方………35.5 | 心や気持の安定………24.5 | 自然や美術……………18.6 |
| 実用的なものを作る…32.3 | 人の気持………………23.9 | 手ですること…………18.0 |
| つき合いや交渉………31.9 | 子供・若い人…………22.4 | スポーツの技術………16.2 |
| 人生や社会の考え方…29.6 | 言葉で気持を表す……22.4 | 外国語…………………15.1 |
| 世の中の様子や動き…28.3 | 世の中のしくみ………22.1 | 歌・楽器演奏…………14.8 |
| 人間としての魅力……26.4 | 機械や道具を使う……20.8 | 歴史……………………13.3 |
| 植物を育てる…………25.8 | 世の中のきまり………20.8 | （以下略） |

す立場からすると，この調査のスコープには入っていない人びとの欲求，たとえば自己をとりまく環境や社会を変えていこうとする欲求や，そうした欲求を生み出している生活課題や発達課題をも含む「必要としてのニーズ」の視点がみられないことが問題となろう。公的な教育計画のための調査であれば，この点は重要なポイントのひとつとなるからである。

**学習意欲の強度と行動化可能性の把握**

ところで，調査の結果をもとに公民館に講座を開設したが，さっぱり人が集まらなかった，といった話を聞くことがある。調査結果に基づく予測と実際が食い違うことはよくあることだが，学習ニーズの把握を目指す調査は多かれ少なかれ人の内面にかかわるものであるだけに，商品へのニーズを探る市場調査などとは違った難しさがつきまとう。たとえば学ぶことがプラスの価値をもつ社会では，体裁をとりつくろったタテマエの回答が出やすいから，上述のエピソードもそうした誤認から生じた失敗であった可能性がある。もっとも，学びたい気持がホンネであっても，それが現実の行動につながるかどうかはまた別の問題である。

それはともかく，学習要求調査で最も重要でしかも最も困難なポイントは，人びとの学習意欲の強さ・真剣さ・ホンネといったものを，どれだけ的確に把握できるかにある。なぜなら，それが需要予測の精度を大きく左右するからである。過去の調査をみると，この点に検討を加えたものはきわめて少ない。学習意欲の強さ・真剣さをとらえる測度としては，ごく一部の調査で(ア)学習意欲の主観的な強さ，(イ)かけてもよい費用，(ウ)かけてもよい時間量，(エ)開始予

定時期（緊急度）などが使われているが，いずれも一長一短があり適用例をみるかぎりでは十分に機能しているとはいいがたい。行動化の可能性という点からいえば，(オ)計画の具体性，(カ)準備行動の有無，といった測度も考えられよう。

　学習意欲の切実さ，ホンネを探り出す方法論を考察したものとして，北海道立教育研究所グループによる「深度性」の測度がある[11]。これは学習要求を構成する8個の属性のひとつとして考えられたもので，調査相手がどの程度真剣に考えて回答したかをストレートに聞き出そうとするものである。その発想は注目されるが方法には問題が残る。なぜなら，本来こうしたことはストレートな質問で率直な回答が引き出せるかどうか疑問だし，回答がホンネかどうかを問うこと自体，論理矛盾を犯しているからである。こうした問題は単に質問文の工夫によるのではなく，調査方法や質問形式をうまく組みあわせることで解決していくべきものであろう。このうした検討の中から生まれたのが，「学習関心の階層モデル」をもとにした学習ニーズ把握の試みである。

## 2．学習関心の階層モデル

### 学習行動と学習関心

　いまなにかあることを学ぶ場合を考えてよう。そこでの学びの相の表れ方は，それについて全く関心をもっていない状態から，多かれ少なかれ関心をもつ状態を経て現実に学習している状態に至る，ひとつの連続体としてイメージすることができよう。これを海に浮かぶ氷山にたとえるならば，図1.2のように海面上に姿を見せている部分がすでに行動化している学習（「学習行動」と呼ぶ）であり，一方海面下に隠れている巨大な部分は意識レベルにとどまっている学習（まだ行ってはいないが今後行いたい学習で「学習関心」と呼ぶ）ということになる。また，まわりの海水部分は，その学習への関心がいまだ存在しない状態（無関心）ということができる。著者はこれを「学習関心の階層モデル（通称"氷山モデル"）」と呼んでいる。

　ところで同じ「学習関心」といっても，漠然としたものからすでに準備を始めているものまで，さまざまなレベルがある。話を簡単にするため，行動化の

図 1.2 学習関心の階層モデル（氷山モデル）

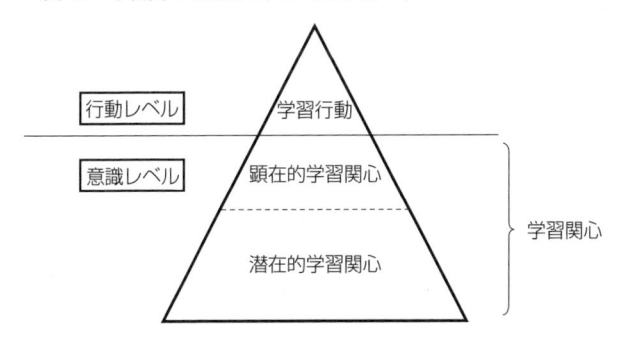

```
              ／＼
             ／  ＼
行動レベル　／学習行動＼
──────────／──────────＼──────
          ／          ＼    ｝
意識レベル／ 顕在的学習関心＼   
        ／ーーーーーーーーーー＼  ｝学習関心
       ／                  ＼
      ／   潜在的学習関心    ＼  
     ／_____＼
```

可能性の大小により「学習関心」を2つの層に分けることにする。
・顕在的関心……日常的に意識の表層にあり，行動化の可能性が高いもの。
・潜在的関心……外部環境からの刺激や手がかり（たとえば学習内容のリスト）を与えられてはじめて意識化されるもの。

　「学習関心」をこのように2つのレベルに分けてとらえる最大の意味は，人びとの学習ニーズを計量的に把握して予測の精度を高めることにあるが，もうひとつ付け加えるなら，人びとのもつ潜在的なニーズの存在を明らかにすることを通して，自らは気づいていない「必要としてのニーズ」を発見し，さらにそれを開発していくための手がかりが得られるということである。このことのもつ意味は決して小さくない。社会教育の事業ではとかくすでに顕在化しているニーズに対応することで事足れりとする傾向がないでもないが，実はニーズの内容によっては，潜在的レベルにとどまっている関心を触発して意識化された関心へと顕在化させ，さらには現実の行動へと転化するのを助けるのが，社会教育の重要な役割でもあるからである[12]。

　ここで問題は，2つのレベルの「学習関心」をどのように区別して取り出すかである。過去に行われた調査を子細に調べてみると，学習要求をもつ人の比率は調査のやり方によりかなりばらついていることがわかる。おおまかな傾向として個人面接法よりも配付回収法や郵送法の方が，自由回答方式よりもカテゴリー提示方式の方が，いずれも具体的な学習要求（ここでいう「学習関心」）をもつ人の比率が高い。これは，それぞれの方法がとらえているものが，実は異

なるレベルの「学習関心」であったことを示すものであろう。だとすれば同一調査の中で調査方法，質問形式，質問内容を適切に組み合わせることにより，レベルに応じ分別して「学習関心」をとらえることが可能となるであろう。

**階層モデルと関心度**

「学習関心調査」で採用したのは次の方法である。学びたいこと（学習関心）を具体的に聞き出すにあたり，まず個人面接調査により自由回答形式で得られたもの（学んでみたいこととしてその場で自発的に回答されたもの）を「顕在的関心」，そのあと配付回収調査で調査票に提示された学習内容カテゴリーの中から，マルチアンサーで「学びたい」と回答されたもの（調査票を見てはじめて，これも学んでみたいと複数選択で回答されたもの）を，「潜在的関心」として処理するのである。なお，「学習行動」の質問は個人面接・自由回答方式によった。

こうした「学習関心」のレベルは，学習の領域や具体的な項目ごとにおさえることができる。これを先にふれた計画の具体性，準備行動の有無などの"行動化の可能性の測度"とクロスさせるならば，"学習関心度"といったような総合的な尺度をつくることも可能となろう。表1.3はそのひとつのモデルを示したものである。

ところで「顕在的関心」「潜在的関心」と呼ぶものも実体的な概念ではなく，あくまでも上述の手続きから導き出された操作的な概念にほかならない。問題

表1.3 学習関心の階層モデルと関心度

| \・特定の学習領域または学習項目について…… | | | | |
|---|---|---|---|---|
| レベル | | 学習関心の状態 | 把握の方法 | 関心度 |
| 行動 | | 現在学習しており，今後も継続の意思がある。 | 個人面接法（自由回答方式） | 5 |
| 関心 | 顕在的 | 現在学習してはいないが，学びたいという気持ちが明確に意識されており，外部からの具体的な手がかりなしに表出できる。 | 個人面接法（自由回答方式）<br>行動化の可能性の測度（計画の具体性，準備行動など） | 4<br>3<br>2 |
| | 潜在的 | 現在学習していないが，学びたいという気持ちが潜在的にあり，外部からの具体的な手がかりによって意識化される。 | 配付回収法（カテゴリー提示方式） | 1 |
| 無関心 | | 学習したいという気持ちはない。 | 個人面接法＋配付回収法 | 0 |

はこのようにして得られたものが，行動化の予測の上でどれだけの有効性をもちうるかであろう。この点は実際に試してみるほかないわけで，試行と検証が次の課題となる。

## 3. 学習関心調査

### 調査の概要

「学習関心調査」は単発の調査ではなく，同一フォーマットで反復実施する定点観測的調査として企画したもので，1982（昭和57）年を皮切りに98年までの間に5回実施されているが，ここではまず第1回調査を紹介しよう。**表1.4**はその概要である。

調査の核となる「学習行動」「学習関心」に関する部分の調査手続きは，次のとおりである。

(1)「学習行動」については，個人面接調査で過去1年間に行った学習を具体的にたずねる。まず，

——あなたは知識・技能や教養を身につけたり，趣味・スポーツなどを習ったりしているようなことがおありですか。どこかに習いに行ったり，グループで勉強したり，

表1.4 「第1回学習関心調査」の概要

| 調査時期 | 1982（昭和57）年3月 |
|---|---|
| 調査対象 | 全国の20～79歳の国民3,000人（層化2段無作為抽出）[13] |
| 調査方法 | 個人面接法と配付回収法を併用 |
| 調査内容 | (ア)学習行動（過去1年間に行った学習）の内容・方法・時間量・レベル・目的など<br>(イ)学習関心（今後行ってみたい学習）の内容・方法・目的・準備行動など<br>(ウ)学習意識，過去の学習手段利用経験，学習阻害経験，学習情報の利用と期待<br>(エ)余暇時間量，余暇行動<br>(オ)メディア行動（教育・教養番組の利用状況，新聞・雑誌・単行本への接触状況）<br>(カ)文化的行動，文化的支出<br>(キ)生活意識，価値観ほか |
| 有効数 | 2,388人（有効率79.6％） |

> 本やテレビ，ラジオ，カセットなどを利用したり，その他どんな方法でしているものでもかまいません。また，現在していなくても，この1年くらいの間にしたことでも結構です……。

と一般的な問いかけを行ったあと，「趣味・おけいこごと」「家庭生活・日常生活」など6つの領域ごとに「学習行動」の有無をたずねた。その際回答をスムーズに引き出すために，領域ごとに具体例を列挙したカードを示して面接を進めた。「学習行動」が「ある」場合には，そのひとつひとつについて具体的な内容と，目的，方法，レベルや時間量などをたずねた。学習内容は調査相手の発言をナマの形で記録するとともに，予め設けた382の学習項目（**表1.5**）に分類して記録した。

(2)「学習関心」についての質問は，

> ——この1年くらいの間にはやっていないことで，今後勉強してみたい，習ってみたい，身につけたいとふだんから思っていることがありますか。いまはできそうになくても，もしできるようになるとしたらやってみたいことでも結構です……。

と問いかけたあと，領域ごとに「学習関心」の有無をたずねた。「ある」と答えた場合の処理は，「学習行動」と同じである。ここで回答されたものが，「顕在的学習関心」である。

(3) 面接終了後に「留め置き調査票」（後日調査員が回収）の記入を依頼した。その中心部分は「潜在的レベルの学習関心」を探る質問で，具体的学習項目の中から「今後学んでみたい」ものをいくつでも選んでもらうものである。

(4) この調査では次のような"学習"の定義を設けている。すなわち"学習"とは「ある程度まとまりをもった知識・技能（あるいは態度・能力）の獲得・維持・向上を目指して行う行動」であって，形態や方法はどんなものであってもよい。ただし，学生が大学等で行う学習やそれに関連した家庭学習，大学受験のための学習，企業内教育訓練などは含めない。また，総計7時間未満の行動，および学習方法の質問への回答から判断して"学習"の定義にあてはまらない「行動」および「関心」は，集計対象から除外した。

表 1.5　学習項目

① **趣味・おけいこごと** (65 項目) ——
音楽 (ピアノ, エレクトーン, ギター, 琴などの楽器演奏, 歌謡曲, ポピュラー, フォーク, 民謡作曲等), 舞踊 (日本舞踊, ダンス, バレエ等), 美術 (洋画, 日本画, 版画, 彫刻, 書道等), 手工芸 (レース編み, 刺繍, キルト, 染色等), 文芸制作 (俳句, 短歌, 詩, 小説等), 茶華道, ゲーム (囲碁, 将棋等), その他 (園芸・盆栽, バードウォッチング, 昆虫・植物採集, 写真, 8 ミリ, アマチュア無線, オーディオ, パソコン, 家庭大工等).

② **家庭生活・日常生活** (49 項目) ——
被服 (洋裁, 和裁, 着付け等), 住まい (住まいの設計・手入れ・修理・室内装飾等), 調理・食品 (和風料理, 洋風料理, 中国料理, お総菜・弁当, 自然食品・健康食品等), 健康 (成人病の予防, 妊娠・出産の知識, 応急手当等), 家庭教育 (乳幼児の保育, 幼児の心理と家庭教育, 小学生の心理と家庭教育等), 家庭の経済・法律 (貯蓄・投資・株の知識, 年金・保険の知識等), 生活技術 (自動車・オートバイの運転・整備, 冠婚葬祭の知識等).

③ **スポーツ・体育・レクリエーション** (43 項目) ——
球技 (野球, サッカー, テニス等), 格闘技 (柔道, 剣道, 空手等), 個人スポーツ (スキー, スケート, 水泳等), 体育・健康・レクリエーション (体操, エアロビクス等), その他 (スポーツ観戦のための知識等).

④ **教　養** (81 項目) ——
外国語 (英語会話, フランス語, ドイツ語等), 日本古典文学, 西洋文学, 中国文学, 短歌・俳句, 現代詩, 哲学・思想・宗教, 日本の歴史, 世界の歴史, 民俗学, 女性史, 政治学, 経済学, 社会学, 文化人類学, 社会思想, 心理学, 社会心理学, 児童心理学, 教育思想, 自然科学 (物理学, 天体・宇宙の科学, 電子工学, 機械工学, 情報科学, 動物行動学, 科学史等), 芸術の知識と鑑賞 (美術, 伝統工芸, クラシック音楽, 邦楽, 歌舞伎等).

⑤ **社　会** (76 項目) ——
文化・社会 (文化財の保存, サークル活動・グループリーダーの知識, 高齢化社会, マスコミュニケーションの諸問題, テレビと子ども, ニューメディア等), 教育 (家庭内暴力, 青少年非行等), 福祉 (社会保障と社会福祉の基礎知識, 障害者問題等), 保健・衛生 (医療制度, 食品添加物等), 人権 (憲法と基本的人権の基礎知識, 婦人問題等), 環境・自然 (公害についての基礎知識, 自然保護等), 地域 (地域開発, まちづくり・地域づくり等), 資源・エネルギー, 経済 (消費者運動と消費者保護等), 労働 (労働問題の基礎知識, 雇用問題等), 政治 (行政改革問題, 地方自治と住民参加等), 国際 (最近の国際情勢, 中東問題等).

⑥ **職　業** (68 項目) ——
経営・管理・事務 (企業会計, マーケティング, 情報処理等), 農林水産 (農業経営, 水産技術等), 工業技術 (電気工事, 機械, 製図等), 被服・縫製 (洋裁, 和裁, 着付け等), 編集・制作 (編集・校正, イラスト, 広告等), 資格のための学習 (司法試験, 公務員, 薬剤師, 調理師等).

## 4．「学習関心調査」からみた日本人の学習

### 学習関心と行動

　5回にわたり実施してきた「学習関心調査」により，わが国の成人の学習について，今まで知られていなかったいくつかの実態が明らかとなった。とりわけ人びとの「学習関心」がどのように変わってきているかについては興味あるデータが得られているが，時系列変化については次章で取り上げるので，ここではまず第1回調査で得られた「学習関心」と「学習行動」の実態について概観するにとどめたい。

　1982年の第1回調査によると，過去1年間に総計7時間以上の「学習行動」を行った人は，有効回答（2388人）の40.2％であった（表1.6）。すなわち82年時点では，わが国の20〜79歳の成人のほぼ4割，3200万人が過去1年間になんらかの学習に取り組んでいたということになる。「学習行動」のある場合はそれに費やした時間量をたずねているが，その結果では，「学習行動」のある人の1人あたりの年間学習時間は最も少なく見積もった場合でも210時間となった。したがってここから，わが国の20〜79歳の成人全体の過去1年間ののべ学習時間量を計算すると，3200万人×210時間＝67億2000万人時間というこ

表1.6　学習行動・学習関心がある人の比率（第1回学習関心調査）　　　　(100%=2,388)

| | | 「ある」人の比率 | 学習の領域別にみた「ある」人の比率 | | | | | | |
|---|---|---|---|---|---|---|---|---|---|
| | | | 趣味・おけいこごと | 家庭生活・日常生活 | スポーツ・体育・レクリエーション | 教養 | 社会 | 職業 | その他（注） |
| 学習行動（この1年間に行った学習） | | 40.2% | 23.3% | 6.6% | 12.0% | 5.2% | 2.8% | 3.9% | 0.3% |
| 学習関心（今後行ってみたい学習） | 顕在的 | 50.5 | 28.5 | 14.3 | 15.0 | 8.7 | 3.4 | 5.6 | 0.3 |
| | 顕在的＋潜在的 | 86.8 | 77.7 | 68.1 | 63.4 | 53.9 | 52.7 | 48.4 | |

（注）6領域のいずれにも分類不能なものを「その他」とした。

とになる。これはちょうど学習指導要領が定めた，わが国の全小学生が1年間に受ける授業ののべ時間量（83億人時間）にほぼ匹敵するものであり，成人の学習がまさに子どもの義務教育初等段階と同程度かそれ以上の時間とエネルギーを消費する，巨大なひろがりをもつ領域であることがわかる。

成人の「学習行動」の内容は多岐にわたっている。領域でみると「趣味」の学習を行った人が最も多く，回答者全体の4分の1が行っており，「スポーツ」がこれに続いている。具体的な学習内容では後述のように「趣味」領域の「編みもの」「園芸」「華道」「茶道」，「スポーツ」領域の「テニス」「ゴルフ」，「教養」領域の「英語会話」などを学習している人が多かった。こうした高い人気を集めるもののほかにもさまざまな学習が行われており，学習を行った人が1人以上ある項目は247にのぼった。

一方，全体の9割近くが多かれ少なかれ「学習関心」をもっているが，はっきりと意識された「顕在的関心」を示した人は半数にとどまる。「顕在的関心」を示す人が最も多いのは，「学習行動」と同様「趣味」の領域である。どの領域も実際に学習している人は「顕在的関心」をもつ人より少ないが，とりわけ「家庭」の領域ではその開きが大きい。この領域では，学習への意欲がありながら実現していないケースが他よりも多いと思われる。

### 属性別にみた傾向

表1.7にみるように，なんらかの学習を行っている人は男性よりも女性の方がやや多かった。学習行動率は男女ともおおむね若年層に高く，年齢の上昇につれてなだらかに下がってくる。ただし40代前半に男女とも一時的な落ち込みがみられる。職業別では経営者・管理者，事務・技術職，専業主婦，一般作業職などに学習を行っている人が多い。「顕在的関心」をもつ人も女性の方が多く，「学習行動」の場合と同様，若年層ほど「顕在的関心」をもつ人が多い。「学習行動」の場合のような40代前半の落ち込みはみられない。この年齢層には，学びたいことがありながらなんらかの事情で行動に移せない人が多いものと推測される。職業別では学生と事務・技術職に「顕在的関心」をもつ人が多い。

領域別に学習を行っている人の属性をみると（表1.8），「趣味」「家庭」は女性，

表 1.7 「学習行動」「顕在的学習関心」がある人の比率

| 属　　性 | 学習行動 | 学習関心(顕在的) | 属　　性 | 学習行動 | 学習関心(顕在的) |
|---|---|---|---|---|---|
| 男 | 38.4% | 43.9% | 有　　職 | 40.9% | 51.9% |
| 女 | 41.7 | 56.1 | 農林漁業 | 34.1 | 35.6 |
| 男 20〜24 歳 | 39.8 | 62.4 | 自営業 | 37.8 | 50.3 |
| 25〜29 | 50.0 | 61.1 | 販売・サービス | 32.9 | 52.0 |
| 30〜34 | 42.9 | 50.0 | 技能・熟練 | 39.3 | 51.6 |
| 35〜39 | 41.6 | 44.8 | 一般作業 | 44.1 | 50.0 |
| 40〜44 | 30.3 | 45.5 | 事務・技術 | 47.4 | 60.3 |
| 45〜49 | 39.8 | 44.2 | 経営・管理 | 52.0 | 53.1 |
| 50〜54 | 35.7 | 31.2 | 専門・自由 | 33.3 | 38.9 |
| 55〜59 | 33.7 | 42.2 | 兼業・その他 | 30.0 | 40.0 |
| 60〜69 | 37.3 | 30.5 | 主　　婦 | 45.4 | 56.0 |
| 70〜79 | 28.2 | 19.7 | 学　　生 | 38.0 | 70.0 |
| 女 20〜24 歳 | 59.1 | 73.6 | 無　　職 | 26.2 | 27.7 |
| 25〜29 | 47.4 | 74.1 | | | |
| 30〜34 | 43.0 | 63.6 | | | |
| 35〜39 | 49.0 | 68.2 | | | |
| 40〜44 | 38.5 | 68.9 | | | |
| 45〜49 | 44.9 | 63.0 | | | |
| 50〜54 | 40.8 | 44.6 | | | |
| 55〜59 | 40.4 | 50.0 | | | |
| 60〜69 | 31.6 | 29.7 | | | |
| 70〜79 | 15.9 | 13.4 | | | |

「スポーツ」「教養」「社会」「職業」は男性の方が高く,「趣味」と「家庭」は女性20代前半,「スポーツ」は男女とも20代から40代までの比較的若い層に多くなっている。一方,男性40代前半には落ち込みがみられる。「教養」「社会」「職業」領域は属性によるちがいはあまりはっきりしないが,「教養」は男性50代後半以上の高年齢層,専門的職業・自由業,経営者・管理者,学生,「社会」は男性40代後半,農林漁業者,専門的職業・自由業,「職業」では男性20代後半,経営者・管理者,自営業,学生に学習を行っている人が比較的多い。

次に「顕在的関心」をもつ人の比率を領域別にみると,表1.9のようになった。

表1.8 領域別にみた「学習行動」がある人の比率

|  | 趣味・お けいこご と | 日常生活 家庭生活 | スポーツ・体 育・レクリエ ーション | 教養 | 社会 | 職業 |
|---|---|---|---|---|---|---|
| 男 | 17.0% | 3.0% | 13.7% | 6.7% | 4.0% | 6.1% |
| 女 | 28.7 | 9.7 | 10.6 | 3.8 | 1.8 | 2.0 |
| 男 20～24歳 | 6.5 | 2.2 | 23.7 | 7.5 | 1.1 | 5.4 |
| 25～29 | 21.3 | 7.4 | 23.1 | 6.5 | 3.7 | 13.0 |
| 30～34 | 11.7 | 0.6 | 17.5 | 7.1 | 5.2 | 8.4 |
| 35～39 | 19.2 | 2.4 | 18.4 | 6.4 | 4.8 | 8.0 |
| 40～44 | 16.7 | 0.8 | 10.6 | 4.5 | 3.0 | 3.8 |
| 45～49 | 20.4 | 1.8 | 16.8 | 3.5 | 7.1 | 8.0 |
| 50～54 | 18.7 | 2.7 | 6.2 | 5.4 | 3.6 | 3.6 |
| 55～59 | 18.1 | 6.0 | 6.0 | 8.4 | 3.6 | 2.4 |
| 60～69 | 21.2 | 5.9 | 6.8 | 10.2 | 5.1 | 4.2 |
| 70～79 | 16.9 | 1.4 | 2.8 | 8.5 | — | 1.4 |
| 女 20～24歳 | 38.2 | 20.9 | 19.1 | 3.6 | 2.7 | 5.5 |
| 25～29 | 30.2 | 11.2 | 14.7 | 7.8 | 1.7 | 2.6 |
| 30～34 | 21.8 | 12.1 | 20.6 | 4.2 | 1.2 | 1.2 |
| 35～39 | 34.4 | 13.2 | 15.2 | 4.0 | 4.0 | 2.0 |
| 40～44 | 23.7 | 8.9 | 11.1 | 2.2 | 3.7 | 1.5 |
| 45～49 | 30.4 | 10.1 | 8.0 | 4.3 | — | 3.6 |
| 50～54 | 32.3 | 6.2 | 5.4 | 4.6 | 1.5 | 1.5 |
| 55～59 | 33.0 | 9.6 | — | 1.1 | 2.1 | — |
| 60～69 | 28.5 | 2.5 | 3.8 | 2.5 | 0.6 | 1.3 |
| 70～79 | 12.2 | 1.2 | 1.2 | 3.7 | — | — |
| 有　職 | 21.8 | 5.9 | 13.9 | 5.3 | 3.2 | 5.2 |
| 農林漁業 | 14.8 | 7.4 | 11.9 | 1.5 | 5.9 | 2.2 |
| 自営業 | 21.4 | 6.0 | 11.0 | 5.4 | 3.3 | 7.1 |
| 販売・サービス | 14.5 | 3.3 | 15.8 | 3.9 | 3.3 | 3.9 |
| 技能・熟練 | 19.8 | 3.6 | 16.3 | 4.0 | 2.0 | 4.8 |
| 一般作業 | 30.5 | 2.5 | 9.3 | 4.2 | 3.4 | 2.5 |
| 事務・技術 | 26.3 | 9.8 | 15.1 | 7.2 | 3.1 | 5.3 |
| 経営・管理 | 24.5 | 3.1 | 18.4 | 9.2 | 3.1 | 8.2 |
| 専門・自由 | 11.1 | — | 16.7 | 11.1 | 5.6 | 5.6 |
| 兼業・その他 | 15.0 | 5.0 | 12.5 | 2.5 | — | 5.0 |
| 主　婦 | 31.0 | 11.1 | 10.5 | 3.8 | 2.6 | 1.4 |
| 学　生 | 12.0 | — | 16.0 | 8.0 | 2.0 | 6.0 |
| 無　職 | 19.5 | 3.0 | 3.0 | 6.4 | 1.1 | 0.7 |

4.「学習関心調査」からみた日本人の学習

表1.9 領域別にみた「顕在的学習関心」が「ある」人の比率

|  | 趣味・お けいこご と | 日常生活 家庭生活 | スポーツ・体 育・レクリエ ーション | 教養 | 社会 | 職業 |
|---|---|---|---|---|---|---|
| 男 | 23.8% | 5.4% | 14.2% | 9.2% | 3.2% | 7.2% |
| 女 | 32.5 | 22.0 | 15.7 | 8.2 | 3.4 | 4.1 |
| 男 20～24歳 | 20.4 | 10.8 | 28.0 | 15.1 | 2.2 | 15.1 |
| 25～29 | 21.3 | 9.3 | 28.7 | 16.7 | 3.7 | 19.4 |
| 30～34 | 22.7 | 4.5 | 13.0 | 11.0 | 0.6 | 11.7 |
| 35～39 | 28.8 | 4.8 | 17.6 | 10.4 | 5.6 | 8.0 |
| 40～44 | 25.8 | 10.6 | 18.9 | 6.8 | 2.3 | 3.8 |
| 45～49 | 27.4 | 2.7 | 12.4 | 12.4 | 4.4 | 4.4 |
| 50～54 | 23.2 | 0.9 | 7.1 | 3.6 | 0.9 | — |
| 55～59 | 27.7 | 4.8 | 7.2 | 6.0 | 6.0 | 4.8 |
| 60～69 | 24.6 | 0.8 | 4.2 | 4.2 | 4.2 | 0.8 |
| 70～79 | 11.3 | 5.6 | 1.4 | 4.2 | 4.2 | 2.8 |
| 女 20～24歳 | 40.0 | 34.5 | 30.9 | 17.3 | 2.7 | 8.2 |
| 25～29 | 38.8 | 31.9 | 31.0 | 8.6 | 6.9 | 9.5 |
| 30～34 | 32.1 | 27.9 | 25.5 | 7.9 | 2.4 | 9.7 |
| 35～39 | 35.1 | 31.8 | 20.5 | 15.2 | 4.6 | 4.0 |
| 40～44 | 37.0 | 25.9 | 16.3 | 7.4 | 4.4 | 5.9 |
| 45～49 | 39.9 | 24.6 | 13.0 | 8.7 | 2.9 | 1.4 |
| 50～54 | 29.2 | 14.6 | 4.6 | 9.2 | 1.5 | 0.8 |
| 55～59 | 40.4 | 13.8 | 6.4 | 1.1 | 4.3 | — |
| 60～69 | 22.2 | 5.7 | 3.2 | 2.5 | 2.5 | — |
| 70～79 | 6.1 | 3.7 | 1.2 | 1.2 | 2.4 | — |
| 有　職 | 29.7 | 12.4 | 16.5 | 9.4 | 3.2 | 7.1 |
| 農林漁業 | 23.7 | 11.1 | 5.9 | 3.0 | 1.5 | 2.2 |
| 自営業 | 30.1 | 12.2 | 16.1 | 8.3 | 5.1 | 6.0 |
| 販売・サービス | 31.6 | 16.4 | 18.4 | 9.2 | 3.3 | 5.3 |
| 技能・熟練 | 29.0 | 9.5 | 17.9 | 9.1 | 3.6 | 9.9 |
| 一般作業 | 28.8 | 14.4 | 16.1 | 6.8 | 2.5 | 6.8 |
| 事務・技術 | 31.3 | 14.4 | 20.6 | 12.9 | 3.1 | 9.1 |
| 経営・管理 | 32.7 | 6.1 | 12.2 | 10.2 | 2.0 | 3.1 |
| 専門・自由 | 22.2 | 11.1 | 11.1 | 22.2 | 5.6 | 5.6 |
| 兼業・その他 | 27.5 | 12.5 | 10.0 | 5.0 | — | 12.5 |
| 主　婦 | 30.6 | 22.0 | 14.7 | 7.7 | 3.2 | 2.6 |
| 学　生 | 30.0 | 24.0 | 24.0 | 20.0 | 4.0 | 10.0 |
| 無　職 | 16.9 | 9.0 | 5.6 | 4.1 | 3.7 | 1.5 |

表1.10 性×年齢別にみた人気「学習行動」項目——この1年間に行った学習——

( )内は行った人の比率(%)

| 性・年齢別 | 学 習 項 目 |
|---|---|
| 男 20〜24歳 | 野球(4.3%), テニス, 卓球, ゴルフ, スキー, 英語会話(3.2), バレーボール, バドミントン, 空手・合気道, 資格のための学習(2.2)…… |
| 25〜29 | 釣り(8.3), 野球(7.4), スキー(4.6), テニス(3.7), カメラ・写真, ゴルフ, 資格のための学習(2.8)…… |
| 30〜34 | ゴルフ(7.8), 野球(5.2), 釣り, 英語会話(2.6)…… |
| 35〜39 | ソフトボール(6.4), 釣り, ゴルフ(4.8), 野球(4.0), 囲碁(3.2), 園芸, カメラ・写真(2.4) |
| 40〜44 | 釣り(6.1), 書道, 野球, ゴルフ(3.0), 英語会話(2.3)…… |
| 45〜49 | 園芸(9.7), 野球, ソフトボール, ゴルフ(3.5), 将棋, 資格のための学習(2.7)…… |
| 50〜54 | 園芸(9.8), 民謡(2.7), 歌をうたう(歌謡曲・ポピュラー), 釣り, ゴルフ, 自動車・オートバイ運転, ソフトボール, 卓球, 日本の歴史(1.8)…… |
| 55〜59 | 園芸(12.0), 詩吟(3.6), 書道, ゴルフ, 英語会話, 郷土史, 最近の政治情勢(2.4)…… |
| 60〜69 | 園芸(12.7), 囲碁(3.4), カメラ・写真(2.5)…… |
| 70〜79 | 園芸(11.3), 宗教・信仰(2.8)…… |
| 女 20〜24歳 | 華道(20.9), 茶道(12.7), テニス(11.8), 編みもの(10.0), ダンス(5.5), ピアノ, 和裁, 着付け, 自動車・オートバイ運転(3.6), 洋裁, バドミントン(2.7)…… |
| 25〜29 | 華道(12.1), 編みもの(8.6), バレーボール(4.3), テニス(3.4), 書道, 茶道, 自動車・オートバイ運転(2.6)…… |
| 30〜34 | 編みもの(7.9), バレーボール(7.3), 華道(5.5), 体操(4.2), テニス(3.6), 洋裁, バドミントン(2.4)…… |
| 35〜39 | バレーボール(9.3), 編みもの(7.9), 華道(7.3), 書道(4.6), アートフラワー(4.0), 刺繍, 茶道(3.3), 歌をうたう(歌曲・コーラス), 体操(2.6), パッチワーク, 人形制作, 着付け, ペン習字(2.0)…… |
| 40〜44 | バレーボール(5.2), 編みもの, 華道(4.4), 書道, 園芸, 卓球(2.2)…… |
| 45〜49 | 編みもの(8.7), 華道(5.8), 茶道(5.1), 書道(3.6), アートフラワー(2.9), 民謡, 日本舞踊, 洋裁(2.2)…… |
| 50〜54 | 編みもの(6.2), 茶道(5.4), 華道, 園芸(4.6), 書道(3.8), 日本舞踊(3.1), 民謡(2.3)…… |
| 55〜59 | 詩吟, 編みもの(5.3), 民謡, 日本舞踊, 華道(4.3), 書道(3.2), 茶道, 和裁, ペン習字(2.1)…… |
| 60〜69 | 編みもの, 園芸(5.1), 民謡, 書道, ゲートボール(3.2), 詩吟, 日本舞踊, 茶道, 華道(2.5)…… |
| 70〜79 | 編みもの, 園芸(3.7), 謡曲, 茶道(2.4)…… |

**表 1.11　性・年齢別にみた人気学習関心項目——今後行ってみたい学習——**

（　）内は「行ってみたい」人の比率（％）

| 性・年齢別 | 学　習　項　目 |
|---|---|
| 男 20～24歳 | 英語会話 (45.2)，オーディオ (39.8)，スキー (36.6)，テニス (35.5)，自動車・オートバイの整備，野球 (32.3)，マイコン，カメラ・写真，税金の知識 (28.0)，自動車・オートバイの運転，ゴルフ (26.9) …… |
| 25～29 | スキー，英語会話 (38.0)，税金の知識 (35.2)，ゴルフ (30.6)，映画 (26.9)，テニス (25.9)，マイコン (25.0)，事故・トラブルの法律知識 (24.1)，野球 (22.2)，海洋開発・宇宙開発 (20.4) …… |
| 30～34 | ゴルフ (33.8)，英語会話 (26.2)，スキー (25.3)，税金の知識 (24.0)，釣り，貯蓄・投資・株の知識 (21.4)，囲碁 (20.8)，カメラ・写真 (20.1)，資源・エネルギー問題 (19.5)，園芸，野球，テニス，税制 (18.8) …… |
| 35～39 | 釣り (32.0)，ゴルフ (31.2)，税金の知識 (25.6)，囲碁 (24.8)，話し方・スピーチ，英語会話 (24.0)，野球 (20.0)，将棋，スキー (19.2)，カメラ・写真，園芸，美術（知識と鑑賞）(18.4) …… |
| 40～44 | 釣り (33.3)，ゴルフ (25.8)，園芸 (25.0)，住まいの手入れ，ジョギング，英語会話 (19.7)，野球 (18.9)，囲碁，貯蓄・投資・株の知識，ソフトボール (18.2) …… |
| 45～49 | 園芸 (30.1)，釣り (29.2)，ゴルフ (27.4)，家庭大工，ジョギング (21.2)，囲碁 (20.4)，将棋，ソフトボール (19.5)，民謡，野球 (18.6) …… |
| 50～54 | 園芸 (47.3)，釣り，年金・保険の知識 (24.1)，税金の知識 (23.2)，住まいの手入れ・修理 (22.3)，書道，成人病の予防 (21.4)，将棋，ゴルフ (18.8)，囲碁 (17.0) …… |
| 55～59 | 園芸 (41.0)，年金・保険の知識 (22.9)，老人問題 (21.7)，書道，成人病の予防 (20.5)，民謡，カメラ・写真，住まいの手入れ (18.1)，釣り (16.9)，社会保障と社会福祉の基礎知識，防衛・安全保障問題 (15.7) |
| 60～69 | 園芸 (35.6)，成人病の予防，老人問題 (21.2)，囲碁 (17.8)，書道，年金・保険の知識 (16.1)，民謡，釣り，カメラ・写真，税金の知識，社会保障と社会福祉の基礎知識，防衛・安全保障問題 (14.4) …… |
| 70～79 | 園芸 (26.8)，書道 (16.9)，老人問題 (15.5)，宗教・信仰 (14.1)，住まいの手入れ・修理，こころの健康，ゲートボール，体操，美術（知識と鑑賞）(11.3)，民謡，成人病の予防 (9.9) …… |
| 女 20～24歳 | テニス (63.6)，編みもの (50.0)，着付け (49.1)，ダンス (40.9)，パン・菓子づくり (38.2)，スキー (37.3)，英語会話 (35.5)，和風料理 (34.5)，洋風料理，洋裁 (30.0) …… |
| 25～29 | 編みもの (42.2)，パン・菓子づくり (39.7)，洋裁 (37.1)，着付け (34.5)，英語会話 (31.9)，室内装飾 (29.3)，テニス (28.4)，ダンス，和風料理，幼児の心理と家庭教育 (26.7) …… |

| | | |
|---|---|---|
| 女 30〜34 | | テニス (36.4), パン・菓子づくり (33.3), 編みもの (32.1), 着付け (31.5), 書道 (29.7), 洋裁 (29.1), 華道 (28.5), 室内装飾 (27.9), 小学生の心理と家庭教育 (27.3), 英語会話 (24.2) …… |
| | 35〜39 | 編みもの (37.7), 和風料理 (33.1), 着付け (32.5), 書道 (31.1), お総菜・弁当 (28.5), ペン習字 (27.8), 小学生の心理と家庭教育 (27.2), 成人病の予防, テニス (26.5) …… |
| | 40〜44 | 着付け (29.6), 編みもの (28.9), 園芸 (25.2), お総菜・弁当 (24.4), 書道 (23.7), 和風料理 (22.2), 民謡, 成人病の予防, 中学・高校生の心理と家庭教育, ペン習字 (21.5) …… |
| | 45〜49 | 編みもの, 和風料理 (31.9), 着付け (26.1), 園芸 (24.6), 書道 (23.2), ペン習字, 食品添加物, 着付け (19.6) …… |
| | 50〜54 | 編みもの (34.6), 園芸 (33.1), 和風料理 (30.0), 成人病の予防 (26.9), 書道 (26.2), 自然食品・健康食品 (22.3), 年金・保険の知識 (21.5), 美容と健康 (20.0) …… |
| | 55〜59 | 編みもの (30.9), 書道 (28.7), 和風料理 (24.5), 和裁 (23.4), 民謡, 園芸, 自然食品・健康食品 (22.3), 着付け, 成人病の予防 (21.3), 茶道, 華道, こころの健康, ペン習字 (18.1) …… |
| | 60〜69 | 園芸 (23.4), 民謡, 老人問題 (20.3), 編みもの (19.0), 書道 (16.5), 和裁, 自然食品・健康食品, こころの健康 (15.2), 成人病の予防, 年金・保健の知識 (14.6) …… |
| | 70〜79 | 園芸 (12.2), 衣服の手入れ (11.0), 和風料理, こころの健康 (9.8), 編みもの, お総菜・弁当 (8.5), 書道, 俳句・短歌・川柳, 和裁, 家庭内の人間関係と近所づきあい, ゲートボール, 老人問題 (7.3) …… |

「趣味」「家庭」は女性,「職業」は男性が多いが,他の領域は性による違いはほとんどみられない。このうち「家庭」領域は女性の22%が関心をもっており,現実の「学習行動」の9.7%との間にはかなりの開きがある。今後女性を中心に行動に顕在化する可能性の高い領域であろう。

**人気のある学習項目**

表1.10は具体的にどのような学習を行ったかを,性×年齢別に示したものである。これによると性や年齢でかなりのちがいがあることがわかる。たとえば男性は若年層で「野球」「ゴルフ」「テニス」などのスポーツ,中年層で「ゴルフ」や「釣り」,中・高年層で「園芸」に人気がある。一方女性では「華道」「茶道」など趣味・おけいこごとが幅広い年層で人気があるが,比較的若い層では「テニス」「バレーボール」などスポーツも上位にあがっている。目につ

くのは20〜24歳の女性で，10％以上の項目が4つもあり他の層にくらべて学習行動が活発である。

表1.11はどのような学習を行いたいか（学習関心）をたずねた結果である。男女とも若年層では多くの項目が関心を集めているが，男性20〜24歳の45.2％が「英語会話」に関心を示している一方，女性20〜24歳は「テニス」63.6％，「編みもの」50.0％，「着付け」49.1％など，男性以上に多くの項目への高い関心がみられる。男性の若・中年層では「英語会話」のほか「スキー」「野球」「ゴルフ」などのスポーツ，「税金の知識」「貯蓄・投資・株の知識」などへの関心も高い。その他男性若年層では「オーディオ」「マイコン」，中年層では「釣り」「囲碁」，中高年層では「園芸」が一貫して高い人気を得ている。女性ではどの年齢層でも「編みもの」をはじめ「華道」「書道」など「趣味」「家庭」領域に人気がある。このほか女性若年層で「英語会話」，中高年層で「園芸」「成人病の予防」「こころの健康」「老人問題」などへの関心が高い。

**学習の方法**

面接調査では回答のあった具体的な「学習行動」と「学習関心（顕在的）」のひとつひとつについて，どのような方法で学んだか，学びたいかを複数回答でたずねた。表1.12はその結果を示したものである。

この1年くらいの間に行った学習（学習行動）の方法としては「本・雑誌」が最も多く，ほぼ3分の1の学習で使われている。ついで「グループ・サークル」が4分の1，以下「個人教授・塾」「テレビ」「知人・家族」と続いている。上位には個人で行える方法や相手が必要でもインフォーマルな方法が多い。公民館など行政の「学級・講座」や民間の「カルチャーセンター」などフォーマルで教室形態のものは10％前後である。今後やってみたい学習（学習関心）でも，傾向は「学習行動」の場合とほぼ同じであるが，「学習行動」で7位だった「カルチャーセンター」が21％と希望する方法の3位となっているのが注目される。

領域別にみてみたところ，「本・雑誌」は「趣味」での利用が最も多いが他の領域でも多く利用されており，「スポーツ」以外では他をおさえて1位であった。「グループ・サークル」は「趣味」と「スポーツ」で，「個人教授」は大部分が「趣味」の学習で使われていた。「テレビ」は「職業」以外のどの領域

表 1.12　学習の方法 (100% = 行動・関心の総数)

| | 使った方法 | 使いたい方法 |
|---|---|---|
| 本・雑誌 | 31.2 | 29.9 |
| グループ・サークル | 26.3 | 28.8 |
| 個人教授・塾 | 17.3 | 21.0 |
| テレビ | 13.5 | 17.5 |
| 知人・家族[1] | 11.5 | 15.6 |
| 学級・講座[2] | 10.0 | 12.1 |
| カルチャーセンター[3] | 10.0 | 21.0 |
| テープ・レコード | 4.6 | 4.1 |
| 企業の教室[4] | 3.6 | 3.5 |
| 社会通信教育 | 2.8 | 5.9 |
| 専門学校・各種学校 | 2.3 | 5.4 |
| ラジオ | 1.9 | 2.5 |
| ビデオ教材 | 0.5 | 1.1 |
| 大学・短大[5] | 0.3 | 0.4 |
| 高校[5] | 0.2 | — |
| 職業訓練校 | 0.1 | 0.8 |
| その他 | 4.3 | 3.7 |

(注) (1) 知人・友人・家族などに習って
(2) 教育委員会・公民館などの学級・講座・講習会で
(3) 民間の講習会・セミナー・カルチャーセンター・スポーツ教室等で
(4) 企業や組合が従業員・組合員のために開いている自由参加の教室や講座で
(5) 夜間部・定時制・通信教育部の学生および聴講生を含む。

でもかなり使われており，「教養」「社会」領域では「本・雑誌」に次いで多い。「学習関心」の場合もほぼ同じ傾向であった。ただし「家庭」領域はトータルの「学習関心」自体が「学習行動」にくらべて大きいために，どの方法も多くなっているが，その中では「カルチャーセンター」がすべての領域で順位を上げているのが注目された。

**属性別にみた学習方法**

表 1.13 は過去 1 年間の学習 (学習行動) で使われた主な方法 7 つについて，性・年齢別の傾向をみたものである。性別で男性に多いのは「本・雑誌」「テレビ」等であるのに対し，女性に多いのは「個人教授・塾」「学級・講座」「カルチャーセンター」などである。男性では「本・雑誌」「テレビ」「学級・講座」等が年齢とともに増大するのに対し，「グループ・サークル」「知人・家族」などは若い層ほど多い。女性では 20 代は「テレビ」「学級・講座」が少なく，「個人教授・塾」が多い。また女性は 60 歳以上になると「テレビ」「知人・家族」が

表 1.13 属性別にみた主な「学習行動」の方法

(100% = 各層の学習行動総数)

|  | 本・雑誌 | テレビ | グループ・サークル | 個人教授・塾 | 学級・講座 | カルチャーセンター | 知人・家族 |
|---|---|---|---|---|---|---|---|
| 男 | 44.0% | 20.5% | 28.4% | 5.2% | 7.0% | 8.1% | 12.5% |
| 女 | 21.9 | 8.3 | 24.7 | 26.1 | 12.2 | 11.3 | 10.8 |
| 男 20代 | 36.1 | 8.3 | 38.9 | 2.8 | 2.1 | 6.9 | 19.4 |
| 30代 | 41.0 | 19.9 | 30.1 | 4.8 | 3.6 | 9.0 | 14.5 |
| 40代 | 43.5 | 19.8 | 28.2 | 6.9 | 6.9 | 6.1 | 11.5 |
| 50代 | 49.1 | 30.0 | 19.1 | 6.2 | 11.8 | 10.9 | 6.4 |
| 60以上 | 54.4 | 29.1 | 21.4 | 3.9 | 14.6 | 7.8 | 7.8 |
| 女 20代 | 20.3 | 4.0 | 18.9 | 34.8 | 2.6 | 12.8 | 8.4 |
| 30代 | 24.0 | 6.7 | 31.1 | 20.5 | 13.8 | 13.4 | 10.2 |
| 40代 | 26.7 | 6.4 | 25.6 | 18.0 | 16.3 | 11.6 | 9.9 |
| 50代 | 15.9 | 10.9 | 19.6 | 30.4 | 16.7 | 5.1 | 10.1 |
| 60以上 | 19.8 | 21.8 | 26.7 | 28.7 | 16.8 | 10.9 | 19.8 |

表 1.14 属性別にみた使いたい学習の方法

(100% = 各層の学習行動総数)

|  | 本・雑誌 | テレビ | グループ・サークル | 個人教授・塾 | 学級・講座 | カルチャーセンター | 知人・家族 |
|---|---|---|---|---|---|---|---|
| 男 | 39.6% | 20.7% | 25.0% | 12.9% | 8.1% | 17.0% | 18.5% |
| 女 | 23.9 | 15.6 | 31.1 | 26.0 | 14.6 | 23.4 | 13.7 |
| 男 20代 | 44.6 | 14.1 | 27.7 | 11.7 | 6.1 | 16.0 | 17.4 |
| 30代 | 42.1 | 19.9 | 23.5 | 12.2 | 4.5 | 18.1 | 21.3 |
| 40代 | 29.7 | 27.5 | 23.1 | 12.1 | 11.5 | 21.4 | 20.9 |
| 50代 | 43.9 | 22.4 | 23.5 | 13.3 | 8.2 | 9.2 | 17.3 |
| 60以上 | 34.2 | 22.8 | 27.8 | 19.0 | 15.2 | 16.5 | 10.1 |
| 女 20代 | 20.7 | 11.4 | 30.3 | 24.2 | 9.0 | 26.5 | 13.1 |
| 30代 | 24.6 | 13.8 | 31.2 | 25.4 | 15.6 | 25.9 | 13.6 |
| 40代 | 25.6 | 18.3 | 28.9 | 27.9 | 18.3 | 20.6 | 13.0 |
| 50代 | 31.7 | 21.0 | 28.7 | 29.3 | 16.2 | 20.4 | 16.2 |
| 60以上 | 11.4 | 21.5 | 48.1 | 22.8 | 16.5 | 15.2 | 15.2 |

多くなるのが目につく。

「学習関心」がある場合に使いたい方法の属性別傾向をみると(**表1.14**)，男性に多いものとして「本・雑誌」「知人・家族」，女性の方に多いものとして「個人教授・塾」「グループ・サークル」があるが，男女とも「学習行動」の場合とくらべて年齢による違いは少なくなっている。ただし女性は60代以上になると「本・雑誌」が減少し，「グループ・サークル」が大きく増えているのが目につく。

## 5. "階層モデル"の検証

### 検証の方法

「学習関心調査」のベースになっているのは，先に紹介した「学習関心の階層モデル」であるが，それは，「学習関心」のレベルにより行動化の度合いにちがいがある——つまり顕在レベルの関心は潜在レベルの関心にくらべて行動に転化する可能性が高い，という前提に立っている。この前提が正しいかどうかはデータにより検証してみる必要がある。そこで本調査の3年後の1985(昭和60)年4月，検証のための追跡調査を行った[14]。対象は第1回調査の首都圏の有効サンプル489人で，個人面接により「学習行動」「学習関心」の3年後の状況を調べた(追跡調査の有効数264，有効率54％)。

検証の基本的な考え方は，各サンプルが第1回調査で回答した「行動」「関心」のひとつひとつについて3年後の状態を調べ，それらがどのように変化したかをそれぞれのレベル間で比較しようというものである。第1回調査では学習内容を371のカテゴリーに分類し，全サンプルの「行動」「関心」を調べているので，追跡調査の有効サンプルについていえば，371×264＝97,944すなわち9万7994個のセルをもつマトリックスができる。その各セルごとに，A：行動レベル，B：顕在的関心レベル，C：潜在的関心レベル，X：無関心レベルの，いずれかの反応が第1回調査と追跡調査の双方に記録されているが，ここで両調査間の変化を表1.15のような4つのパタンに分類して，その出現比すなわち「行動化率」を比較するわけである。

表1.15 学習関心の行動化率

| 変化のパタン<br>82年 85年 | のべカテゴリー数(a) | 行動化率(a/b) | のべ学習カテゴリー数 | 1982年(b) | 1985年 |
|---|---|---|---|---|---|
| A→A | 83 | .491 | A：行動レベル | 169 | 262 |
| B→A | 24 | .101 | B：顕在的関心レベル | 238 | 204 |
| C→A | 60 | .010 | C：潜在的関心レベル | 6,112 | — |
| X→A | 95 | .001 | X：関心なし | 91,425 | — |
| | | | のべカテゴリー数 合計 | 97,944 | 97,944 |

**表の見方**：第1回調査でA（行動）レベルにあったのべ169の学習カテゴリーのうち、83カテゴリーが依然Aレベルにあった。したがってその比率は83/169＝0.491。B→A（顕在的関心レベルから行動に転化したもの）はのべ238カテゴリー中24カテゴリーで、その比率（行動化率）は0.101。同様にしてC→A、X→Aの行動化率はそれぞれ0.010、0.001となる。

では結果はどうか。**表1.15**にみるように、第1回調査で「無関心」レベルにあったもののうち追跡調査時点までに行動化したもの（X→A）は僅か0.1％、「潜在的関心」レベルから行動化したもの（C→A）が1.0％であったのに対し、「顕在的関心」レベルから行動化したもの（B→A）は10.1％に達した。つまり3年というスパンでいえば、潜在レベルは無関心レベルの、顕在レベルは潜在レベルのそれぞれ10倍の確率で行動化すると予想できるわけである。

以上は「学習関心の階層モデル」の有効性と、それに基づく前述の手続きの方法論的妥当性を裏付けるものといってよかろう。いま学習内容を抜きにして考えれば、各レベルの学習関心をもつ人の数にそのレベルの行動化率を乗じ全レベルを積算すれば、今後3年間に新しく学習行動を起こす人の数を推定することも理論的には可能になる。しかし行動化率は学習の内容により異なるだろうし、時代による変動もある。たとえば学習内容に限ってみても、**表1.16**のように学習の領域で行動化率に違いがみられる。

たとえば「家庭」「スポーツ」「職業」の領域は他に比べて顕在レベルの行動化率が高く、「趣味」は潜在レベルの行動化率が高い。一方「教養」「社会」では顕在レベルから行動化したものがなかったが、これは第1回調査の学習関心「あり」の実数がこの領域では少なかったことにもよる。ただ、この2領域は潜在レベル、無関心レベルの行動化率も低いので、「学習関心」があっても行動化しにくい領域だとはいえそうである。

表 1.16 学習領域・属性別行動化率

(＊は.0005 未満を示す)

| 属性 | | 変化のパタン | 行動化率 A↓A | B↓A | C↓A | X↓A |
|---|---|---|---|---|---|---|
| 全体 | | | .491 | .101 | .010 | .001 |
| 領域別 | 趣味 | | .549 | .095 | .034 | .002 |
| | 家庭 | | .688 | .143 | .004 | .002 |
| | スポーツ | | .548 | .135 | .021 | .002 |
| | 教養 | | .111 | — | .004 | .001 |
| | 社会 | | .125 | — | — | ＊ |
| | 職業 | | .400 | .143 | .009 | ＊ |
| | その他 | | — | — | — | .023 |
| 性別 | 男 | | .537 | .147 | .008 | .001 |
| | 女 | | .470 | .082 | .011 | .001 |

| 属性 | | 変化のパタン | 行動化率 A↓A | B↓A | C↓A | X↓A |
|---|---|---|---|---|---|---|
| 性×年齢別 | 男 | 20代 | .500 | .273 | .008 | ＊ |
| | | 30代 | .583 | .200 | .008 | .001 |
| | | 40代 | .550 | .138 | .008 | .001 |
| | | 50代 | .800 | .067 | .007 | .001 |
| | | 60・70代 | .364 | — | .006 | .001 |
| | 女 | 20代 | .455 | .100 | .021 | .001 |
| | | 30代 | .469 | .098 | .015 | .001 |
| | | 40代 | .400 | .038 | .010 | .001 |
| | | 50代 | .600 | .121 | .008 | .002 |
| | | 60・70代 | .412 | .071 | .004 | .001 |

## 行動化に関わる要因

　以上のデータは，人びとのあることを学びたいという気持ちは，さまざまな要因のもとに一定の確率で現実の行動に転化しうることを示唆している。しかしそれは何の手を加えなくても，時がくれば自然に生起するということではない。意識レベルから行動レベルへのワンステップには，外からの刺激や働きかけ，あるいは環境的条件の変化など，さまざまな要因が働いているはずである。この点について組織的に収集されたデータはないが，行動化率や変化パタンの分析などから，若干の示唆を得ることはできる。

　表 1.17 は学習行動へと変化を起こした 3 パタンの各群が，いったいどのような属性をもつ人たちであるか，どのような学習方法を採用したかを示したものである。

　この結果と先の表 1.16 から次のような傾向が読み取れる。

・一般に男性の方が女性よりも顕在レベルの行動化率が高い。
・とくに若い男性の顕在レベルの行動化率が高い。
・女性は男性に比べ一般に潜在レベルの行動化率が高いが，とくに若い女性

表1.17 行動化3パタンの属性構成と学習方法

(タテ%)

| | | B→A | C→A | X→A | | | B→A | C→A | X→A |
|---|---|---|---|---|---|---|---|---|---|
| 性 | 男 | 41.7% | 31.7% | 33.7% | | 本・雑誌 | 29.7% | 33.3% | 30.5% |
| | 女 | 58.3 | 68.3 | 66.3 | | 新聞 | — | 6.7 | 3.2 |
| 年齢 | 男 20代 | 12.5 | 5.0 | 1.1 | 学習方法(MA) | テレビ | 12.5 | 13.3 | 12.6 |
| | 30代 | 8.3 | 6.7 | 9.5 | | ラジオ | 4.2 | 1.7 | 2.1 |
| | 40代 | 16.7 | 10.0 | 13.7 | | テープ・レコード | — | 3.3 | 4.2 |
| | 50代 | 4.2 | 6.7 | 4.2 | | ビデオ教材 | — | — | 1.1 |
| | 60・70代 | — | 3.4 | 5.3 | | 社会通信教育 | — | — | 3.2 |
| | 女 20代 | 8.3 | 11.7 | 3.2 | | グループ・サークル | 29.2 | 23.3 | 16.8 |
| | 30代 | 20.8 | 28.3 | 18.9 | | 個人教授・塾 | 8.3 | 13.3 | 10.5 |
| | 40代 | 8.3 | 16.7 | 18.9 | | 学級・講座 | 4.2 | 5.0 | 12.6 |
| | 50代 | 16.7 | 8.3 | 20.0 | | カルチャーセンター | — | 8.3 | 8.4 |
| | 60・70代 | 4.2 | 3.3 | 5.3 | | 企業・組合の教室 | 8.3 | 3.3 | 7.4 |
| 職業 | 有職 | 54.2 | 43.3 | 48.4 | | 専門学校 | 4.2 | 1.7 | 3.2 |
| | 主婦 | 41.7 | 43.3 | 37.9 | | 大学・短大 | — | — | 2.1 |
| | 無職 | 4.2 | 13.3 | 13.7 | | 友人・家族 | 29.2 | 15.0 | 7.4 |
| | | | | | | その他 | — | 1.7 | 1.1 |

(注) B→A：顕在的関心→学習行動
　　 C→A：潜在的関心→学習行動
　　 X→A：無関心→学習行動
　　 数値は各パタンにおける属性構成比，学習方法の比率(タテ%)を示す。

にはその傾向が強い。

　一般に男性，それもとくに若い層では「職業」「スポーツ」領域の学習が多かったが，このうち「職業」領域は日常的に学習の必要性を感じることが多いだろうから，内発的動機づけはもともと高い水準にあったと考えられる。その意味では自然な移行であろう。

　一方潜在レベルから行動化したケースが若い女性に多いのはどうみればよいか。学びたい気持ちがはっきりとは存在しなかったものが，短期間のうちに行動化したということは，なにか外からの働きかけや刺激が働いた可能性がある。たとえば，友人の勧誘や「学習関心」を刺激するような情報への接触などが考えられよう。そして，若い女性はこうしたものに敏感に反応しやすいというこ

とかもしれない。表1.17でC→Aパタン（潜在レベルから行動化したもの）とX→Aパタン（無関心レベルから行動化したもの）の学習方法として「グループ・サークル」や「個人教授・塾」「カルチャーセンター」などが比較的多いのも，これと関連があるかもしれない。なおX→Aパタンの学習方法に「学級・講座」が「テレビ」と並んで三番目に多いのも目につく。眠っていた「学習関心」を揺りさますという点で，社会教育の学級や講座が重要な役割を果たしていることをうかがわせるものであろう。

　学習への関心をいかに喚起するか，すでに芽生えている関心をいかに行動化させるかが，社会教育・生涯学習における学習支援のキーポイントのひとつではなかろうか。その意味からも，学習行動生起のメカニズムの解明は，今後も重要な研究課題として残ると思われる。

**「学習関心の階層モデル」の応用例**

　著者が「学習関心の階層モデル（氷山モデル）」を発表し，それをもとにした「学習関心調査」を実施していくうちに，1990年代になるとこのモデルを自治体の生涯学習支援事業に応用しようとする試みがみられるようになった。そのひとつに，東京都調布市の「生涯学習情報提供事業」がある。同市の生涯学習推進協議会会長としてこの事業の開発を委嘱された青山学院大学の稲生勁吾教授は，著者の「氷山モデル」を参考にした図1.3のような独自のモデルをもとに地域住民から出された学習相談を分類し，それへの対応のあり方を実践的な

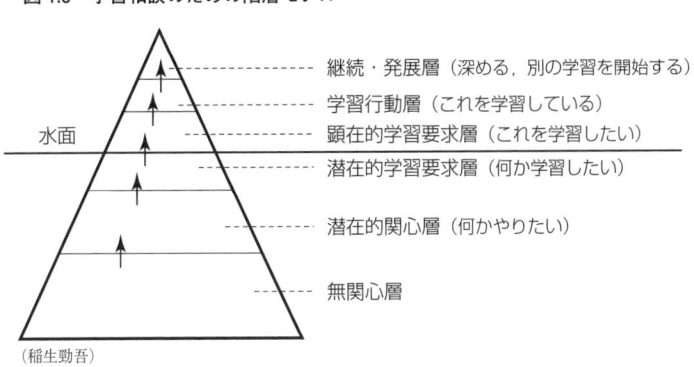

図1.3　学習相談のための階層モデル

```
                継続・発展層（深める，別の学習を開始する）
                学習行動層（これを学習している）
水面 ─────── 顕在的学習要求層（これを学習したい）
                潜在的学習要求層（何か学習したい）
                潜在的関心層（何かやりたい）
                無関心層
```
（稲生勁吾）

立場から検討している[15]。

このモデルについては次のように説明されている。
——まず無関心層は学習に関心がないが、例えば人との会話やポスターなどで知った学習情報で心が動いて「何かやりたい」と思ったりすると、この人は潜在的関心層に上がる。……潜在的関心層になった人はまだ漠然とした状態であるが、ある学習情報に接したり、自分で考えたりした結果、「何かやりたい」という気持ちから「何か学習したい」という気持ちに変わり、学習を指向するようになる。これが潜在的学習要求層である。さらにこの層の人は同様に何かの機縁で「何か」が次第に明確になり、「これを学習したい」というように、学習の対象が明確になる。この人は顕在的学習要求層である。ここまでは学習要求を持ってはいても、まだ行動化していない。しかしこの段階に至るまでにどこで、どんなやり方でという、いわゆる学習形態についての考えが整理されてきているであろうから、自分で自分を一押しすることができれば、これを学習するという気持ちが強まって、学習行動層に移行するのである。……学習情報提供の役割は、このように水面下で形に現れていない心の中の要求を上へ上へと上位の段階へと導き、具体的な学習行動として水面上に現れるように、さらに発展するように援助することである[16]。

このような立場から住民の具体的な学習相談に対応していくのであるが、実際の相談内容は表1.18のように簡略化して記録し、さらに表1.19のようないくつかの類型に分類してそれぞれへの具体的な対応のあり方が事例をもとに検討されるのである[17]。

この事例は、学習相談を通して地域住民と直接接触しアドバイスを提供するなかで、人びとの学習関心の実態をまさに感覚的に把握しようとするものであり、その意味で著者らの大量観察的手法では得られない、貴重なものを行政は収集できるのである。一方住民たちはこうした相談を通して、学習への興味・

表1.18 学習相談の事例

| 潜在的学習要求層 | 自営業の夫の仕事を手伝っていますが、時間の都合がつくので何か始めたいのですが、どんなものがありますか。 |
|---|---|
| 顕在的学習要求層 | 市内に近藤勇にゆかりの寺や道場があると聞いていますが、その関係の資料はどこに行けば見られるのですか。 |
| 学習行動層 | 数人で楽器の練習をしたいのですが、その場所がありますか。 |

**表 1.19 相談事例分析のためのカテゴリー**

1．顕在的な学習要求に基づく相談
  (1)「○○を習いたい」「○○の講座があるか」のように，学習内容の分野を明確に意識している相談
  (2)講座や催し物について，いつ，どこで，手続き，有料か無料か等の相談
  (3)資料を要求する相談
2．やや顕在的な学習要求に基づく相談
  (1)「○○でも始めたい」のように，学習内容の分野がはっきりと自覚されておらず，まだおおまかなので，相談によってはっきりさせたいという相談
  (2)問題に直面しており，それを解決しようとする相談──a) 学習内容の分野が速やかに決まる場合，b) 学習内容の分野が速やかに決まらない場合
3．潜在的な学習要求に基づく相談～「何かを始めたい」というように，学習内容の分野がはっきり自覚されていない相談～
4．潜在的な学習関心に基づく相談
  (1)学習情報コーナーについての質問，(2)何となく話し込んでいく相談
5．学習とは無関係な相談～市民生活上の問題を処理するための相談～

関心を喚起したり，さらに高めたりしていくと思われる。こうした試みは，自治体における生涯学習情報の提供のあり方を検討し直すきっかけともなろう[18]。その意味で今後の展開に注目しておきたい。

## 注

1)「NHK学習関心調査」については，下記の報告を参照されたい。
・第1回調査 (1982年) および追跡調査 (1985年) に関するもの。
  藤岡英雄・大串兎紀夫・小平さち子「日本人の学習関心──成人の学習ニーズをとらえる (学習関心調査・報告1)」『放送研究と調査』(1983年5月号) 日本放送出版協会，p.2-43. 藤岡英雄「"目的"からみた成人の学習 (学習関心調査・報告2)」『放送研究と調査』(1983年10月号) p.29-37. 大串兎紀夫「地域別にみた成人の学習関心 (学習関心調査・報告3)」『放送研究と調査』(1984年1月号) p.60-69. 藤岡英雄「学ぶ日本人のプロフィル──成人学習の諸類型 (学習関心調査・報告4)」『放送研究と調査』(1984年5月号) p36-42. 藤岡英雄「"学習関心の階層モデル"とその有効性──追跡調査の結果から」『放送研究と調査』(1986年2月号) p.56-59. 藤岡英雄「学習関心の階層モデル──学習ニーズ把握の新しい枠組みとその有効性について──」日本生涯教育学会編『生涯教育論 (研究) に問われるもの』(日本生涯教育学会年報第7号) 1986, p.223-238.
・第2回調査 (1985年) に関するもの。
  藤岡英雄・小平さち子「日本人の学習関心'85──成人の意識と行動をさぐる (第2回学

習関心調査・報告1）」『放送研究と調査』（1986年3月号）日本放送出版協会，p.2-27．大串兎紀夫「成人はどのような方法で学んでいるか（第2回学習関心調査・報告2）」『放送研究と調査』（1986年4月号）p.34-49．大串兎紀夫「地域別にみた成人の学習（第2回学習関心調査・報告3）」『放送研究と調査』（1986年9月号）p.17-29．藤岡英雄「成人学習の類型とその変容（第2回学習関心調査・報告4）」『放送研究と調査』（1986年11月号）p.36-45．

- 第3回調査（1988年）に関するもの。
  藤岡英雄・木村由美子「日本人の学習関心'88——成人の意識と行動をさぐる（第3回学習関心調査・報告1）」『放送研究と調査』（1989年5月号）日本放送出版協会，p.8-33．大串兎紀夫「成人の学方法（第3回学習関心調査・報告2）」『放送研究と調査』（1989年6月号）p.16-33．大串兎紀夫「成人の学習の目的・レベル・費用（第3回学習関心調査・報告3）」『放送研究と調査』（1989年8月号）p.18-37．木村由美子「学習者の類型とその変容（第3回学習関心調査・報告4）」『放送研究と調査』（1989年10月号）p.24-31．大串兎紀夫「地域別にみた成人の学習（第3回学習関心調査・報告5）」『放送研究と調査』（1990年1月号）p.8-21．

- 第1回〜第3回調査に関するもの。
  『日本人の学習——成人の意識をさぐる——NHK学習関心調査（'82，'85）報告書』NHK放送文化調査研究所，1987．NHK放送文化研究所編『日本人の学習——成人の学習ニーズをさぐる——（NHK学習関心調査'82・'85・'88報告）』第一法規，1990．*Adult Learning in Japan: Outline of Learning Interests Survey Results*. NHK Broadcasting Culture Research Institute, 1991．藤岡英雄「「日本人の学習関心」の動向調査から——NHK学習関心調査をもとに——」『日本社会教育学会紀要』（1987年度・No.23）日本社会教育学会，1987，p.1-4．

- 第4回調査（1985年）に関するもの。
  原由美子「日本人の学習'93——成人の意識と行動をさぐる——（第4回学習関心調査報告）」『放送研究と調査』（1993年9月号）日本放送出版協会，p.2-21．原由美子「日本人の学習'93——中高年層の学習実態と意識——（第4回学習関心調査報告2）」『放送研究と調査』（1993年9月号）p.40-53．

- 第1回〜第4回調査に関するもの
  藤岡英雄「成人の学習ニーズ——その特性と動向——」『都市問題研究』（第46巻12号）都市問題研究会，1994，p.45-65．

- 第5回調査（1985年）に関するもの。
  学習関心調査プロジェクト「人々は何を学んでいるか」『放送研究と調査』（1998年9月号）日本放送出版協会，p.28-57．友宗由美子・原由美子・斎藤建作・野本睦美「人々は何を学んでいるか(2)——テレビを利用した学習：その実態と関心」『放送研究と調査』（1998年10月号）p.31-51．原由美子・斎藤建作・「人々は何を学んでいるか(3)——どん

な方法で学ぶか」『放送研究と調査』(1998年11月号) p.20-39. 小平さち子「人々は何を学んでいるか(4)——パソコン・インターネットを利用した学習」『放送研究と調査』(1998年12月号) p.36-53. 原由美子「成人学習の現在とテレビの利用」『NHK放送文化調査研究年報』(第44集), NHK放送文化研究所, 1999, p.79-96.

2) 藤岡英雄「教育番組のマーケット・リサーチ(1)"マーケット"をどうとらえるか——その性格と構造——」『文研月報』(1981年9月号) 日本放送出版協会, p.33-37. 藤岡英雄「教育番組のマーケット・リサーチ(2)マーケット情報の種類と要件」『文研月報』(1981年11月号) 日本放送出版協会, p.33-37. 藤岡英雄「教育番組のマーケット・リサーチ(3)教育番組需要調査の開発——調査の要件と問題点」『文研月報』(1982年1月号) p.46-49. 藤岡英雄「教育番組のマーケット・リサーチ(4)学習行動把握の方法と問題点」『文研月報』(1982年5月号) p.20-25. 藤岡英雄「教育番組のマーケット・リサーチ(5)学習関心把握の方法と問題点」『文研月報』(1982年6月号), p.28-32.

3) 1)の段階, すなわち調査の全体的デザインの問題に関連してひとつだけ述べておきたい. 過去の学習要求調査を調べてみると, 成人の学習意欲の強さには例えば学びたいという人が3月に多くなるというように, ある種の季節変動の存在が推測される. 一般に調査時期の設定には注意が払われることが少ないが, この種の調査においては留意すべき点である. この問題に関しては注2)の拙稿「教育番組のマーケット・リサーチ(3)」を参照されたい.

4) 文部省が実施した「定住圏調査」は明確な定義から出発していることがうかがえる数少ない事例のひとつである. 文部省大臣官房『定住圏における生涯教育システム開発に関する調査報告書』1980年3月.

5) Johnstone, John W.C. and Rivera, R.J. *Volunteers for Learning*. Aldine Publishing Company, 1965.

6) Tough, Allen M. *The Adult's Learning Projects: A Fresh Approach to Theory and Practice in Adult Learning*. The Ontario Institute for Studies in Education, 1971, 1979. なお, Toughの理論について詳細は注2)の拙稿「教育番組のマーケット・リサーチ(4)」を参照されたい.

7) Brookfield, Stephen. "The adult learning iceberg: a critical review of the work of Allen Tough." *Adult Education* (England), Vol.54, No.2, Sept. 1981, p.110.

8) Toughのモデルに問題がないわけではない. その最大のものは調査実施上の難しさである. 概念規定を厳密にすればするほど調査への適用にあたっての障碍が大きくなることは, Tough自身も認めている. Toughはこのモデルを使って1970年に66名の成人を対象に個人面接調査を行った. 面接にあたっては質問紙や提示リストも使っているが, それより時間をかけた自由な対話, いわば構成的深層面接に近い手法をとることにより調査相手から十分な回答を引き出すことに力点をおいている. その際の問題点として, learning episodeの概念を理解させるのに時間がかかる, episodeの動機がはっきり思

い出せない，時間量を述べるのが困難などをあげているが，時間をかけた面接を行うことで解決できると楽観的である．たしかに Tough の調査のようにサンプル規模が小さければ，訓練を受けた調査員を使うことができるから障碍はそれほど大きくないかもしれない．しかし，大量サンプル調査の場合には相当難しい問題となろう．もしその点が解決されるならば，成人の学習行動把握への新たな展望も期待できよう．

9) NHK総合放送文化研究所・番組研究部「社会人の学習意欲——その一断面——」『NHK文研月報』(1972年8月号) 日本放送出版協会，p.30-41. 辻功「日本人の学習要求」辻功・古野有隣編『日本人の学習——社会教育における学習の理論——』第一法規，1973，p.11-75.

10) 三輪正「成人学習の領域と欲求」『NHK放送文化研究所年報』(第20集) 日本放送出版協会，1975，p.1-46. 三輪正「学習欲求に関する諸調査」(NHK総合放送文化研究所番組研究部「調査からみた成人の学習・第2部第1章」)『NHK放送文化研究所年報』(第21集) 1976，p.22-46.

11) 北海道立教育研究所「学習要求把握の原理と方法」『研究紀要』(第75号) 1975.

12) 本稿では意識レベルの学習，すなわち将来に向けてなんらかの学習を志向する心的態度を総称して「学習関心」と呼んでいるが，それは「生涯にわたって学ぶことは大事なことだ」とか「年寄りに勉強など必要ない」といったような，学習一般についての意見や態度のことではない．本調査でいう「学習関心」とは，多かれ少なかれ具体的な内容や対象が想定されており，行動にいまだ至らないまでも関心がそこに向けられている状態を表すものとして使っている．この用語を使ったのは，これまで使用例がほとんどなく，またさまざまな意味をこめて広く使われている「学習要求(欲求)」との混同を避けることも念頭においている．なお「学習関心」の稀な使用例として次のものがある．古野有隣の「成人の学習関心」(室俊司編『生涯教育の研究(日本の社会教育第16集)』東洋館出版社，1972，p.139-148.)．岸本幸次郎の「成人の学習関心とその形成」(室編前掲書，p.149-159.)．このうち古野は，成人の学習についての意識を「関心」と「要求」という2つのレベルから成るものとし，後者は前者の「より主体化されたもの」という立場をとっている(上掲書，p.148.)．なお「関心」をキーワードに人びとの意識の構造を林式数量化理論を適用して探ろうとした先駆的研究に，1967年から78年にかけて米沢弘が行った一連の調査研究がある(米沢弘『日本人の関心の構造』至誠堂，1980.)．著者の「学習関心」の発想は，米沢の研究に示唆を受けたところが少なくない．

13) サンプルの抽出は次の手順により行った．まず全国の市区町村を人口規模により3つの層(人口50万人以上，5万～50万人未満，5万人未満)に分け，確率比例により150地点を抽出，地点ごとに住民台帳より20サンプルを無作為抽出した．80歳以上を対象から除外したのは，本調査前に試験的に行った予備調査の際に，高齢のため面接調査の実施が困難な対象者や，高齢者から得られた回答の信頼性に疑問のあるものが少なくなかったことによる．

14) 詳しくは以下の報告を参照されたい。藤岡英雄「"学習関心の階層モデル"とその有効性——追跡調査の結果から——」『放送研究と調査』(1986年2月号), 日本放送出版協会, p.56-59.
15) 稲生勁吾「生涯学習社会の構築に向けての私の歩み」『生涯学習フォーラム』(第7巻第1・2合併号) 紀尾井生涯学習研究会, 2002, p.127-142.
16) 稲生勁吾, 上掲書, p.137.
17) 稲生勁吾「東京都調布市における生涯学習情報提供事業の学習相談に関する事例研究」『青山学院大学文学部紀要』(第35号), 1993, p.85-101.
18) この実践的研究に参加した共同研究者の吉田裕之は, 次のような提言をしている。
「……情報提供・相談事業は, 学習情報コーナーを訪れる, あるいは電話をするといった市民側から行動を起こすことが必要となっている。このため, 興味関心層や潜在的関心層といった学習関心の低い人に学習関心を明確化させるためには, 学習情報コーナーに相談にやってきた人だけでなく, 広報誌などマスメディアを充実するなどして多くの人に多彩な興味・関心を喚起していくことが重要である。学習関心が明確化したら学習情報コーナーで学習情報の提供を行うといったように, 情報提供メディアの長所・短所により役割を分け情報提供メディアの役割を考える必要があり, 広報事業との連携等をも進める必要がある。……学習情報提供事業は, 顕在的な学習関心層にはその効果を十分に発揮していると考えられるが, それ以外の層については十分に効果をあげているとは考えがたい。……次の段階として「学習関心」の低い層の学習意欲を喚起する学習情報の提供 (魅力ある学習情報とは何か) 」を考える必要があろう」(吉田裕之「学習相談者の学習関心モデルによる分類に関する研究——調布市中央公民館における事例の分析——」日本生涯教育学会第15回大会発表資料, 1994, p.11-12.)

# 第2章　学習関心の動向と社会教育の課題

## 1．学習ニーズの把握

### 学習ニーズをとらえる視点
―転職するために公認会計士の資格を是非とりたい。
―海外出張のため簡単なスペイン語会話を急ぎ学びたい。
―定年退職してヒマができたら中国現代史を勉強してみよう。
―仲間と楽しくなにか学べるようなグループに参加してみたい。
―地方の時代を迎えて，住民の自治能力の向上が求められている。
―環境を守る学習は，いまや地球市民の必須科目である。

　これらはいずれも今日の成人の学習ニーズを表したものである。内容や目的，方法や形態，緊急性，学習意欲の強さなど一様ではない。しかしそうした多様性こそ成人の学習ニーズの特色である。だからこれを的確にとらえて将来動向を予測するのは，ななかなか容易なことではない。そこには，ビールの消費動向予測とは違った難しさがある。そこでまず学習ニーズはそもそもどのような特性をもつものなのか，それをとらえるにあたってどのような問題があるのかを整理しておこう。

　学習ニーズをとらえる視点には，ごく粗い二分法をとるならば「市場経済原理からのアプローチ」と「人間形成ないし社会形成原理からのアプローチ」が存在するといえよう。まず前者においては，人びとの学習活動は経済行為の対象とみなされ，学習機会・手段はいわば商品として人びとの前に現れる。具体的にはカルチャーセンターや塾，学習関連図書や視聴覚教材などがこれに相当する。そこにおいては，人びとの学習への「要求ないし欲求としてのニーズ」

が把握の対象となる。それは本人が自覚しており，たずねればそれを聞き出せるという意味で「自覚されたニーズ（felt needs）」とか「表出されたニーズ（expressed needs）」と呼ばれたりする。

これに対し「人間形成ないし社会形成原理からのアプローチ」は，社会的存在としての人間の成長発達という普遍的課題や，組織や集団，地域社会や国家ないし地球レベルの課題の解決へ向けての学習を援助することを志向しており，その意味で教育的ないし公共的価値からのアプローチといってよい。国や自治体の社会教育がこれに相当する。ここでは，人びとや社会にとってなにが必要か，つまり「必要としてのニーズ」に力点がおかれる。それは，ある規範的立場から必要とされるという意味で「規範的ニーズ（normative needs）」とも呼ばれる。したがって「市場原理からのアプローチ」が私的ニーズの追求に傾斜するのに対し，「人間形成ないし社会形成原理からのアプローチ」は公共的なニーズの追求を前面に押し出していくことになる。この種のニーズは個人のレベルでははっきりした形で表出されるとはかぎらない。「自覚されていないニーズ（unfelt needs）」とも呼ばれるように，それは調査をすれば簡単に聞き出せるというようなものではないのである。

### 学習ニーズのダイナミズム

学習ニーズはそれをどのような立場からとらえるにせよ，決して固定したものではない。個人の生涯を通してみると，ライフステージの移行に伴い新しいニーズが発生する。一方，社会環境の変化は，それに適応したりあるいはそれを克服しようとする新しい学習ニーズを生み出す。変化のスピードと規模が大きくなればニーズの産出も加速され，その総量も大きくなる。学習ニーズの中には時代が変わってもほとんど変わらないものがある一方，時代とともに増大したり逆に減少していくものもある。いずれにせよ，個人とそれを取り巻く社会の変化，そして相互の関係の変化がたえず新しいニーズを生み出していくわけで，学習ニーズをとらえるということは，そうした変化の中でとらえていくということにほかならない。したがって学習ニーズをとらえる作業は，反復継続して行うことが常に求められるのである。

ところで通常私たちは学習ニーズに対応して学習機会が提供されると考える

が，その逆の流れ，すなわち学習機会が新たな学習ニーズを生み出す側面もあることを忘れてはならない。その一例として1980 (昭和55) 年から数年間にわたりNHKテレビで放送された長期シリーズ紀行番組『シルクロード』をあげることができる。この番組はテレビ・ドキュメンタリーとしては空前のヒットを記録した番組で，多くの人びとの記憶にいまも残っているものであるが，この番組のもたらした最大のインパクトは，日本国中に"シルクロード学習ブーム"を生み出したことにある。すなわち，番組をきっかけにこれまでほとんど関心をもっていなかった人たちが，シルクロードについて書かれた書物をつぎつぎと読み始めた。次いでシルクロードの写真展や講演会に人びとが押しかけ，さらに各地で開かれた公民館の「シルクロード講座」が満員になり，ついにはシルクロード探訪学習ツアーまで登場するという，まさに一大"シルクロード学習ブーム"が日本全国に巻き起こったのである。

　これはテレビ番組がまず学習機会を提供し，それが眠っていた人びとの学習ニーズを呼び覚まし，それに対応して数多くの学習機会が提供され，それがさらなる学習ニーズを生み出すといった，いわば巨大な学習の連鎖反応が発生したみごとな事例である。このように，ひとたびなにかを学べばそれがさらに新たな学びへのニーズを生み出していく，それが学習ニーズの大きな特徴なのである。一度購入して，欲求が充足されている間は新しい需要が発生しない商品やサービスへのニーズとの，大きな違いがそこにはある。

　ここから導き出される教訓は，学習ニーズを，そこにすでに存在するものとしてとらえるだけでなく，それを刺激し，触発し，開発していくものとしてとらえる視点もまた必要だということである。このことは国や自治体の社会教育など公共的な立場から「必要としてのニーズ」を取り上げる場合には，とりわけ重要な意味をもつ。要求としてすでに存在するニーズに対応するだけでなく，人びとにとって真に必要と思われるニーズを刺激し発掘していくことこが，公的な機関の重要な役割だからである。

### ニーズ把握の方法をめぐる問題

　以上述べてきたことからも明らかなように，学習ニーズをとらえるということは，なかなかやっかいな問題である。商品やサービスのニーズ把握には市場

調査が行われる。成人の学習ニーズ把握においてもこの種の手法は以前から導入されており、各地の自治体が「学習要求調査」「生涯学習世論調査」等の名称で実施してきた。しかしこの方法では意識されたニーズ、すなわち「要求・欲求としてのニーズ」はとらええても、意識されていない「必要としてのニーズ」をとらえることは困難である。こうした方法的限界を克服するためには、自治体の調査であれば大量観察的手法による世論調査のほか、個人や集団からの聞き取りに加え、学習活動の記録や統計資料など、できるだけ多くの情報源が動員される必要がある。しかし限界はあるにしても、大量観察的手法がニーズ把握の強力な手段であることは否定できない。そこで、この手法を用いる場合、またはこの種の調査で得られた結果を読み取る場合のポイントを若干あげておこう。

まず第一に、学習ニーズは「学習をしたい」という意識レベルと、現に「学習している」という行動レベルの双方から把握されなければならない。学習ニーズは、意識のレベルにあって行動化のポテンシャルを秘めたニーズから、学習活動の中ですでに充足されつつあるニーズへとつながる、ひとつの連続体として理解すべきものだからである。

第二に、学習ニーズは学習の内容、目的、方法や形態、学習意欲、必要度、継続性、かけられる費用や時間、といったいくつかの属性をもつ。したがってそれらを同時にとらえることによって、はじめてニーズの全体像が明らかになるといえよう。「なにを学びたいか」を聞き出しても、それだけではニーズの一部にふれたにすぎないのである。

第三に、上のこととも関連するが、学習内容を分類するためのカテゴリーの設定という問題がある。たとえば、内容の具体性のレベルひとつとってみても、「趣味に関すること」ではあまりにも漠然としすぎて実用的価値がないのは明らかだが、では具体的にどのように細分化するかということになると、たちまちやっかいな問題に直面する。学習内容のカテゴリー設定は網羅的にするか、重点的にするか、学習目的を軸にするか、学習内容の性質を軸にするか、といった問題も同様である。もともと学習内容の分類法がアプリオリに存在するわけではない。それは調査目的に応じて調査者自らが設定すべきものである。

第四に，ホンネにどれだけ迫れるか，という問題がある。教育や学習は個人の価値観に触れるものだけに，タテマエの回答しか得られない場合も少なくない。もしそれを額面通りに受け取って講座を企画すると，思わぬ失敗をすることがある。いかにホンネを引き出すかは難しい問題だが，著者の経験では工夫次第でかなりホンネに接近できると考えている。

　最後に，学習ニーズは絶えず変動している。したがってこれをとらえるには，同一フォーマット，同一内容の継続的・定点観測的な調査が繰り返し行われる必要がある。しかし現実に自治体等で行われている調査は，一回限りの単発調査であることが多い。たまに繰り返される場合もあるが，調査の対象や方法・内容がその都度変えられていて，時系列比較が不可能なものが少なくない。

## 2．調査からみた学習ニーズの動向

### 学習ニーズの全般的動向

　人は生涯を通じて学び続けるものだ，という考え方は古くからあったし，それを理想とし実践した人が存在したことも私たちは知っている。しかし，他からの強制でなく主体的に生涯にわたって学び続けることが，普通の人間にとって特別のことではなくなったのは，それほど古いことではない。わが国でそれがはっきりと目に見える形で姿を見せるようになったのは，高度経済成長期以後のことではなかろうか。そして生涯学習の時代を迎えた今日，成人の学習ニーズの高まりは，過去に例をみない規模にまで達しているといってよい。

　ところで，成人の学習ニーズはたえざる変化の流れの中にある。前章でふれた「市川調査」で成人の学習ニーズの把握を試みた辻功は，近年における成人の学習ニーズの変化を特徴づけるものとして，表2.1のような「広範化」「多様化」「強度化」など9つの指標を提出している[1]。辻によると，学習要求をもつ人の増大とともに，学習内容が多様化し，学習意欲が強まり，長期継続するようになった。また，かなり高度の内容で，系統的な学習，自己の内面の充実を求めたり，受け身でなく主体的に学習活動を展開したり，自己表現を行うような学習を求める方向に向かってきているという。

**表 2.1　学習要求の変化**

| 1．広範化 | 学習要求をもっている人の割合が高くなり，かつ全国津々浦々にわたっている。 |
|---|---|
| 2．多様化 | 人びとの「学習したい」という学習内容がさまざまとなり，学習項目の細分類が必要となってきている。 |
| 3．強度化 | 学習したいという意志が非常に強くなってきている。 |
| 4．高度化 | 単なる入門程度の知識・技術の学習を求めるのでなく，高いレベルの学習を望むようになってきている。 |
| 5．系統化 | 学問の系統に沿った学習を望むようになってきている。 |
| 6．内面化 | 自己の内面生活を充実したい，生き甲斐のある生活を送りたいという願いが顕出し，そのための学習を求めるようになってきている。 |
| 7．自主化 | 上から与える学習よりも，学習者たちが主体となって学習計画を立て，学習活動を展開したいという考えが強くなってきている。 |
| 8．表現化 | 講師の講話を拝聴するのではなく，自己の意見を発表したり，作品を作ったり，身体を動かすような学習形態を望むようになってきている。 |
| 9．継続化 | 学習を長期にわたって続けたいと希望するものが増してきている。 |

(辻功，1987)

　こうした変化は，前章で紹介した「NHK学習関心調査」の継続調査データにもみることができる。以下1993（平成5）年実施の「第4回調査」の結果を82年の「第1回調査」のそれと比較しながら，この11年の間に成人の学習関心と行動にどのような変化が起こったか，人びとの学習ニーズがどのような方向に動いてきているかをさぐってみよう[2]。

**学習行動・関心の変化**

　「第4回学習関心調査」は1993（平成5）年3月，全国の20〜79歳の成人から層化二段無作為抽出で選んだ2400人を対象に，個人面接法と配付回収法を併用して行われた（有効数2001，回収率83％）。表2.2はその結果から「過去1年間に行った学習」（学習行動）と「今後行ってみたい学習」（学習関心）のそれぞれについて，「ある」と答えた人の比率とその内容を6つの領域に分類して表示したものである[3]。比較のため，1982（昭和57）年の「第1回調査」の結果を（　）内に示した。

　表から読み取れるように，93年の「第4回調査」では過去1年間に学習を

表2.2 学習行動・学習関心の「ある」人の比率

| | | 「ある」人の比率(全領域) | 学習の領域 | | | | | |
|---|---|---|---|---|---|---|---|---|
| | | | 趣味・おけいこごと | 家庭生活・日常生活 | スポーツ・体育・レクリエーション | 教養 | 社会 | 職業 |
| 学習行動(この1年間に行った学習) | | 44.7%(40.2) | 25.1%(23.3) | 8.0%(6.6) | 15.6%(12.0) | 7.2%(5.2) | 3.2%(2.8) | 5.0%(3.9) |
| 学習関心(今後行ってみたい学習) | 顕在的 | 56.6(50.5) | 29.7(28.5) | 16.1(14.3) | 18.0(15.0) | 13.3(8.7) | 5.8(3.4) | 11.2(5.6) |
| | 顕在的+潜在的 | 88.6(86.8) | 77.5(77.7) | 67.6(68.1) | 66.1(63.4) | 61.1(53.9) | 56.1(52.7) | 50.9(48.4) |

(注) ( )内は「第1回調査」

行った人の比率(学習行動率)は約45%で，わが国の成人の半数近くがなんらかの学習を行っていると推定される。その内容を学習の領域別にみると，「趣味・おけいこごと」が25%で最も多く，4人に1人が趣味関連の学習を行っている。このほかいずれの領域も「第1回調査」にくらべて学習をしている人が増えており，全体での学習行動率には5ポイント近い伸びがみられる。

次に今後行ってみたい学習がある人の比率(学習関心率)を「第1回調査」と比べてみると，顕在レベルと潜在レベルを合わせた全体としての学習関心率は2ポイント増えて89%に達している。領域別では「教養」「社会」「職業」領域の顕在的関心の伸びが大きい。「趣味」への顕在的関心は11年前とほとんど変わっていないが，他の領域はいずれも顕在的関心率が上昇しており，とりわけ「教養」「職業」の伸びが顕著で，全体として顕在的関心は6ポイントの上昇となった。

### 学習ニーズの多様化

「第1回調査」からの11年の間に，人びとの学習の具体的内容にもいくつかの変化がみられた。表2.3は，「第1回調査」と「第4回調査」の間の行動率と関心率(顕在的+潜在的)の増減の大きい学習項目を抜き出したものである。

**表2.3 項目レベルでみた学習関心・行動の変化**

| 「行動率」の上昇した主な項目 | | | | 「関心率」の上昇した主な項目 | | | |
|---|---|---|---|---|---|---|---|
| 項目 | 第4回(93年) | 第1回(82年) | 増減 | 項目 | 第4回(93年) | 第1回(82年) | 増減 |
| ゴルフ | 3.3% | 1.9% | 1.4% | ゴミ処理 | 12.6% | 4.2% | 8.4% |
| 釣り | 2.7 | 1.6 | 1.1 | パソコン[趣] | 13.1 | 5.4 | 7.7 |
| 英語会話 | 2.1 | 1.0 | 1.1 | 英語会話 | 24.4 | 17.7 | 6.7 |
| 水泳 | 1.1 | 0.1 | 1.0 | 自然保護 | 12.2 | 7.5 | 4.7 |
| 書道 | 2.8 | 1.9 | 0.9 | パッチワーク・キルト | 8.2 | 4.1 | 4.1 |
| 歌をうたう | | | | 老人問題 | 14.5 | 11.0 | 3.5 |
| （歌謡曲・ポピュラー） | 0.8 | 0.3 | 0.5 | 水・大気汚染 | 8.7 | 5.2 | 3.5 |
| 和風料理 | 0.8 | 0.3 | 0.5 | 冠婚葬祭の知識 | 12.1 | 8.9 | 3.2 |
| パッチワーク・キルト | 0.7 | 0.2 | 0.5 | ゴルフ | 17.2 | 14.2 | 3.0 |
| 園芸 | 4.3 | 3.8 | 0.5 | 高齢化社会 | 11.3 | 8.4 | 2.9 |
| 洋風料理 | 0.6 | 0.2 | 0.4 | 農薬 | 6.0 | 3.1 | 2.9 |
| 家庭大工 | 0.6 | 0.2 | 0.4 | 環境アセスメント | 5.0 | 2.1 | 2.9 |
| パソコン[趣] | 0.4 | 0.1 | 0.3 | 陶芸 | 8.6 | 5.7 | 2.9 |
| スキー | 1.0 | 0.7 | 0.3 | まちづくり，地域づくり | 7.6 | 4.8 | 2.8 |
| 囲碁 | 0.8 | 0.5 | 0.3 | バードウォッチング | 3.8 | 1.1 | 2.7 |
| 陶芸 | 0.5 | 0.2 | 0.3 | ハイキング・キャンプ | 12.7 | 10.1 | 2.6 |
| 日本の歴史 | 0.6 | 0.3 | 0.3 | 水泳 | 11.8 | 9.4 | 2.4 |
| ちぎり絵，押し絵 | 0.3 | 0.0 | 0.3 | 農村・農業問題 | 5.0 | 2.6 | 2.4 |
| ヨガ | 0.5 | 0.2 | 0.3 | 和風料理 | 17.2 | 14.9 | 2.3 |
| ゲートボール | 0.7 | 0.4 | 0.3 | ワープロ[家] | 13.8 | ＊ | |
| ワープロ[家] | 1.0 | ＊ | | ワープロ[職] | 14.3 | ＊ | |
| ワープロ[職] | 0.8 | ＊ | | パソコン[職] | 12.0 | ＊ | |
| パソコン[職] | 0.5 | ＊ | | | | | |
| 「行動率」の下降した主な項目 | | | | 「関心率」の下降した主な項目 | | | |
| 編みもの | 2.0 | 3.7 | -1.7 | 民謡 | 4.0 | 11.7 | -7.7 |
| 華道 | 2.5 | 3.6 | -1.1 | 編みもの | 11.7 | 17.4 | -5.7 |
| 野球 | 0.7 | 1.5 | -0.8 | テニス | 11.7 | 17.3 | -5.6 |
| 茶道 | 1.3 | 2.0 | -0.7 | ジョギング | 4.6 | 10.1 | -5.5 |
| バレーボール | 1.3 | 2.0 | -0.7 | 和裁 | 3.6 | 8.6 | -5.0 |
| ソフトボール | 0.3 | 1.0 | -0.7 | 子どもの進路とその指導 | 3.9 | 8.4 | -4.5 |
| 民謡 | 0.6 | 1.2 | -0.6 | 青少年非行 | 4.2 | 8.3 | -4.1 |
| 詩吟 | 0.2 | 0.8 | -0.6 | | | | |

（注）[趣]は「趣味」領域，[家]は「家庭」領域，[職]は「職業」領域の項目，＊はその項目が設定されていないことを示す。

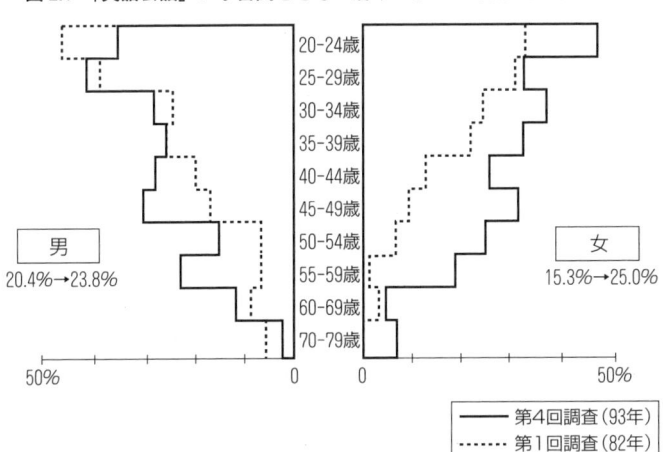

図 2.1 「英語会話」に学習関心をもつ層のひろがり（顕在的＋潜在的関心）

男 20.4%→23.8%
女 15.3%→25.0%

20-24歳
25-29歳
30-34歳
35-39歳
40-44歳
45-49歳
50-54歳
55-59歳
60-69歳
70-79歳

―― 第4回調査（93年）
······ 第1回調査（82年）

　一部の学習項目で削除，追加，統合が行われたため，完全な形での比較はできないが，いくつかの傾向は読みとることができる。たとえば行動率では「華道」や「茶道」が女性の伝統的おけいこごととして依然上位にあるものの，調査の回を追うごとに下降しており，「編みもの」の場合も同様である。「民謡」も下降した項目だがこれは一時の民謡ブームが去ったことによるものだろう。一方，もともと男性に人気のある「ゴルフ」「釣り」は，1ポイントを越える上昇をみせている。「英語会話」も1ポイント上昇しているが，これは国際化の進展という環境変化に対応するものであろう。

　「英語会話」は関心率でも7％と大きく伸びている。この場合興味深いのは関心をもつ層の広がりである。図 2.1 は性×年層別の関心率（顕在的＋潜在的）を示したものだが，「英語会話」の学習への関心が女性40～50代をはじめとして中高年層で大きく膨らんできていることがわかる[4]。

　次に行動率との大きな違いは，関心率の上昇した上位19位までに，「ゴミ処理」「自然保護」「老人問題」「水・大気汚染」「高齢化社会」「農薬」「環境アセスメント」「まちづくり，地域づくり」「農村・農業問題」と，「社会」領域の9つもの項目が登場していることである。なお第2回調査から追加された「職

表2.4 学習領域別構成比の変化

| 学習の領域 | 学習行動 | | 学習関心 | |
|---|---|---|---|---|
| | 第1回 | 第4回 | 第1回 | 第4回 |
| 趣　　味 | 46.4% → | 41.1% | 39.2% → | 32.3% |
| 家　　庭 | 11.3 → | 12.6 | 19.3 → | 18.4 |
| スポーツ | 20.8 → | 23.6 | 19.1 → | 18.6 |
| 教　　養 | 10.0 → | 10.7 | 11.2 → | 13.4 |
| 社　　会 | 5.0 → | 4.9 | 4.1 → | 5.8 |
| 職　　業 | 6.1 → | 7.0 | 6.8 → | 11.3 |

業」領域の「パソコン」と「ワープロ」も，関心が大幅に伸びた項目のひとつである。ここから「第1回調査」以来の11年の間に，わが国の成人は自らの生活を取り巻く環境の変化と，それに対応した学習の必要性の認識を大きく高めてきたことが読みとれよう。

　以上とも関係するが，この11年間の一貫した流れのひとつに学習内容の多様化がある。表2.4はすべての学習行動と顕在的学習関心の領域別構成比の変化をみたものだが，学習行動全体の中での「趣味」の比率が減少する一方で「家庭」「スポーツ」「職業」がその比率を増しており，成人の学習といえば趣味やおけいこごとといった状況に，変化が生じつつあることがうかがえる。さらに学習関心でも，「趣味」の後退，「教養」「社会」「職業」の進出という流れが読み取れる。つまり趣味やスポーツ一辺倒から脱却し，より多様な領域・テーマへと関心のレパートリーが膨らみつつあるといえよう。このことは学習関心の数の変化にも表れている。すなわち「第1回調査」では，顕在的学習関心の「ある」人1人あたりの関心数は1.7であったが，その後調査の回を重ねるごとに増加し，「第4回調査」では2.0に達している。つまり人びとはますます多様な内容の学習を求めるようになってきたのである。

　学習の多様化を示すもうひとつのデータがある。それは学習のレベルの変化である。調査ではなにか学習したことがある人については，それがどの程度のレベルかを「入門・初歩・常識程度」「入門より高い程度」「専門家に近い程度」「とくにレベルはない」の4つの選択肢でたずねている。その結果，「第1回調査」では「入門・初歩程度」が34%で最も多かったが，「第4回調査」で

は「入門より高い程度」が31%でトップとなった。一方で「レベルはない」という人も22%から27%に増えた。これは「趣味」「スポーツ」でより高度な学習をする人が増えた一方で，レベルを問わない「教養」領域の学習をする人が増えたためである。

### 伸びる高年層の学習

学習内容だけでなく学習する人の層についても，「第1回調査」以後の11年間にいくつかの変化がみられた。まず第一に，高年層における学習行動と顕在的学習関心の伸びがある。4回の調査の間に行動率，関心率ともにいくつかの変動を経てきているが，「第1回」と「第4回」の結果を取り出して比較してみると図2.2のようになった。

まず学習行動率をみると，男性は20～40代の比較的若い層はわずかな上昇がみられるだけだが，50代以上ではかなりの伸びが認められる。なかでも50代の伸びが顕著で，「第1回調査」から大きく上昇して20～40代を凌ぐまでになった。一方女性は20～40代が下降気味なのに対し，50代以上で大幅な上昇がみられ，50代と60代は若い層を逆転するまでになっている。次に学習関心（顕

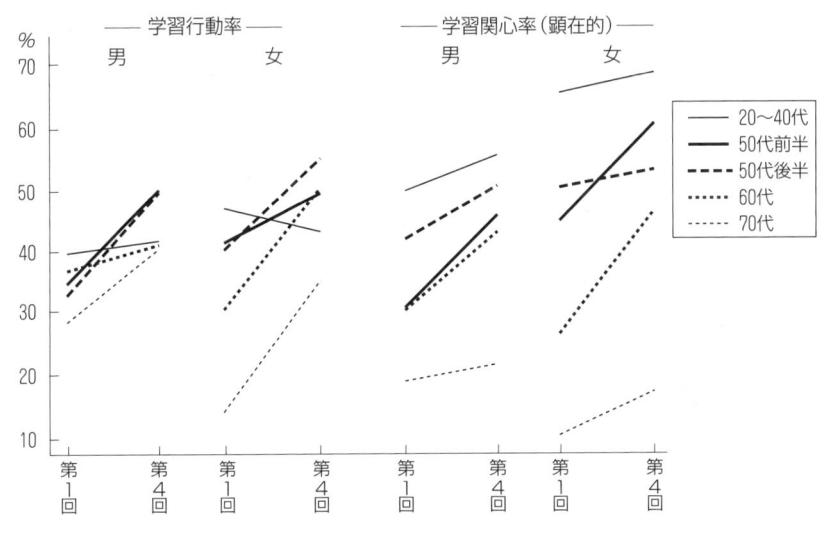

**図2.2 年層別にみた学習行動率・関心率の変化**

2．調査からみた学習ニーズの動向

在的）では，もともと40代までの若い層の関心率が高く，その傾向は11年経っても基本的には変わらないが，ここでも若年層を上回る高年層の伸びがみられる。たとえば女性では50代前半と60代では大幅な関心率の伸びがみられた。

**学習の方法**

調査では回答されたひとつひとつの学習行動，顕在的学習関心ごとに，学習の方法についてもたずねている。表2.5は「第4回調査」の結果から学習行動で使われた方法の多い順に並べたもので，比較のため「第1回調査」の結果を（　）に示した。

実際の学習行動で最も多く使われたのは「本・雑誌」の印刷媒体で，全学習行動の3分の1で使われていた。印刷媒体は単独で使われるだけでなく，他の方法と組み合わせて使われることも多いと思われる。以下「グループ・サークル」「テレビ」「個人教授・塾」「知人・家族」「カルチャーセンター」「学級・講座」と続く。今後の学習で使いたい方法（学習関心）では，最も多かったのは学習行動と同じく「本・雑誌」で変わらないが，2位には学習行動で6位の「カルチャーセンター」がきており，潜在的ニーズの高さを示している。一方，民間の小規模教育機関の「個人教授・塾」は大資本の「カルチャーセンター」とは逆に，「第3回調査」までは停滞または下降傾向にあったが，「第4回調査」では再び上昇に転じている。

表2.5　学習の方法

| 学習方法 | 学習行動 | 学習関心 | 学習方法 | 学習行動 | 学習関心 |
|---|---|---|---|---|---|
| 本・雑誌 | 32.5%（31.2） | 26.7%（29.9） | ラジオ | 2.5%（1.9） | 2.7%（2.5） |
| グループ・サークル | 22.2（26.3） | 22.2（28.8） | 社会通信教育 | 2.4（2.8） | 5.3（5.9） |
| テレビ | 18.4（13.5） | 19.4（17.5） | ビデオ教材 | 2.0（0.5） | 3.0（1.1） |
| 個人教授・塾 | 14.2（17.3） | 15.0（21.0） | 各種学校 | 1.3（2.3） | 4.4（5.4） |
| 知人・家族 | 13.2（11.5） | 13.1（15.6） | 大学・短大 | 0.7（0.3） | 0.6（0.4） |
| カルチャーセンター | 10.6（10.0） | 24.0（21.0） | 大学・高校の公開講座 | 0.5（＊） | 1.5（＊） |
| 学級・講座 | 10.0（10.0） | 13.7（12.1） | 職業訓練校 | 0.2（0.1） | 0.5（0.8） |
| 新聞 | 7.1（＊） | 4.8（＊） | 放送大学 | 0.1（＊） | 0.2（＊） |
| テープ・レコード | 3.4（4.6） | 3.2（4.1） | その他 | 5.3（4.3） | 2.4（3.7） |
| 企業内の教室 | 3.0（3.6） | 3.5（3.5） | | | |

（注）100%＝全学習行動・顕在的関心数，（　）内は「第1回調査」の結果，＊は項目が設定されていないことを示す。

## 学習者のタイプ分け

　これまで学習の内容と方法の2つの側面からわが国の成人の学習活動と関心の動向をみてきたが，この2つを組み合わせた成人の学習スタイルないし学習者タイプを考えてみたらどのようなことがわかるだろうか。そうした関心から著者はクラスター分析の手法による学習者のタイプ分けを試みているので，ここで「第3回調査」(1988年) のデータによる分析結果を紹介しておこう[5]。

　クラスター分析は多種の変数からなる現象を，少数の変数による組み合わせパタンの類似性をもとにタイプ分けをする手法のひとつである。ここでは過去1年間になんらかの学習を行った1181サンプルを対象に，その学習内容(「音楽」「舞踊」など53カテゴリー)とそれを学ぶのに用いた方法(「本・雑誌」「個人教授」など20カテゴリー)の2つを変数として，まず林式数量化理論III類による事前分析を行い，次にそこで得られた5根までの結果を入力して，再配置法により8つのクラスターに分割した。学習行動と学習関心に加えて生活意識，余暇時間と余暇行動，メディア行動，学習への意欲などの項目への回答を総合すると，8つのタイプの学習者のプロフィールを描くことができる。以下，8タイプの特徴を構成比の大きい順にスケッチしてみよう。なお(　)内は構成比を示す。

【趣味スポーツ型】(22.2%)

　ゴルフ，テニスなどのスポーツや，釣り，家庭園芸など趣味の領域を中心に，幅広い分野を本・雑誌，テレビ，グループ，知人・家族などさまざまな手段を動員して学んでいる。8タイプ中このタイプが最も多く，学習者全体の2割強を占める。成人全体では10人に1人がこのタイプである。男性の方が若干多く，30・40代を中心に全年齢層にわたる。4分の3が有職者で，事務・技術職，自営業，経営・管理職が多く，また高学歴者が多い。自由時間は比較的少なく平日の活動は不活発だが，休日にはスポーツ，読書，趣味などを活発に行い，勉強や研究に休日の余暇時間を費やしている人も少なくない。平均学習行動数は8タイプ中最も多く，トータルの学習時間量も多い。

【個人趣味教養型】(17.3%)

　本・雑誌，テレビ，新聞などメディア系の学習手段によって，家庭園芸，釣りなどの趣味領域が中心だが，自然食品・健康食品，貯蓄・投資・株の知識と

いった家庭領域や，日本の歴史，中東問題など教養，社会の領域も学んでいる。男性が7割でとくに40代後半〜60代の男性が多い。自営業，ブルーカラー，農村部居住者が相対的に多い。生活にゆとりを感じることはやや少なく，平日の余暇行動も観劇や音楽会等の文化活動は不活発で，文化的行動への支出は少ない。

【集団スポーツ型】(14.6%)

ゴルフ，テニス，ゲートボール，野球，ソフトボール，バレーボールなど，各種スポーツをグループ・サークルで習っている。趣味領域の学習を併せて行っている人が若干いるが，そのほかの領域の学習はきわめて少なく，学習行動数は8タイプ中最も少ない。男性の方が若干多く，20代と70代がとくに多い。他のタイプにくらべ農林漁業者，小都市・郡部居住者が多い。自由時間量は平均的で，平日，休日ともスポーツをして過ごす人が相対的に多く，趣味・スポーツと友達との交際に生き甲斐を感じている。

【集団趣味型】(14.6%)

華道，ダンス，ピアノ，日本舞踊などの趣味領域，水泳，テニス，エアロビクスなどスポーツ領域を中心に，グループやカルチャーセンターで学んでいる。女性が8割近くを占め，各年層にわたっている。大都市居住者が多い。生活にゆとりを感じており，自由時間量が多く，趣味，読書，音楽，スポーツ，ショッピングなどを活発に行っている。観劇など文化的行動も積極的で，映画，演劇，音楽会や学習・おけいこごとへの支出も他のタイプに比べて多い。

【生活趣味型】(12.0%)

編みもの，書道，華道など趣味の領域と，洋裁，自然食品，和風料理など家庭領域の学習を，本・雑誌，個人教授・塾，学級・講座，カルチャーセンターなど多様な手段で学んでいる。8割が中年以上の女性。生活にゆとりを感じている人が8タイプ中最も多く，自由時間も豊富。展覧会や音楽の鑑賞，博物館見学などの文化的行動も活発に行っている。スポーツやレクリエーションへの支出はあまり多くないが，学習・おけいこごとへの支出は多い。

【実用技能型】(9.7%)

ワープロ，パソコン，英語会話，自動車運転，企業経営，経理・簿記，洋裁

など技能系の学習を，本・雑誌，カルチャーセンター，社会通信教育，専門学校などで行っている。男性が7割を占め，20代前半が多く高年層は少ない。事務・技術職，経営・管理職，学生に多く，専業主婦や無職は少ない。高学歴，大都市居住者が多い。生活にゆとりがない人が比較的多く，学業に励むことや財産を殖やすことを生きがいとしてあげる人が相対的に多い。自由時間は少ないが，映画鑑賞や図書館利用は比較的多く，本・雑誌をよく読んでいる。

【おけいこごと型】(7.9%)

学習内容は，華道，茶道，書道，日本舞踊など趣味領域がほとんどで，学習方法は個人教授・塾に集中。9割が女性で，独身者と末子が6歳以上の層で多い。年間の学習時間量は8タイプ中最も少ない。生活にゆとりを感じている人が多く，自由時間量も多い。平日，休日ともに趣味，読書，ショッピングなどのほか習い事をすることが多い。

【職業技能型】(1.7%)

自動車・オートバイの運転，電気工事，大型・特殊自動車運転，製図・トレースなどの技能を，職業訓練校や専門学校で学ぶ人たち。20代前半，学生，技能・熟練職が多い。8タイプ中最も少ない。

## 学習者タイプの変化

ここで見たような学習者のタイプは，時とともに変化していく。それはある部分は個人レベルでの時系列変化であるとともに，時代の推移，社会の変化に伴っておこるタイプの構成やタイプ特性の変化である。上に抽出した8タイプは「第3回調査」(1988年)のデータによるものであるが，その前に実施された「第1回調査」(1982年)と「第2回調査」(1985年)，「第3回調査」の後に実施された「第4回調査」(1993年)と「第5回調査」(1998年)でも，クラスター分析による学習者のタイプ分けが試みられている。そこでそれらのデータとつきあわせて，わが国の成人学習者のタイプとその構成が20年近くの間にどのように変化してきたか，簡単にふれておこう。

図2.3は5回の調査それぞれで析出された学習者タイプの種類と，その特性から推論されるタイプ間の関連を示したものである。これをみると「第1回調査」から「第5回調査」までの16年間に，「職業技能型」のようにすたれるこ

**図 2.3 学習者タイプの流れ**

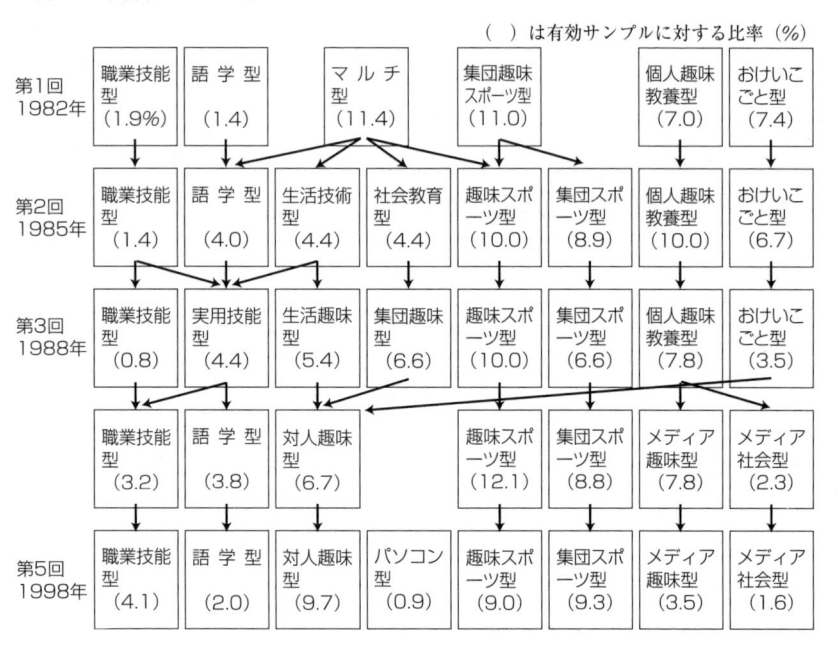

( ) は有効サンプルに対する比率（%）

| | | | | | | | |
|---|---|---|---|---|---|---|---|
| 第1回 1982年 | 職業技能型 (1.9%) | 語学型 (1.4) | マルチ型 (11.4) | 集団趣味スポーツ型 (11.0) | | 個人趣味教養型 (7.0) | おけいこごと型 (7.4) |
| 第2回 1985年 | 職業技能型 (1.4) | 語学型 (4.0) | 生活技術型 (4.4) | 社会教育型 (4.4) | 趣味スポーツ型 (10.0) | 集団スポーツ型 (8.9) | 個人趣味教養型 (10.0) | おけいこごと型 (6.7) |
| 第3回 1988年 | 職業技能型 (0.8) | 実用技能型 (4.4) | 生活趣味型 (5.4) | 集団趣味型 (6.6) | 趣味スポーツ型 (10.0) | 集団スポーツ型 (6.6) | 個人趣味教養型 (7.8) | おけいこごと型 (3.5) |
| | 職業技能型 (3.2) | 語学型 (3.8) | 対人趣味型 (6.7) | | 趣味スポーツ型 (12.1) | 集団スポーツ型 (8.8) | メディア趣味型 (7.8) | メディア社会型 (2.3) |
| 第5回 1998年 | 職業技能型 (4.1) | 語学型 (2.0) | 対人趣味型 (9.7) | パソコン型 (0.9) | 趣味スポーツ型 (9.0) | 集団スポーツ型 (9.3) | メディア趣味型 (3.5) | メディア社会型 (1.6) |

となく一貫して現れるタイプがある一方で，かつてわが国女性の伝統的な学びの代名詞でもあった各種の「ならいごと」に専念する「おけいこごと型」は，1993年の「第4回調査」以降は独立のタイプとしては姿を消し，替わって「メディア趣味型」「メディア社会型」といった，新しいタイプが現れている。

　ここで注目されるのは，「第4回調査」で現れた「メディア趣味型」「メディア社会型」の2タイプと，「第5回調査」で現れた「パソコン型」である。「メディア趣味型」と「メディア社会型」は旧来の「個人趣味教養型」の発展形態と考えられる。分析を行った原由美子によると，「第1回調査」から現れていた「個人趣味教養型」の学習者は，もともと本・雑誌やテレビなどのメディアを利用して趣味や教養の学習をする人たちであったが，「第4回調査」からはテレビを利用して趣味的な内容を学ぶ「メディア趣味型」と，テレビや新聞，本・雑誌などのメディアで社会領域のことを学ぶ「メディア社会型」の2つの

タイプとして現れるようになった。また「第5回調査」で新しく現れた「パソコン型」は文字通りパソコンの学習を行っている人たちである。また「第4回調査」ではそれまでの「生活趣味型」「集団趣味型」および「おけいこごと型」の統合された新しいタイプとして「対人趣味型」が析出されている。分析を行った原由美子によると，4つの新タイプのプロフィルは概略次のようになる[6]。

【メディア趣味型】

家庭園芸や将棋などの趣味領域，ゴルフ，登山などのスポーツ領域の学習を，主にテレビやラジオ，本・雑誌などで学ぶ人たちで，成人学習者の8.7%を占める。男性2対女性1の割合で男性50代，有職者，経営管理的職業，中都市居住者が多い。学習経験は「5年以上」が8割以上。「学ぶ楽しさ」「もっと知りたい」「気持ちのやすらぎ」「生活のハリ」「老化防止」など，学習によってもたらされる精神的な充実感を評価する。テレビの「科学・自然」「歴史」関係の番組や「解説」，「家庭実用番組」「趣味番組」などの講座番組を見る人が多い。

【メディア社会型】

「最近の政治情勢」「経済情勢」などの社会領域や，「健康食品」「家庭園芸」など家庭領域の学習を，新聞，本・雑誌，テレビなどのメディアにより行うタイプ。高年層の高学歴者に多く，成人学習者全体の3.9%。学習時間量は多く年間平均226時間に達する。よく見るテレビ番組は『太宰治への旅』『21世紀日本経済はよみがえるか』といったような紀行，歴史，解説，経済関係の番組。

【パソコン型】

パソコンの学習を本・雑誌やパソコンを使って行っている人たち。9割以上が男性で，20・30代が中心。学習目的は「仕事や生活に役立てるため」で，学生，有職者が多い。年間学習時間量は333時間で，全タイプ中最も多い。

【対人趣味型】

「華道」や「書道」「ダンス」など趣味領域の学習を「個人教授・塾」や「グループ・サークル」など対人系の方法で学ぶ人たちで，女性が8割以上を占める。学習目的は「学ぶ楽しさ」「向上の喜び」「教養を高める」「生活のハリ」など。

以上みてきたように，成人の学習関心や行動の形態，そしてその背後にある学習ニーズは時代とともにたえず変化しており，その動向をしっかり把握していくことが社会教育，生涯学習の事業を進める上で必要となる。1982（昭和57）年に著者の提唱により始まった「NHK学習関心調査」は，もともとは人びとの学習ニーズに対応した放送番組づくりのための資料を得るのが主たる目的であったが，同時に社会教育・生涯学習行政のための基礎資料を提供することも念頭にあり，実際にそれなりの貢献をなしえたと考えている。1998（平成10）年の「第5回調査」を最後にしばらく途絶えていたが，近年再開が検討されていると聞く。この種の長期にわたる定点観測的調査の意義は大きく，国政レベルでも行われていないものだけに，ぜひその再開を願いたい。

**学習ニーズの動向と社会教育の役割**

　人びとの学習に対する意識と行動の変化は，一人ひとりの学習者レベルではゆるやかなものであっても，社会全体としてみれば一時的な流行にとどまらない大きな流れを形づくっていく。今後主流となるような大きな流れは，時に停滞することはあっても後退することはないであろう。たとえば国際化，情報化，高齢化等に対応したニーズはますます高まるであろうし，人びとは多様な内容，多様な形態の学習を求めるようになっていくと思われる。高齢化の進行とともに，高年層の学習ニーズはいま以上に増大するであろう。

　このように変化するニーズに対応して，公的，私的なさまざまな学習機会が提供されていくであろうが，ここで注意しておかねばならないのは，冒頭でもふれたように学習ニーズに関わる需要と供給の問題は，商品やサービスのそれとはちがって，市場経済のメカニズムに委ねておけばすむ問題ではないということである。民間機関による市場原理に立った教育・学習サービスは，必ずしもすべてのニーズに応えるものではない。利潤を生み出さない，採算のとれないサービスは対象とならないからである。そこで自治体等の公的機関に求められるのが，学習の機会均等と公共性の観点からそれを補完していくという役割である。

　学習の機会均等ということでいえば，個人の経済力による格差をはじめ，都市部と農村部，過疎地・僻地など居住地による格差もすでに存在する。さらに

表2.6　年齢層・学歴別にみた学習行動率

| 学　歴 | 20・30代 | 40・50代 | 60・70代 |
|---|---|---|---|
| 旧制小・新制中卒 | 29.6% | 30.5% | 34.8% |
| 旧制中・新制高卒 | 39.2 | 47.5 | 50.3 |
| 旧専・短大・大学卒 | 47.9 | 61.9 | 66.0 |

（第4回学習関心調査）

は学歴による新たな格差の発生も予想される。ここで表2.6を見ていただきたい。

　これは「第4回学習関心調査」の結果から，年齢層×学歴別の学習行動率を取り出したものである。一見して学歴の高い高年層の学習行動率の高さが目につく。高齢化と高学歴化の進展は，学歴の高い高年層の学習参加を一層増大させるであろうが，そこには同時に学歴における「持てるもの」と「持たざるもの」の間の学習参加における格差の拡大も予想される。このほかにも，急速に進展する電脳社会への対応能力による格差も，新たな問題になるかもしれない。こうした格差を埋め，人びとの学習権を保障するための創意ある取り組みが，公的機関に課せられた課題となろう。

　すでにみたように環境問題や社会福祉，地域づくりといった身近な社会問題への人びとの関心は次第に高まってきている。このような問題の学習にすでに取り組んでいる人は，全体からみればまだ一部にすぎないが，潜在的なニーズとしては見過ごすことのできない大きさになっていることは，調査結果からも読み取ることができた。こうしたニーズは人びとすべての，つまり公共の立場からの「必要としてのニーズ」に他ならない。こうした潜在的ニーズへの関心を根気強く発掘・触発し，行動へと顕在化させていくことこそ，公的な機関の担うべき役割であろう。

## 3．潜在的関心の発掘と行動化

### 潜在的学習者

　おとなの多くはなにか学びたいことや挑戦してみたいことをもっている。自己実現ということばは知らなくとも，「もっとこうなりたい」という思いはど

こかに抱いている。そして「もっとこうなる」ための途のひとつが「学ぶ」ことであるなら，おそらくほとんどすべての人が潜在的な学習者だといえよう。今なにかを学んでいる人は，その学んでいることがらに関しては顕在的な学習者だが，ほかの多くのことに関しては潜在的な学習者である。そうした潜在的レベルにある学びたいという思いを，形のある学習という行動へと顕在化することを援助していく，あるいは意識されていないが社会の成員として学んでほしいことを意識化し，行動へと働きかけていく役割が社会の側にある。そうした援助を通して社会の成員一人ひとりが自己を高めていくことは，健全な社会の形成と発展につながるものであり，まさにそこに公的機関の果たすべき重要な役割があるといえよう。

　前章で著者は，成人の学習行動と学習関心を把握するための理論モデルとして「学習関心の階層モデル（氷山モデル）」を紹介した。それは人びとの学習への意識と行動を，海洋に浮かぶ氷山に譬えたもので，海面上に見える部分がすでに行動化している学習，つまり「学習行動」であり，海面下に隠れている部分が意識レベルの学習，すなわち「学習関心」である。まわりの海水部分は，学習への関心がいまだ存在しない状態だといってよい。実際の氷山の海面上の部分は氷山全体の7分の1にすぎないという。つまり海面下に巨大な氷の塊があるわけで，それと同じように私たちの学習の場合も，すでに目に見える形で行動に移している人は僅かであっても，多かれ少なかれ学びたい気持ちをもっている人は，その何倍，あるいは何十倍もいるにちがいない。実際にそれは調査の数字に表れているのである。

**見えない部分に注目する**

　振り返ってみれば，私たちの誰もが「氷山モデル」のどこかに相当する部分を，多かれ少なかれもっている。いま勉強しているのはパソコンだが英会話も学びたい，ボランティア技術のひとつでも身につけたい，環境問題にも関心がある……，といったように，あることは現に学びつつあり，あることはぜひ学びたい，あるいはヒマができたら学びたいと思っており，そしてあることには全く関心がないわけで，それぞれがいってみればその個人にとっての"学びの氷山"なのである。社会教育など公的機関の仕事のひとつは，こうした無数の

"氷山"の見えない部分，海面下の部分に働きかけて関心を喚起し，それを目に見える学習に行動化していくのを援助することにあるといえよう。そうした働きかけによってそ学習の「氷山」は成長していき，総体として目に見える部分の学習が活発になっていく。

　学習関心の背後にあって，それを生み出すものがニーズである。あらためていうまでもないことだが，公民館などの社会教育に求められる大事な仕事のひとつは，地域住民のニーズに即したプログラムづくりである。ただその場合，ともすればすでに多くの人が学習しており，したがってある大きさのニーズがあると判断されたテーマが，安易に繰り返し提供されてきたきらいはないだろうか。はっきり見えるニーズだけに目を奪われて，人びとにとっても社会にとってもより切実なニーズが見過ごされることはないだろうか。

　**表2.7**は「第4回学習関心調査」(1993年)の結果から抜き出したものだが，ここにはわが国の成人が「過去1年間に行った学習」(学習行動)と「今後行いたい学習」(学習関心)として具体的な内容をあげた人の比率が，学習領域別に示してある。

　まず学習行動率は「趣味」の25％が最も高く，これに「スポーツ」(16％)が続き，以下は「生活」「教養」「職業」「社会」の順でいずれも10％以下である。ところが今後学びたい気持ちが多少なりともある人(顕在的・潜在的のいずれか

表2.7　学習領域別にみた学習行動・学習関心「あり」の比率

(100% = 2,001)

| 学習領域 | 学習行動あり | 学習関心 | | |
|---|---|---|---|---|
| | | 学習関心あり | 顕在的関心あり | 潜在的関心のみ |
| 全領域 | 44.7% | 88.6% | 56.6% | 32.0% |
| 趣　　味 | 25.1 | 77.5 | 29.7 | 47.8 |
| スポーツ | 15.6 | 66.1 | 18.0 | 48.1 |
| 生　　活 | 8.0 | 67.6 | 16.1 | 51.5 |
| 教　　養 | 7.2 | 61.1 | 13.3 | 47.8 |
| 社　　会 | 3.2 | 56.1 | 5.8 | 50.3 |
| 職　　業 | 5.0 | 50.9 | 11.2 | 39.7 |

の学習関心あり)の比率となると,6領域すべてで50％を超えている。とくに注目したいのは,行動率僅か3％の「社会」領域でも関心率は56％にも達していることで,目に見える学習こそ少ないが,潜在的には他の領域に劣らないだけの関心が存在しているのである。

　この調査ではまず面接調査で「○○をやりたい」と即座に答えが返ってきたものを「顕在的関心」,面接のあとで自ら記入してもらう調査票の「学習項目リスト」を見て,「これもやってみたい」として選ばれたものを「潜在的関心」として処理している。つまり「潜在的関心」は「学習項目リスト」のような,外からの刺激があってはじめて意識化されるものである。そのことを念頭においてもう一度「社会」の領域を見ると,「顕在的関心」は僅か6％弱で「社会」領域への関心の多くはいわば"眠った"状態にあるけれども,「学習項目リスト」の提示というひとつの刺激だけで関心が覚醒し,「潜在的関心」を含めた関心率は56％にもなるのである。ちなみに「社会」領域で潜在レベルも含めた関心の高かった項目をあげてみると,表2.8のようになった。

　市場原理に立って目に見える大きなニーズをねらって事業を展開する民間の教育文化事業とはちがい,公的機関の社会教育は教育的・公共的な価値の追求を目指す事業である。だから,人間の成長発達という普遍的課題や,組織や集団,地域社会や国家ないし地球レベルの課題の解決のための学習の援助にこそ,その本来の役割がある。このようなニーズは「要求としてのニーズ」というより「必要としてのニーズ」であるけれども,人びとがその必要性をはっきりと自覚しているわけではない。健康を維持するのにいかなる栄養素がいまの自分の体に必要かを正しく言える人がいないのと同じである。それはいってみれば,

表2.8 「社会」領域への学習関心(顕在的＋潜在的)

| | | |
|---|---|---|
| 老人問題……………………14.5% | 食品添加物……………9.2% | 土地,住宅問題………7.8% |
| ゴミ処理……………………12.6 | 医療制度の基礎知識……8.9 | 経済の基礎知識………7.8 |
| 自然保護……………………12.2 | 水大気汚染………………8.7 | まちづくり……………7.6 |
| エイズに関する知識………12.1 | 薬　害……………………8.6 | 手　話…………………7.4 |
| 高齢化社会…………………11.3 | 物価と景気………………8.4 | 資源問題………………7.4 |
| 社会保障の基礎知識………11.3 | 公害一般の基礎知識……8.2 | 最近の政治情勢………6.9 |
| 最近の国際情勢……………9.9 | いじめ,登校拒否………8.1 | (以下略) |

潜在的レベルにとどまっているニーズなのだが、こうしたニーズは実際にはなかなかとらえにくい。しかし社会教育職員の専門性が最も発揮されるべきは、まさにここのところではなかろうか。

### 関心を掘り起こす

ふつう学習ニーズに対応して学習機会が提供される、と考えることが多い。しかし、その逆の流れもあることは、先に紹介したテレビ・ドキュメンタリー番組『シルクロード』の事例が実証している。ここではまず魅力的な学習機会がテレビにより提供され、それが人びとの眠っていた学習関心を呼び覚まし、それに対応した学習機会が多様な形で出現、そしてそれがさらに新たな学習関心を触発するという、一種の"学習の連鎖"が生じたのである。商品やサービスは、購入してニーズが充足されている間は新しい需要は発生しない。ところが私たちの行う学習は、ひとたびその機会が与えられればそこからさらに新たなニーズがつぎつぎと生み出される、という性質をもっている。"学習の増殖性"こそ学習ニーズの特性であるといってよい。だから、いかに最初のきっかけを効果的、衝撃的に与えるかがポイントになる。

関心がないなら、関心が眠っているなら、それを触発し掘り起こす努力が必要である。そのための魅力ある仕掛けをつくり出す知恵と、固定観念にとらわれない自由な発想と進取の取り組みが求められる。公民館で高齢者対象の講座というと、判で押したように民謡、手芸、書道、ゲートボール……、それにテレビでおなじみの文化人やタレントの「文化講演会」である。でもそれだけでよいのだろうか。高齢者の学習関心を調べてみると、社会的な事象への関心が非常に高いのに驚く。表2.9は「第4回学習関心調査」の結果から、「今後学んでみたい」ものとしてあげられた選択数上位の項目を、成人全体と60代男性の比較で示したものである。

一見してわかるように、「社会」領域で14％以上の関心をもたれた項目（太字）は成人全体では「老人問題」1項目のみに対し、60代男性ではこれに加え「高齢化社会」「社会保障の基礎知識」「最近の政治情勢」と計4項目もあがっている。日々メディアが取り上げているようなホットな問題、身近な地域でいま話題になっているようなことがらについて、もっと知りたい、理解を深めたいと

表 2.9　高年層の学習関心

(％は顕在的＋潜在的関心)

| 成　人　全　体 | 60　代　男　性 |
|---|---|
| 英語会話……………………24.4% | 家庭園芸……………………28.2% |
| 書　道………………………18.3 | 盆　栽………………………25.4 |
| 和風料理……………………17.2 | **老人問題……………………22.5** |
| ゴルフ………………………17.2 | 成人病の予防………………21.1 |
| 成人病の予防………………17.1 | **高齢化社会…………………20.4** |
| 家庭園芸……………………17.0 | 住まいの手入れ……………18.3 |
| 年金保険の知識……………16.0 | 年金保険の知識……………17.6 |
| スキー………………………14.8 | カメラ，写真………………17.6 |
| **老人問題……………………14.5** | 釣　り………………………16.9 |
| ワープロ［職業］…………14.3 | **社会保障の基礎知識………16.2** |
| ワープロ［家庭］…………13.8 | 日本の歴史…………………16.2 |
| 税金の知識…………………13.5 | **最近の政治情勢……………15.5** |
| パソコン……………………13.1 | 囲　碁………………………15.5 |
| 映画の知識と鑑賞…………13.0 | 家庭大工……………………14.8 |
| 室内装飾……………………12.8 | 税金の知識…………………14.1 |

(第4回学習関心調査)

いう高齢者が，若い層以上に多いことを示している。これは「高齢者には趣味と健康」といった固定観念からの脱皮を迫るものであろう。

「調査で真のニーズなどつかめない」という批判もある。たしかにひとつの調査ですべてが明らかになるほど万能ではない。しかし著者の経験では，綿密な設計や分析の工夫次第で，かなりのところまで人びとの潜在的な意識に迫ることは可能であるし，他のさまざまな調査データや資料を組み合わせることで，思いがけない発見が生まれることもある。つまりできるだけ多様なアプローチが必要なのであって，その意味で必要なことは日常的な情報収集の積み重ねであろう。図書館で最近よく読まれている本や資料はなにか，公民館利用の自主グループはどんなことを学習しているか，といったような地域住民の施設利用のナマの情報はもちろんのこと，公民館ロビーでの住民との会話，学級・講座での話し合いといったことすべてが，人びとの学習ニーズをさぐる手がかりになる。

今日の社会教育職員に求められているのは，大きく動いている時代の空気を

敏感に嗅ぎ取り，地域の課題に問題意識をもち，幅広いアンテナを張って住民の内なる部分にとどまっている関心やニーズをキャッチしていく力量であろう。社会教育職員に求められる専門性は，なにもプログラム作成やイベント企画・運営の能力だけではないのである。


**注**

1) 辻功「学習要求把握の意義」辻功・古野有隣・山本和人・神條秀元・押川唯信『学習要求の理解』実務教育出版，1987，p.22.
2) 本稿で使用したデータは次の報告によっている。①「第1回学習関心調査」に関するもの——藤岡英雄・大串兎紀夫・小平さち子「日本人の学習関心—成人の学習ニーズをとらえる（学習関心調査・報告1）」『放送研究と調査』(1983年5月号) 日本放送出版協会，p.2-43. ②「第4回学習関心調査」に関するもの——原由美子「日本人の学習'93—成人の意識と行動をさぐる—(第4回学習関心調査報告)」『放送研究と調査』(1993年9月号)，p.2-31. 原由美子「日本人の学習'93——中高年層の学習実態と意識——(第4回学習関心調査報告2)」『放送研究と調査』(1994年2月号)，p.40-53.
3) この調査で対象とする「学習」は，成人が余暇を利用して自発的に行うものに限定し，企業内教育や学生の大学での学習などは除外している。また「学習行動」は総計7時間以上のあるまとまりをもった学習に限定しているが，方法や形態については限定していない。
4) 図は原由美子，前掲論文（「日本人の学習'93——中高年層の学習実態と意識——(第4回学習関心調査報告2)」) より引用。
5) 成人学習者のタイプ分けについて詳しくは，以下の報告を参照されたい。藤岡英雄「学ぶ日本人のプロフィル——成人学習の諸類型（学習関心調査・報告4）」『放送研究と調査』(1984年5月号) p.36-42. 藤岡英雄「成人学習の類型とその変容（第2回学習関心調査・報告4）」『放送研究と調査』(1986年11月号) p.36-45. 藤岡英雄「成人学習の類型とその変容——学習行動と学習者のタイプ分け」『日本人の学習——成人の意識と行動をさぐる——』(NHK学習関心調査'82，'85報告書) NHK放送文化調査研究所，1987，p.181-193. 藤岡英雄「成人学習者のタイプ」NHK放送文化研究所編『日本人の学習——成人の学習ニーズをさぐる——』第一法規，1990，p.195-205. 原由美子「学習者の類型とその変容（第3回学習関心調査報告4）」『放送研究と調査』(1989年10月号) p.24-31. 原由美子「成人学習の現在とテレビの利用」『放送文化調査研究年報』(第44号) NHK放送文化研究所，1999，p.79-96.
6) 原由美子，上掲論文（「成人学習の現在とテレビの利用」），p.86-90.

# 第3章　社会教育計画における学習者支援

## 1．成人学習者の理解

**社会教育計画と学習者**

　学校教育の外にあって人びとに働きかけ，その学習活動を組織的に援助する公的な営みが社会教育だとすれば，その計画づくりにおいて中心にすえられるべきものは，学習活動を行う人そのものであるといってよい。したがって，対象となる学習者をどう理解するかが，社会教育計画の成否を大きく左右することになる。

　社会教育計画における学習者は，たとえていえばメーカーの商品開発計画における消費者，出版社の出版計画における読者，テレビ局の番組編成計画における視聴者に相当する。いうまでもないことだが，これら消費者，読者，視聴者についての十分な理解を欠いた製造販売，出版，放送はたちまち破綻をきたし，ひどい場合には事業そのものの崩壊をもたらすことにもなりかねない。社会教育の場合は幸か不幸か，そのような深刻な問題に発展することはまずない。しかし公的な責任を負い公費により行われる行政社会教育にあっては，そのようなことはそもそも許されないことである。

　今日人びとのニーズがますます多様化し流動化する中で，企業はその顧客についての知識や情報を得るために大きな努力を払っている。社会教育にしても，成人の学習活動の多様化が進む中で，民間サイドのそうした努力を余所事として見ているわけにはいかないだろう。社会教育自体，従来の行政主導のそれから学習者主体のそれへの転換が求められている。そうした意味でも学習者についての理解を深めることは，社会教育に携わるものにとって欠かせないことだ

といえよう。

そこで本章では学習者を軸にして，社会教育計画をめぐるいくつかの問題点を検討してみたい。なお，社会教育計画が対象とする学習者は，青少年幼児から高齢者までの幅広い人たちだが，なんといってもその最大の対象は成人一般である。そこでここでは成人学習者に焦点をしぼって考えてみることにする。

**子どもの教育・学習と成人の教育・学習**

成人の教育ないし学習と青少年幼児のそれとでは，多くの点で違いがある。主な相違点を列挙してみると表3.1のようになる。

子どもの教育・学習は主として将来社会人になるための準備として行われるが，学習の目標や内容は，子どもの属する社会の価値体系や文化内容により予め細かく決められている。一方成人は，現実のさまざまな課題を解決したり欲求を充足させるために学習を行うが，その際学習の目標や内容のかなりの部分は学習者自身の選択に任されている。

子どもの教育・学習は，ほぼ同じ年齢，学習能力，経験をもつ同質的な集団の中で行われるのに対し，成人のそれは多種多様な年齢，職業，能力，過去経験をもつ異質な集団の中で，あるいは個人単位で行われることが多い。子どもの教育・学習が教師のイニシアティブのもとに進められ，その評価は専ら教師によってなされるのに対し，成人のそれは学習者の主体性を尊重して進められ，学習成果も学習者自身によって評価されるか，学習集団成員の相互評価によりなされることが多い。

表3.1 子どもの教育・学習と成人の教育学習

| 子どもの教育・学習 | | 成人の教育・学習 |
|---|---|---|
| 学校中心 | ⟷ | 多様な学習機会・手段 |
| フルタイム | ⟷ | パートタイム |
| 義務的・強制的 | ⟷ | 自発的・選択的 |
| 将来への準備 | ⟷ | 現実の課題解決・ニーズ充足 |
| 与えられた目標・内容 | ⟷ | 自ら選択した目標・内容 |
| 同質的学習集団 | ⟷ | 異質的学習集団・個人 |
| 教師主導 | ⟷ | 学習者主導 |
| 教師による評価 | ⟷ | 自己評価・相互評価 |

ひと言でいえば，子どもの教育・学習が拘束的で画一的であるのに対し，成人の教育・学習は高い自由度と多様性をもつところに最大の相違点があるといえよう。社会教育は，当然のことながら，こうした違いの認識の上に立って行われるべきものである。しかし現状をみると，伝統的な学校教育的発想ややり方で成人の学習を理解したり指導したりしているケースが少なくない。その背景には，社会教育の職員や指導者の中に学校教育畑の出身者が少なくないということもあるが，それよりもなによりも"教育"といえば"学校教育"という通念が，生涯学習が叫ばれる今日においても根強く残っているところに原因がある。

　教育＝子どもの教育＝学校教育という図式が教育界で長い間支配的であったため，子どもの教育・学習に関する理論や技術は大きく発達したが，成人のそれはずっと後れてしまった。こうした中で日々の実践に携わっている人たちが，学校教育モデルに実践のよりどころを求めたとしても，あながちそれを責めるわけにはいかない。しかし，たとえ十分な理論や技術はもたないにしても，学習者としての成人がいかなる存在であるかを理解することは可能だし，それによって学校教育モデルからの脱皮をはかることは必要なことであろう。

**学習者としての成人の特性**

　成人を対象とした教育・学習には，子どもを対象としたそれとは異なる独自の理論と技術がなければならない，ということを明確に掲げたのは，アンドラゴジー（andragogy）の主張であった。アンドラゴジーとはギリシャ語の"人"ないし"成人"を意味するandrosと"導く"を意味するagogosの合成語で，ペダゴジー（pedagogy 教育学＝paid 子ども＋agogos 導く）との対比でつくり出されたことばだが，伝統的なペダゴジー（教育学）が導く対象として子どもを前提としたのとは対照的に，アンドラゴジーはその対象となる成人学習者についての独自の前提に立っている。アンドラゴジーの提唱者であるKnowles, M.S.は，成人学習者を特徴づけるものとして，成熟にともなって現れる4つの変化をあげている[1]。

（1）依存的なパーソナリティから自律的なそれへと，自己概念が移行する。
（2）経験が蓄積され，学習のための資源が増加する。

(3) 学習のレディネスは，社会的役割にかかわる発達課題に向けられたものになる。
(4) 知識をあとで応用することから即時の応用へ，またそれに対応して科目中心の学習から問題中心の学習へと移行する。

アンドラゴジーは成人の学習を援助するにあたって，こうした学習者としての特性を十分にふまえてなされねばならないとして，次のような点を強調する。1）成人は自らの判断で行動し，その結果に責任をもち，そして自らの手で人生を切り開きつつある自律的な存在として自らを意識しており，他人からもそのように扱われることを期待している。したがって学習においても，もし子どもに対するような扱われ方をされると大きな抵抗を示す。逆に尊敬され，自らの学習に責任をもたされれば，最初こそとまどいを見せても次第に学習の主体としての喜びを自ら発見し，自律的な学習者に成長していくであろう。2）豊かな経験をもつものとして成人を扱うことは，その人格を認めることである。また成人の豊かな経験は自らの学習の土台になるだけでなく，他の学習者の学習資源にもなりうる。そして，3）子どもの学習が心身の発達に即し，後の段階への準備として行われるのに対し，成人の学習はそれぞれの発達段階における社会的役割にかかわる課題の解決を目指して行われるものであるから，現実の課題解決にウエイトをおかなければならない。

米国の成人教育研究者 Cross, P. は，成人学習者を理解する上でカギとなるその特性を図3.1のように整理している[2]。

**図3.1 成人学習者の特性**

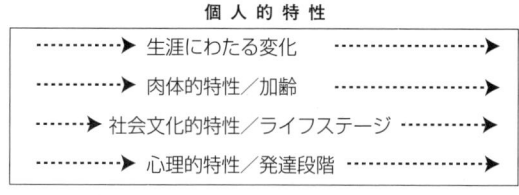

個 人 的 特 性
- 生涯にわたる変化
- 肉体的特性／加齢
- 社会文化的特性／ライフステージ
- 心理的特性／発達段階

状 況 的 特 性
パートタイムの学習者 対 フルタイムの学習者
自発的な学習者 対 強制された学習者

学習者としての成人の特性は，個人的特性と状況的特性の2つの面からみていくことができる。まず個人的特性は個人の生涯にわたる連続した変化の過程であって，次の3つの特性から成っている。すなわち，1）肉体的特性（歳をとるにつれて起こる肉体的生理的変化），2）社会文化的特性（ライフサイクルに伴う社会的役割の変化），そして3）心理的特性（精神的心理的な発達に伴う変化）である。次に状況的特性は，学習を成立させる条件という観点から子どもの学習との対比でみた特性で，①フルタイムの学習者でなくパートタイムの学習者，②強制された学習者でなく自発的な学習者である，の2点があげられる。

　Crossのモデルによると，個人的特性変化のどこに位置するかにより，成人学習者は異なった特性をもつことになる。だから，たとえば成人学習者は無条件に自律的な学習者であるのではなく，自我の発達の段階に応じてどれだけ自律的な学習者となりうるかが決まることになる。この点がKnowlesのモデルとの大きな違いである。それはともかく個々の学習者がこれらの変化の過程のどこにいるのかを確認し，それぞれの肉体的・社会文化的特性に対応する形で，あるいはそれを学習の契機や素材として積極的に活用する形で，学習支援をしていくことが成人教育の重要なポイントとなる。

　学習者としての成人をどうみるかに関してはこのほかにもさまざまな立場があるが，上の2例も含めいずれも成人学習者が，それぞれの社会的役割を担い，さまざまな課題をかかえた生活者・実践者であること，学習の資源となる豊かで多様な経験をもつ学習者であること，そして自由で自律的な学習者であることをその特徴としてあげている。そこで次に社会教育計画の観点から，これらの諸特性をもう少しみておくことにしよう。

### 生活者としての成人学習者

　成人は学齢期の子どもとは違い生活時間の一部をさいて学習を行っているが，それは成人にとって生活が第一義的な重要性をもち，学習は二義的なものだからである。いうまでもなく成人学習者は，学習者である前に生活者である。もっとも学習が二義的といっても，重要性が低いということではない。成人が職業人として，家庭人として，あるいは一市民としてさまざまな役割を遂行する際に直面する課題をうまく解決していくことは，生活者の必須条件でありその

ための学習は欠かせないからである。

　生活者としての成人が直面する課題は多様だが，まずライフステージの各段階に対応する一般的な課題として，発達課題がある。発達課題論の創始者であるHavighurst, R.J. によると，発達課題とは人生の各時期に生じる固有の課題であって，それをうまく解決し達成することが個人を幸せにし，後続の段階での課題達成をうまく導くような課題のことである。たとえば成人中期の課題として，市民的社会的責任の遂行，一定の経済的生活水準の確保，10代の子どもたちが信頼され幸せなおとなになれるように援助すること，そして余暇活動の開発など，いくつかの課題をあげている[3]。

　こうしたすべての成人に共通で一般的な発達課題とは別に，個人を取り巻く歴史社会的状況や，個人的な事情から発生する個別具体的な課題やニーズがある。それは平和や人権といった全人類レベルのものから，住民自治や環境保全といった地域レベルのもの，そして病気，転職，日常生活のトラブル，海外出張といったような個人生活のこまごましたものまで，さまざまなものから成っている。成人はこのような日々直面するさまざまな課題を解決したり達成したりするために学習を行うのだが，それは単なる知識や技能の習得に終わるものではなく，最終的には課題の解決に結びつくものでなければ意味がない。子どもの教育・学習のように科目中心ではなく，課題中心になるのはそのためである。

　学習が効果的に成立するためには，レディネス（適時性）が重要だといわれる。子どもの学習へのレディネスは，多くの場合精神的および肉体的な発達段階によって決まる。成人の場合にもそれはある程度いえるが，生活者としての成人の学習レディネスを決定的に支配しているのは，その成人がさまざまな社会的役割を遂行していく上で，いまどのような課題に直面しているかである。米国のある研究によると，成人の学習へのモティベーションが最も高まるのは，ライフサイクルのある段階から次の段階へと移行するときだという。たとえば就職や転職，結婚や離婚，子どもの誕生，近親者との離別，退職や引退といったものが学習参加へのひきがねになるという[4]。つまり新しい課題に直面したときに，学習への最適のレディネスが生じるのである。それはなにも発達課題に

とどまらない。個人的な課題であれ社会的公共的課題であれ，現実の困難や矛盾を克服し解決しようとする意欲が高まったときが，成人にとっての学習最適期となる。

**学習課題の把握**

　以上から明らかなように，社会教育計画を立てるにあたってまず必要なことは，対象となる地域住民がいまどのような課題を抱えているかを，的確に把握することである。つまりライフサイクルのそれぞれの段階において具体的にどのような発達課題が優先されるべきか，特定地域の住民として，あるいは自由な個人としていま人びとが直面している課題はなにかをさまざまな角度から調べて整理し，それを学習課題に組み上げていく作業が必要となるのである。通常子どもの教育・学習においては，習得すべき知識や技術の体系，あるいは文化や社会規範の体系から演繹的に学習課題の多くが導き出されるが，成人の教育・学習においては，成人が現実に直面している課題から帰納的に組み上げていくことによって，学習課題が設定されることになろう。社会教育の計画が学校教育のそれと大きく異なるのは，この点だといってよいだろう。

　ここで誤解を避けるためにつけ加えておきたいことがある。それは，成人の学習が課題解決を目指して行われるといっても，その課題が常にはっきりと意識されているとはかぎらないし，また特定の課題を解決する手段として行われるものに限定されるものでもないということである。たとえば「転職のために新しい職業技能を習得する」「地域の環境破壊を防ぐ運動を進めるために，環境行政や関連法規の学習をする」といった場合には，それが課題解決のための学習であることははっきりしている。それでは，「古典文学を学ぶと心が豊かになるようで楽しい」「外国語の学習は私にとって生きがいになっています」という人たちの場合はどうか。一見特別の課題解決を目指したものではないようにみえる。しかしこの場合もよく考えてみると，「自己を高め精神的により豊かに生きる」「生きがいをもって与えられた生を全うする」といった課題が，背後に存在しているとみることもできる。学習活動はそのためのひとつの手段というよりもむしろ目的そのものであり，学習することそれ自体が課題達成の過程なのである。

後でみるように，現実にはむしろこのようなタイプの学習の方が絶対量としては多い。こうした学習を学習のための学習，"おたのしみ学習"として積極的な価値を認めない人もいるが，精神的に自己を高めたい，生きがいをもってこころ豊かに生きたいというねがいは自己実現の欲求に基づくものであり，人間のきわめて自然で基本的な欲求である。したがってそれは一人ひとりにとって重要な課題であり，成人の基本的学習課題のひとつとして大事に扱われるべきものであろう。

**豊かな経験を資本とする成人学習者**

おとなは子どもとちがって，量的にも質的にもはるかに豊かな経験をもっている。しかも職業人として，主婦として，子の親として，地域社会の構成員のひとりとして，その経験はユニークで多様である。こうした豊かで個性的な経験こそ，成人学習者の最大の資本であるといってよい。社会教育計画は学習者一人ひとりのこのような経験を最大限に活用したときに，最大の成果をあげることができよう。

人は経験を通して概念を獲得し，自然や人間社会の法則を学んでいく。幼児は自分の可愛がっているジョン，向かいの家のタロー，毎日散歩に連れてこられる秋田犬などをなでたり，時に吠えられたりする経験を積み重ねながら"イヌ"の概念を獲得する。ところが幼児は"平和"の概念を身につけることができない。それは経験の蓄積がないからである。おとなは自ら兵士として戦地に送られたり，家族を戦争で亡くしたり，あるいは戦争がもたらす人間性の破壊を描いた映画を見たりといった，数限りない直接的間接的経験を積み重ねるなかで，"平和"の概念を獲得し認識を深めていく。こうしたさまざまな経験の蓄積が，"平和"についての学習の土台となり資源となるといえよう。

私たち一人ひとりの経験は限られており，その内容も深さもさまざまである。しかし私たちは集団で学ぶとき，こうした他者の経験を自らの中に間接的に取り込むことによって，自己の経験の限界を補うことができる。それは他者の経験を通して自らの経験を再解釈し再構成していく作業だが，それがまさにおとなの学びにほかならない。このように自らの経験は自らの学習にとって第一の資源になるだけでなく，他の学習者にとっても貴重な資源になる。その意味で

は，異質な経験をもつ成員からなる学習集団は，同質的なそれよりも潜在的にははるかに豊かな学習資源を共有しているといえるだろう。学習の効率からいえば同質的集団のほうがよい場合もあるけれども，異質なもののぶつかり合いの中からこそ，新しい発見も生まれ認識もより深まっていく。したがって学習の内容によっては，そうした多様で異質な経験を生かす学習集団づくりがむしろ望まれる場合もある。

　このこととも関連するが，成人学習者の中には，学習内容によっては講師や助言者以上に豊富な経験，特殊で希少な経験をもつ人がいることがある。そうした学習者の経験は講師の提供する教材と並んで尊重されてしかるべきであろう。もし予めわかっていたらそうした人たちを講師や話題提供者として活用できるようなプログラムを考えてもよい。経験豊かな学習者は，ただ受け身で学ぶだけの人ではなく，相互に教え合い学び合うことを通して，集団における学習活動をより豊かなものにする貴重な学習資源となりうるのである。

**他律的学習者から自律的学習者へ**

　成人学習者はすでにみたように本来自由で自律性をもった学習者である。しかしそれは人がはじめからもっていた特性ではない。自我の発達があるレベルに達するまでは，学習の主体であるという意識は生じないからである。もっともそれは自然の成熟に待てばよいということではなく，さまざまな学習に参加する経験の中で自我の成長が促されると考えるべきであろう。はっきりとした問題意識もなくたまたま誘われて参加した学習活動の中で，次第に学習の主体としての意識に目覚め，自律的な学習者に成長していくといった事例はめずらしいことではない。

　成人の学習は，なにもあれこれの具体的な問題を解決するために行われるだけではない。自らを自律的で主体的な人間に形成していくことは，成人の教育・学習の目標でもある。1976年のユネスコ総会で採択された「生涯教育・学習」の定義は，成人が自らの教育の主体になるよう援助すべきことを強調している。社会教育計画は，学習者の自律性を前提にしているが，同時に自律的な学習者，自律的な学習活動を育てることもそこに目標として組み組み込まれねばならないのである。

以上述べてきた"自律的学習者"に相当することばに，"self-directed learner"ということばがある。これは"self-directed learning"から派生したもので，Knowlesによるとそれは，個人が独力または他からの援助を受けて，自らのイニシアティブのもとに学習ニーズを診断し，学習目標を設定し，学習資源を探し出し，適切な学習戦略を立てて実行し，学習成果を評価する過程であるという[5]。したがって"self-directed learner"とはこうした一連の行為を主体性をもって遂行できる能力をもち，また実際にそのように行動している学習者，ということになろう。このような学習者像は，学校教育モデルにおける学習者像とは明らかに対照的である。他律的・依存的な学校教育モデルによるかぎり，このような自律的学習者の形成は期待できない。自律的学習者の形成を念頭においた社会教育計画はいかにあるべきか。その具体的な方策に立ち寄る余裕はないので，ここでは基本的なことを2点指摘するにとどめたい。

　まず第一は，学習のプログラミングと実際の学習活動の各段階に，学習者自身の参加を求めることである。すなわち，学習課題を設定すること，その達成のための具体的な学習目標を設定すること，目標にそって学習活動をデザインすること，目標に照らして学習の成果を評価すること，成果を実践に生かすことなど，すべての段階に学習者自らが大なり小なり参加できるような，そうした配慮がなされることである。すべて行政が用意したお仕着せのプログラムに乗っているだけでは，学びの主体としての意識も能力もしっかりとは育たないであろう。

　第二点は，自律的な学習を行うのに必要な技術や能力を身につける機会を，意図的に用意することである。たとえば，学習集団を組織して運営したり，学習課題を達成するための下位目標を設定したり，必要な情報収集や調査をしたり，あるいは学習成果をまとめたり評価したりする，そうした能力や技術の習得にはある程度意図的で組織的な学習の機会を必要とする。そのための専門家の指導をうける機会が，行政側で用意されることが望まれる。自律的学習者の形成は，意識や態度だけの問題ではなく，技術，技能の問題でもあるからである。

## 2. 成人学習のプロセスと形態

### 学ぶ個人の側から見る視点

　社会教育に携わるものが陥りやすい落とし穴のひとつは，知らず知らずのうちに社会教育事業の実施者・提供者の視点から住民・学習者を見てしまうため，学ぶものの視点が抜け落ちてしまうことである。市民講座の担当者はその受講者を，図書館の職員はその利用者をそれぞれの事業の対象としてみるのだが，その場合自らの事業の狭い枠の中でみてしまう。ところが学んだり利用したりする住民の側からみれば，全くちがってみえてくる。すなわち，成人学習者はいくつもの学習をそれぞれ異なった目的や動機から行っており，ある場合には市民講座と専門書で，またある場合にはサークルでといったように，個々の学習ごとにさまざまな機会や手段を組み合わせて学んでいるのである。

　一例を示そう。表3.2，表3.3は1985（昭和60）年に著者らが実施した「第2回学習関心調査」の結果から抜粋したもので，2753人の回答者が過去1年間にどのような領域の学習を行ったか，どのような方法でそれを行ったかの回答結果を示したものである[6]。

　まず表3.2にみるように，2753人の回答者のほぼ半数にあたる1387人がなんらかの学習を行っており，その具体的な学習内容は266項目に及んだ。学習行動の総数は2405で，学習者1人あたり1.73になる。これはかなりの人がひとつ以上の学習を行っていることを意味する。次に学習がどのような方法で行われたかをみると，表3.3のように多様な方法が動員されていた。ここで1行動あたりの方法の数と学習者1人あたりの方法の数を計算してみると，それぞれ1.47，2.03となった。つまり学習には複数の方法が使われることが少なくなく，学習者は年間平均して2つの方法を使っているということで，実際に中には1人で5つも6つもの方法を駆使しているケースもあった。

　消費者の視点に立たなければ，商品に対するニーズや嗜好が的確につかめないのと同様に，社会教育の計画もここにみるような人びとの学習実態を理解して学習者の視点にたって組まれないと，住民・学習者から相手にされないひと

表3.2 過去1年間の学習行動
(N=2,753人)

| 学習の領域 | 学習行動数 | 学習者数 |
|---|---|---|
| 趣 味 | 1,015 | 809人 |
| 家 庭 | 259 | 237 |
| スポーツ | 571 | 498 |
| 教 養 | 264 | 241 |
| 社 会 | 130 | 118 |
| 職 業 | 160 | 151 |
| その他 | 6 | 6 |
| いずれかの領域 | 2,405 | 1,387人 |
| 学習行動なし | | 1,366人 |

表3.3 学習の方法

| 学習の領域 | 学習行動数 | 学習者数 |
|---|---|---|
| 本・雑誌 | 759 | 559人 |
| グループ・サークル | 618 | 482 |
| テレビ | 393 | 310 |
| 知人・家族 | 360 | 292 |
| 個人教授・塾 | 300 | 233 |
| カルチャーセンター | 264 | 213 |
| 社会教育の学級・講座 | 222 | 176 |
| 新 聞 | 154 | 135 |
| 企業・組合の教室 | 91 | 74 |
| 各種学校 | 72 | 65 |
| 社会通信教育 | 56 | 49 |
| ラジオ | 53 | 51 |
| (以下略) | | |
| のべ数 = | 3,543 | 2,812人 |
| 1学習行動あたり方法数 = 1.47 | | |
| 学習者1人あたり学習方法数 = 2.03 | | |

りよがりの社会教育になってしまうだろう。その意味からも学習者の視点が反映されるような工夫，たとえばプログラム編成への住民・学習者の参加，人びとの学習活動の実態把握や意向吸収など，日常的な努力が欠かせないのである。

**成人の学習プロセスと社会教育計画**

　図3.2は成人の学習がどのようなプロセスをたどって行われるかを，学ぶ個人の側から図式化したものである。

　成人は個人的または社会的な課題を解決したりさまざまな欲求を充足するために，学習を行う必要あるいは行いたい気持ちをもつ。これを学習ニーズと呼んでおこう。こうした学習ニーズを満たすために学習が行われるが，それに先立ち個々の学習条件に適合した学習機会や方法が選択される。学習行動には学級・講座や講演会，グループ・サークルといった集合形態のもの，ひとりで本を読んだりテレビやラジオで学ぶ個人形態のもの，あるいは両者を組み合わせたものなどさまざまな形態がある。

図 3.2 成人の学習プロセス

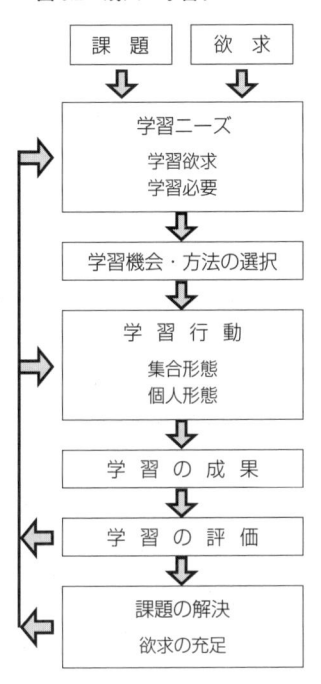

```
     課題      欲求
       ↓        ↓
     ┌─────────────┐
  ┌─→│   学習ニーズ   │
  │  │    学習欲求    │
  │  │    学習必要    │
  │  └─────────────┘
  │         ↓
  │  ┌─────────────┐
  │  │ 学習機会・方法の選択 │
  │  └─────────────┘
  │         ↓
  │  ┌─────────────┐
  ├─→│   学 習 行 動   │
  │  │    集合形態    │
  │  │    個人形態    │
  │  └─────────────┘
  │         ↓
  │  ┌─────────────┐
  │  │   学 習 の 成 果  │
  │  └─────────────┘
  │         ↓
  │  ┌─────────────┐
  ├─→│   学 習 の 評 価  │
  │  └─────────────┘
  │         ↓
  │  ┌─────────────┐
  └─→│   課題の解決   │
     │    欲求の充足    │
     └─────────────┘
```

　学習は個人の知識・技能，意識・態度に多かれ少なかれ変化を生み出す。これが学習の成果である。学習の成果は自らあるいは学習者相互で，またときには専門家によって評価されるが，その結果によっては再び学習が繰り返されたり，さらに発展した学習へと進んでいく。学習の成果は現実の課題解決に応用されたり，欲求の充足に役立つ。課題の解決や達成，欲求の充足は，多くの場合また新たな学習ニーズを生み出し，学習のプロセスが再び繰り返される。

　学習がひとつの流れとしてスムーズに進んでいくためには，プロセスの各段階で適切な援助が必要とされる。学習の機会や手段の提供は社会教育の最も一般的な援助の形だが，その場合地域住民の学習ニーズとその背後にある課題や欲求，そして学習者のかかえるさまざまな条件をふまえたものでなければならない。また学習者の側からいえば，個人的あるいは社会的課題を学習に結びつける上での働きかけ，各種学習機会についての情報提供と助言，困難な条件を

克服するための手助け，学習の継続・発展についての相談・支援など，さまざまな援助を求めているのである。

　ここで学習の条件について若干補足しておきたい。成人の学習が成立するためには時間的・経済的・社会的・地理的などさまざまな条件をクリアすることが前提となるが，それは学習者一人ひとりで異なっており，学習への障碍もまた多様である。社会教育計画はこうした学習者の条件に適合したものでなければならないが，同時に学習者が自ら障碍を克服して学習に取り組めるよう支援を行うことも，計画の中にしっかり位置づけておく必要がある。たとえば，乳幼児をかかえた母親のための学習支援としては，「託児ボランティア」のような仕組みをつくったり，そのためのボランティアの養成をはかる講座を開設する，といったことも考えていく必要があろう。

**さまざまな学習スタイル**

　今日の成人は多様な学習に取り組んでいる。ひと昔前はおとなの学習といえば性・年齢でおおよそその内容と形態が決まっていた。ところがいまでは学習の内容・方法のレパートリーが拡がり，他人がやらないような学習を手がける人も出てきた。消費生活の面では個性的なライフスタイルがすでに浸透しているが，学びの面にもいまや個性化の波がやってきているのである。このように成人はさまざまな動機と目的から，さまざまな機会と方法を活用して，さまざまな内容と形態の学習を行っているが，こうした多様な成人の学習も，いくつかの基本的なタイプに整理することができる。次にその一例を紹介しよう。

　表3.4は著者が上述の「第2回学習関心調査」のデータを使って，成人学習者のタイプ分けを試みたものである[7]。ここでは学習の内容と方法の組み合わせを手がかりに，多変量解析（数量化Ⅲ類，クラスター分析）の手法を使って，8つのタイプの成人学習者を取り出している。

　いうまでもなくここに紹介した8つのタイプは，あくまでも1985（昭和60）年時点のものであって，決して固定したものではない。前章でもみたように人びとのニーズや関心は時とともに変化していくから，学習の内容も方法も変化していく。社会教育計画という点からいえば，対象となる地域住民あるいは学級講座の受講者がどのようなタイプの人たちなのか，その構成は時代とともに

**表3.4 成人学習者の8つのタイプ**

| | |
|---|---|
| おけいこごと型<br>(13%) | 個人教授や教室・塾で「茶菓道」「書道」「日舞」「邦楽」などの日本の伝統的なおけいこごとに励んでいるタイプ |
| 個人趣味教養型<br>(20%) | 本・雑誌,新聞,テレビなどを使って個人学習を行っているタイプ。とくにテレビを積極的に利用している。学習内容は「園芸」「釣り」「囲碁」「パソコン」などの趣味と,「日本の歴史」「日本古典文学」などの教養領域が中心。 |
| 語学趣味型<br>(8%) | 「英語」をはじめ「ドイツ語」「中国語」などの外国語の学習を中心に,音楽や美術などの趣味の学習も行っているタイプ。本・雑誌,テレビ・ラジオなどの個人学習媒体のほか,グループ,個人教授・塾,カルチャーセンターと,多様な手段を活用。 |
| 職業技能型<br>(3%) | 各種の「資格取得のための学習」や「事務管理」「イラスト・レタリング」「広告」といったような,職業関連の本・雑誌で独学しているタイプ。 |
| 集団スポーツ型<br>(18%) | 「テニス」「ゴルフ」「バレーボール」「ゲートボール」などのスポーツを,同好のグループ・サークルに参加して習っているタイプ。 |
| 趣味スポーツ型<br>(20%) | 「編みもの」「園芸」「釣り」「囲碁」「将棋」などの趣味と「ゴルフ」「テニス」「スキー」などのスポーツ領域を中心に,本・雑誌,テレビ,グループによって学んでいる人たちで,「個人趣味教養型」と「集団スポーツ型」の中間に位置するタイプ。 |
| 生活技術型<br>(10%) | 「編みもの」をはじめとする手工芸,「和洋裁」「着付け」「料理」といった生活実用的な技能を,専修学校・各種学校,カルチャーセンターなどで習っているタイプ。 |
| 社会教育型<br>(9%) | 公民館・PTAなどの学級・講座に参加している人が主流のタイプ。学習内容は「趣味」をはじめ全学習領域にわたっている。仲間ができたり共にやる楽しみに動機づけられているものが多い。 |

(NHK第2回学習関心調査,1985)

どのように変化しているかといったことをおさえておくことが欠かせない。タイプの異なった学習者は異なったニーズと関心をもち,異なった形の援助を求めているからである。

### 4つのタイプの学習

米国を代表する成人教育研究者の一人であるHoule, C.O.は,その著名な事例研究のまとめの中で,継続的に学習に取り組んでいる成人の中には,なんらかの目標達成の手段として学ぶ「目標志向型(goal-oriented)」,もっと知りたい,成長したいという動機をもち,学ぶこと自体に喜びを見出す「学習志向型

図 3.3　成人学習の 4 つの基本型

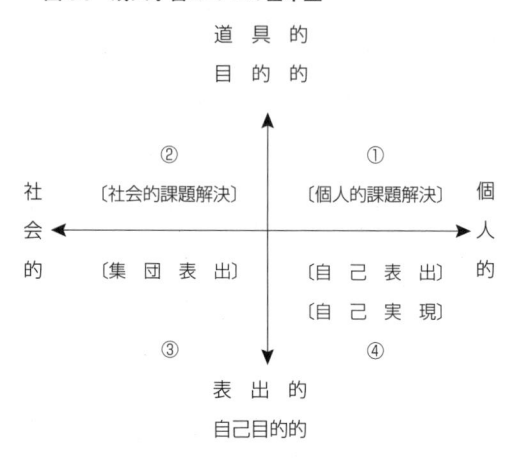

```
              道 具 的
              目 的 的
                ↑
         ②     │     ①
社  〔社会的課題解決〕│〔個人的課題解決〕 個
会 ←─────────┼─────────→ 人
的              │            的
     〔集 団 表 出〕│〔自 己 表 出〕
                │〔自 己 実 現〕
         ③     │     ④
                ↓
              表 出 的
              自己目的的
```

(learning-oriented)」，学習という活動がらもたらしてくれるさまざまな所産に意味を見出す「活動志向型 (activity-oriented)」の，3 つのタイプの学習者がいると述べているが[8]，著者はこれを学習者ではなく学習のタイプとして理解すべきではないかと考えている。というのは，人は時と場合によりさまざまな学習を行うのが普通であって，すべての学習が目標志向的で学習志向的な学習は全くしない，というような学習者は考えられないからである。

　ここで成人の学習タイプについてひとつの著者なりの試論を提出してみたい。成人の学習は図 3.3 のような 2 つの軸で考えることができる。学習活動にはまず Houle の目標志向や活動志向のように，学習がある目的のための手段・道具として使われるもの（道具的目的的学習）と，学習志向のように学習すること自体の中に成果や満足が見出せるもの（表出的自己目的的学習）の 2 つがあると考えられる。ところで学習はなんらかの変革や進歩・発展を目指して行われたり，また学習の結果としてそのようなものがもたらされたりする。つまり新しい状態の創出が学習の固有の働きだといってよい。その場合，新しい状態が個人レベルのものか，それとも社会や集団レベルのものかで，学習を 2 つに分けることができよう。このようにして私たち成人が日常行っている学習は，すべてこの 2 つの軸でつくられる 4 つの象限内のどこかに位置づけられることにな

る。

　まず第1象限①は，道具的目的的で個人的な学習である。海外旅行に備えて英会話を習うといった個人レベルの課題解決を目指すもので，この場合結果として個人の能力の向上が期待されている。第2象限②は道具的目的的で社会的な学習である。たとえば地域の環境問題についての学習のような社会的課題の解決，つまり社会公共レベルの課題解決を目指した学習である。

　次に第4象限④は，表出的で個人的な学習である。宮沢賢治にひかれてその作品や解説書を読んだり賢治に関する講座を受講する，趣味でギターを独習する，といったような学習である。こうした学習はそれがもたらす結果よりも，それを行っている過程そのものが大きな充足をもたらす。自らの心を自由にあそばせる喜び，自らが進歩・成長していくことを実感する喜びである。それは自己表出・自己実現に向かう学習だといえよう。

　最後に第3象限③は表出的自己目的的で社会的な学習である。これはイメージしにくいが，たとえば地域に伝わる民話を発掘して，それを創作劇につくりあげ上演する，といったような集団活動はどうだろうか。こうした活動は創作活動であると同時に学習活動でもある。表向きは住民の連帯とか地域文化の創出といったような目的が掲げられたり，成果としてそれがもたらされるにしても，それ以前に集団活動を通して共に学び共に創り出す喜びが，活動の大きなエネルギーになっているといえよう。そこでこの種の学習活動の特徴を"集団表出"ということばで表しておこう。

　私たちは以上のような4つのタイプの学習を，さまざまな割合で行っている。人によっては特定のタイプに傾斜した学習を多く行い，それがその人の学習スタイルになっていたりする。しかし個性的な学習も結構だが，一方ではバランスと調和も必要である。Havighurstは，今日の変化する社会にあって有能な成人であるためには，人生の各段階で道具的学習と表出的学習をうまく組み合わせて行う必要があると述べている[9]。それは個人レベルの学習と社会レベルの学習についてもいえるだろう。われわれは誰もが社会の中で生きている存在だから，社会的公共的な課題に関わる学習は欠かせないし，一方自らの課題を解決し自らを高めていく学習も必要となる。つまり4つの象限の学習がほどよ

いバランスを保って行われるとき，個人の豊かな成長と幸せがもたらされ，同時に社会の変革や発展も可能になるといえるのではなかろうか。

　ここで表出的自己目的的学習について，若干つけ加えておきたい。この種の学習のうち個人レベルの学習，すなわち自己表出型の学習は4種の学習の中で量として最も多いもので，近年とりわけ高年層で目立って増えている。前著『おとなの学びの行動学・第1部　学びのメディアとしての放送』でも紹介したように，テレビやラジオの講座番組の受講者を対象とした研究で最も強く印象に残ったことは，高齢の受講者たちが「この歳になって知らないことを知る喜びが生きがいになっています」といった趣旨のことをそろって述べたことである[10]。この人たちは，「学んでそれで何かをしよう」という気持ちはまったくもっていない。ひたすら学ぶ喜びのために学んでいるのである。

　もともと学ぶということは，人が生まれながらに備えている自然な欲求であり，本性であるといってよいだろう。ところが高齢者に多くみられるこのような学習は，とかく私的個人的な営みにすぎないもののようにみられがちである。しかし可能な限り自己を高めていきたいという願いは，高齢者に限らず私たちすべての願いでもある。だからすべての人にそれが実現できるように環境を整備し援助をしていくことは，すぐれて公共的な課題だといってよい。決してゆとりのあるお年寄りのヒマつぶしとして退けられるべきものではあるまい。この点は高齢化社会における社会教育のあり方を論議する際の，重要なポイントのひとつであろう。

　表出的自己目的的学習のもうひとつのタイプ，すなわち集団表出型の学習も，今日では次第に多くなってきたようにみえる。しかし個人レベルのそれに比べれば，まだはるかに少ない。このタイプの典型は集団文化活動であろう。ここでは学習と創造が渾然一体となっており，それを支えているエネルギーは仲間と共に活動し共に高まっていく喜びである。かつて岩手県遠野市で毎年上演された創作舞台「遠野物語ファンタジー」は，各層の市民が参加した手づくりの文化活動だが，参加者のひとりは「ひとつのことを成しとげる苦しみと喜びを，みんなで分かち合えることがすばらしい」と述べている[11]。今日の管理社会のもとで私たちは，このような自由な創造と連帯の喜びを次第に失いつつある。

こうした喜びを取り戻し人間性を回復するような，学習＝創造の機会をつくり出していく努力が，いままさに求められているといえよう。

## 3．学習ニーズの把握と学習課題の設定

### 学習ニーズと学習課題

　本章の冒頭で，社会教育計画の中心的要素は学習者だと述べたが，もうひとつの重要な要素に学習課題がある。学習者が取り組むべき学習活動の目標と内容を指し示すのが，学習課題だからである。学習課題ということばはさまざまな意味で使われているが，ここでは次のように考えてみたい。すなわち，学習課題とは学習者がなにを学ぶべきかを，ある立場から整理して示したものである。"ある立場"というのは，社会教育を行う機関・施設・団体のそれぞれの立場のことである。だから，たとえば行政社会教育の立場から設定された学習課題と，労働組合員教育の立場から設定されたそれとでは，当然違いが出てくる。ただここでは混乱を避けるため，行政社会教育における学習課題に限定して話を進めることにする。

　学習課題はだれがどのようにして導き出すのか。この点は社会教育で最も重要な点であるけれども，最も難しい点でもある。すでに繰り返し述べたように，社会教育は学校教育とちがって学習者の主体性を最大限に尊重し，学習者のニーズに応えるものでなければならない。だから学習課題の設定にあたっても，まず学習者がどのような学習ニーズをもっているかを，十分に把握することが必要になる。いわゆる「学習要求調査」はそのひとつの方法である。しかし学習ニーズがすべてそのまま学習課題になるわけではない。人びとのすべてのニーズに応えるわけにはいかないから，なんらかの規範に基づいた選択が必要となる。行政社会教育であれば，公的な責任と役割を担う機関としての立場から，それぞれの優先度をもって選ばれ整理されるわけである。

　ところで学習課題には，個人のニーズを超えたところに源泉をもつものもある。公共的社会的課題に関わるもの，たとえば自然環境の保全とか伝統文化の継承といったような地域住民全体に関わる課題，さらには平和や人権といった

**図 3.4　学習ニーズから学習課題へのながれ**

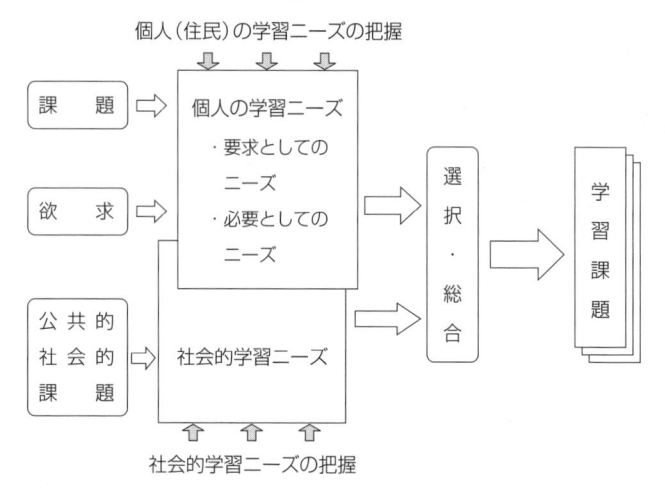

個人(住民)の学習ニーズの把握

課題 ⇨ 個人の学習ニーズ
・要求としての
　ニーズ
欲求 ⇨ ・必要としての
　ニーズ

公共的社会的課題 ⇨ 社会的学習ニーズ

⇨ 選択・総合 ⇨ 学習課題

社会的学習ニーズの把握

全国民・全人類レベルの課題から要請されるものがそれである。これらを社会的学習ニーズに対応する学習課題と呼んでおこう。

　このように，個人の側からとらえた学習ニーズと社会の側からとらえた学習ニーズを，選択・総合して組み立てられるのが学習課題である(図 3.4)。だから学習課題は普遍的にアプリオリに存在するものではなく，地域に応じて，対象となる住民・学習者に応じて，また時代に応じて，さまざまにつくり上げられるものなのである。

**要求としてのニーズと必要としてのニーズ**

　ところで個人の学習ニーズには，要求としてのニーズと必要としてのニーズの2つがある。要求としてのニーズは，人びとが自らその必要を感じ，学びたいという気持ちをもっているものである。米国の研究者 Griffith, W.S. はこれを自覚されたニーズ (felt needs) あるいは表出されたニーズ (expressed needs) と呼んでいる[12]。一般に「学習要求」と呼ばれているものは，ほぼこの要求としてのニーズに相当するものである。一方，必要としてのニーズは，必要性はあるが必ずしもそれが自覚されてはいないニーズ (unfelt needs) である。人間は健康を維持するために，ある種のビタミンやミネラルが不可欠である。しか

し自分はこれこれのビタミンが必要だとの自覚をもっている人は、おそらくきわめて少ないだろう。同じように、自覚されてはいないが、ある立場からみると明らかに学習が必要だと判断されるものがある。たとえば民主主義社会において私たちは、主権者としての自覚をもって政治の過程に参加する、といった課題が成人期に入れば必ず要請される。こうした課題を達成するための学習は、意識するしないにかかわらず必要な学習なのである。このように、ある規範的立場から必要とされるニーズという意味で、Griffith は規範的ニーズ（normative needs）と名付けている[13]。この例もそうだが、個人の必要としてのニーズが社会的要請としてのニーズと重なっていることが少なくない。

学習要求調査等の名称で近年さまざまな調査が自治体レベルで行われているが、この種の調査がとらえようとしているのは、おおむね要求としての学習ニーズである。必要としてのニーズも欠かせないのだが、このような調査ではなかなかとらえにくい。ビタミンのように検査で簡単に検出できるようなものではないからである。しかし学習要求調査でも、質問の設定や分析の工夫により、必要としてのニーズに接近することはある程度可能である。もちろんそれ以外のさまざまな調査を行ったり、資料を調べたりする努力が求められる。材料はなにも整理されたものに限らない。日常のさまざまな経験──公民館ロビーでの市民との会話、学級での話し合いの記録、新聞や雑誌の記事など、これらすべてが材料となる。そこから必要としての学習ニーズを取り出してくるのは、問題意識に裏打ちされた鋭い感覚と洞察力である。そうした能力の涵養こそ社会教育職員に最も求められるものだといえよう。

**発掘され，発展する学習ニーズ**

学習者の側からとらえられたものであれ、社会の側からとらえられたものであれ、学習ニーズは固定したものではない。個人のライフサイクルの移行に伴って、新しい社会的役割を担うごとに新しい課題が現れる。社会の不断の変化は、それに適応したりそれを克服したりすることを個人に要求する。このようなつぎつぎと現れる課題に対応して、学習ニーズはたえず変化していく。学習ニーズが変われば学習課題も変わらねばならない。たとえばある時点で設定されたある地域の青年、小学生の母親、高齢者等のそれぞれの学習課題は、その

ままでは10年後の同じ地域の学習課題にはなりえないであろう。人びとをめぐる状況は，多かれ少なかれ変化しているからである。このように個人および社会の変化，そしてその相互の関係の変化は，たえず新しい学習ニーズを生み出し，それに対応した学習課題の組み替えを要求するのである。

学習ニーズをとらえるということは，このように変化の中でとらえるということである。したがって学習要求調査にしても，一度実施したからそれでよいというものではない。今日の成人の学習ニーズは，学習内容の面でも方法の面でも，かなりのスピードで変動しているから，ニーズ把握の努力は反復・継続して行うことが必要となる。

ところで私たちは普通，学習ニーズに対応して学習の機会が用意されるものと考える。ところが逆に，学習機会が学習ニーズを生み出すとこも決して少なくない。たとえば前章で紹介した「シルクロード学習ブーム」は，学習機会→学習ニーズ→新たな学習機会，という学習の連鎖反応が発生した典型例である。学習機会は学習ニーズを生み出す。しかも一度なにかを学ぶと，それはさらに新たな学習ニーズを生み出していく。本来おとなの学習は，なにかひとつのきっかけが与えられれば，つきつぎと新たな学習へと自然に発展していく性質をもっている。『シルクロード』の場合，人びとはそれまでこうしたことになんの関心ももっていなかったのではなく，「未知の世界について知りたい」といったような，なんらかの潜在的なニーズをもっていたと考えられる。テレビはそうした潜在的ニーズを刺激し，顕在化させる機会を提供したにすぎない。この事例から導き出される教訓は，学習ニーズはそれに応えるべきものとしてだけでなく，それを刺激し発掘していく対象としてみていく視点もまた必要だということである。とりわけ，要求としては眠っているが住民にとっては必要と思われる学習ニーズを刺激し発掘していく重要な役割が，公的な営みとしての社会教育にはあるといえよう。

### 学習ニーズ把握の複眼的視点

なにかを調べようとするとき，その姿勢のありようが結果を大きく左右することが少なくない。人間であるからある程度はやむを得ない面もあるが，やはりどのような調査でも客観的で公平無私な立場を保つように努めることは，基

本的な要件である。得られたものが客観的で正しいものでなければ，役に立たないだけでなく害にすらなる。したがって学習ニーズ把握にあたってまず第一に求められるのは，冷静に事実を見つめる観察者・科学者の眼をもつことである。

　学習ニーズの把握は，人びとの学習を支援するために行われるものである。学術研究ではないのだから，実践に役立たなければ意味がない。学習要求調査などを外部の研究者や専門の調査機関に委託して実施することも少なくないが，注意しないと地域の実態や実践の目的から遊離したものになる危険性がある。企画から質問文の作成，そして調査とその後の結果の分析・報告にいたるまでのすべての段階に，社会教育の実践に直接携わるものの眼が注がれていなければならない。つまり，求められる第二の視点は，日々の実践から生じた問題意識を通してみていく，実践者の視点である。

　第三に求められるのは，学習者の視点である。学習ニーズ把握を行うものの公的な立場は，自治体職員，社会教育主事，公民館職員等々であろう。しかし一歩職場から外に出れば一市民であり，そして自ら学習ニーズをもち，おそらく実際になんらかの学習を行っている一学習者であろう。そうであれば，ここで学習者の眼が生かされなければならない。自らの学習を振り返ってみることにより，学習ニーズについての理解を深めることができる。そしてそれは学習者の立場に立ったニーズ把握を可能にする。調査の質問文ひとつをとってみても，行政担当者の眼で見るのと一学習者の立場で見るのとでは，まったく違って見えてくるはずである。

　学習ニーズを的確に把握するためには，以上の3つの視点を統合した複眼的視点をもつことが求められる。しかし一個人でそれをすべて行うことには限界がある。そこで異なった立場の人，すなわち行政の担当者，社会教育や調査の専門家，それに地域住民や学習者といった人たちがチームを組み，共同で作業を行っていくことが考えられる。こうすることで，おのずから複眼的視点が保たれるであろう。

　調査を行うとき委員会や作業チームが編成されることがよくあるが，その際住民や学習者が参加していても，それぞれの代表の形式的参加に終わっている

ことが多い。しかしこれではあまり意味がないだろう。社会教育の計画づくりへの住民・学習者の参加は、きわめて重要なことである。それは住民・学習者主体の計画を目指す上で必要なだけでなく、実はその過程自体が学習活動でもあるからである。

ここに示唆深い事例がある。それはかつて栃木県小山市中央公民館が行ったもので、女性の学習実態を調べる調査を地域の婦人たちが自ら行うことを通して、社会調査と女性の学びの双方について学ぶ、というユニークな実践である。これは「（データをつくるのは）専門家の仕事とされるけれども、社会的事実の把握・解釈者としての住民があってもおかしくないはず」という問題意識から出発したものである。参加した婦人たちは専門家から調査の基礎理論を学ぶだけでなく、その指導のもとに調査票作成、面接調査の実施から集計・分析、そして報告書の執筆まで行ったという。婦人たちはこうして調査について学ぶと同時に、地域の女性の学習の現実と問題点について学んでいったのである[14]。

このように学習ニーズの把握が住民・学習者参加で行われるならば、それは参加者にとって、学習そのものについての学習を行う貴重な機会となるのである。こうして得られた成果は、住民・学習者の利益にかなったものになるであろう。住民・学習者の眼が社会教育計画のすみずみに注がれたとき、それは真に住民・学習者のものとなるにちがいない。

注

1) Knowles, Malcolm S. *The Modern Practice of Adult Education: Andragogy versus Pedagogy.* Association Press, 1970, p.39. なお本書は1980年に改訂版が刊行され、その際副題が From Pedagogy to Andragogy に変更されている（邦訳：堀薫夫・三輪建二監訳『成人教育の現代的実践──ペダゴジーからアンドラゴジーへ』鳳書房、2002.）。

2) Cross, K. Patricia. *Adults as Learners: Increasing Participation and Facilitating Learning.* Jossey-Bass Publishers, 1981, p.235.

3) Havighurst, R.J., *Human Development and Education.* Longman, 1953; R.J. ハヴィーガースト（荘司雅子監訳）『人間の発達課題と教育』玉川大学出版部、1995, p.272-276.

4) Aslanian, C.B. & Brickell, H.M. *Americans in Transition: Life Changes as Reasons for Adult Learning.* The College Board, 1980.

5) Knowles, Malcolm S. *Self-Directed Learning: A Guide for Learners and Teachers,*

Associate Press, 1975.
6) この調査は1985 (昭和60) 年3月に全国の20～79歳の成人の中から無作為抽出した3500人を対象に，個人面接法と配付回収法を併用して実施したもので，有効回答数は2753。この調査では「学習」を「ある程度まとまりをもった知識・技能の獲得・維持・向上をめざして行なう行動で，総計7時間以上のもの」と定義し，形態や方法のいかんにかかわらず幅広くとらえようと試みた。調査の詳細は本書第1章および以下の報告書を参照されたい。NHK放送文化研究所編『日本人の学習——成人の学習ニーズをさぐる——』(NHK学習関心調査'82・'85・'88報告書) 第一法規，1990.
7) 藤岡英雄「成人学習の類型とその変容 (第2回学習関心調査・報告4)」『放送研究と調査』(1986年11月号) 日本放送出版協会，p.36-45.
8) Houle, Cyril O. *The Inquiring Mind.* The University of Wisconsin Press, 1961, 1988 (復刻版), p.15-16.
9) Havighurst, R.J. "Changing Status and Roles during the Adult Life Cycle: Significance for Adult Education" in H.W. Burns (ed.), *Sociological Backgrounds of Adult Education.* Syracuse University, 1970, p.18.
10) 藤岡英雄『学びのメディアとしての放送——放送利用個人学習の研究——(おとなの学びの行動学・第1部)』学文社，2005, p.225-232.
11) 遠藤恵悦「遠野物語ファンタジー——地域の歴史を伝え，創る——」『月刊社会教育』(1986年11月号), 国土社，p.30.
12) Griffith, W.S. "Educational Needs: Difinition, Assessment, and Utilization", *School Review*, Vol.86, No.3, 1987, p.384.
13) Griffith, W.S., op. cit., p.384.
14) 小山市中央公民館「婦人の社会調査～調査技法の習得とフィールド・ワークの実践」『社会教育』(1987年5月号), 全日本社会教育連合会, p.55-57.

# 第4章　大学公開講座にみるおとなの学び

## 1．公開講座受講者の研究とその背景

### はじめに

　文部科学省の調査によると，2004（平成16）年度にわが国の大学では国公私立あわせて約2万1000の公開講座が開設され，約106万人の受講者があったという[1]。生涯学習時代の今日，大学公開講座はおとなの学びの手段・機会として，すでに欠かすことのできない存在になっているといえよう。

　著者は1989（平成元）年から約10年，徳島大学の大学開放実践センターに専任教員として勤務した。このセンターは，公開講座をはじめとする大学開放事業および関連の調査・研究を行う学内共同教育研究機関として1986（昭和61）年に設立されたもので，8名の専任教員と複数の事務職員を擁し，同種の国立大学施設としては最大の規模と4番目に古い歴史をもつものである。公開講座についてみれば，発足初年度の開設科目数28，受講者数のべ614人から，19年目の2005年度には開設科目数は125，受講者数はのべ1万6842人に達している[2]。なお，徳島大学の公開講座は，2006年度時点では1時間30分〜2時間の授業10回を標準として1つの講座が組まれ，月〜土曜の午前8時台から午後8時台まで通年で授業が編成されている。講師は学内5学部と短期大学部および学内共同教育研究施設の現職およびOB教員と一部外部講師が担当している。

　ここで徳島大学の公開講座の特色のひとつとして，受講者の自主組織の存在をあげておかねばならない。これは1986（昭和61）年の開設当時，受講者有志の手により一種の同窓会として組織されたもので，設立年度にちなみ「六一会」

と称して今日まで20年以上続いている。会独自の企画による講演会や学習活動から宿泊研修旅行まで，その多面的な活動は公開講座受講者をさまざまな形で支えており，それが果たしている役割は単なる親睦団体のそれを超えるものがある[3]。

著者は公開講座講師としての教育活動，センター事業の企画・運営およびセンター責任者として大学開放への全学的取り組み等に関わるかたわら，研究者としてかねてから関心を抱いてきた"おとなの学び"の視点から，大学開放への地域のニーズ把握と公開講座受講者に関する一連の研究を行ってきた。本章および続く3つの章では，公開講座受講者について行った研究をもとに，前の3つの章で取り組んできたおとなの学びについての理解をさらに深めるとともに，大学公開講座の向かうべき方向について若干の考察を試みてみることにしたい。

### 研究の背景と視点

1991（平成3）年に改正された国の「大学設置基準」は，自らを対象とした点検・評価を行う義務を大学に課した。教育機関としての大学もまた民間企業と同様，その使命を明示して成果を客観的に評価し，それを広く社会に開示することが求められるようになったのである。そうした状況の下でセンターにおいてものべ3年にわたる自己点検作業に取り組み，1993（平成5）年にその結果を報告書にまとめて公表した[4]。作業に携わった著者らセンター教職員は，センターの現状と問題点を明らかにし，今後進むべき方向のいくつかを示すことができたと思っている。しかし同時に，点検しつくせなかった問題が少なからず残されていることもまた，認めざるをえなかった。そのひとつは，センターの基幹事業である公開講座が受講者に，そしてまた地域社会になにをもたらしたか，なにを生み出したかについての検証である。

大学公開講座を評価する尺度のひとつは，大学のもつ人的・知的・物的資源が地域社会に開かれることがもたらす，社会的次元でのインパクトないし効果であろう。その効果は当該地域と大学の双方にもたらされるものである。第二は，個々の公開講座受講者にもたらされる成果，すなわち学習による知識・技能の獲得や意識・態度の変化，さらに学習への参加がもたらす精神的充足とい

った，受講者一人ひとりの個人次元での効果である。こうしたいわば公開講座の所産について客観的，多面的にとらえることの必要性は認識しながらも，自己点検作業ではほとんど手をつけることができなかった。その最大の理由は，それを実証する上での理論的な枠組みと方法をもたなかったことによる。以下に紹介する研究は，そうした点を補完する作業への第一歩として，個々の公開講座受講者が行う自己評価に焦点をあて，量的・質的両面からの調査資料をもとに考察を試みたものである[5]。

1991（平成3）年の中教審答申「新しい時代に対応する教育の諸制度の改革について」が，生涯学習の成果とその活用の必要性を打ち出して以来，その具体的な方法を探る研究が行われるようになった。当初は学習機会の提供者（機関）側の評価の仕組みに関する研究が多かったが，次第に学習者自身による評価に焦点をあてた研究も現れるようになった[6]。しかしわが国でのこの領域の研究はまだ緒についたばかりの状況であったといえる。

　成人が自らの学習について行う自己評価と密接に関わるのは，いったいなぜ学ぶのか，つまり学習を行おうとする動機である。学習参加の動機や学習の結果として得られる満足，そしてそれがさらに学習の継続や発展を動機づける，その心理的メカニズムを明らかにすることは，個人の自己評価資料を解釈する上で重要なポイントとなる。またそれを知ることは，成人の学習理論を構築する上で寄与するだけでなく，講座の企画・編成といった実践面でもひろく役立つと考えられる。この面での研究は米国ではすでにひとつの研究領域として確立され，成人の学習活動参加がどのような心理的機制のもとに開発されるかについて，行動科学的な視点と手法によるいくつかの研究がなされている。第3章でふれたCross, K.P.の提唱する「COR（Chain-of-Response）モデル」[7]もそのひとつである。Crossは諸要因の連鎖により成人の学習参加を説明しようとする。第8章であらためて検討するが，その要旨は次のとおりである。

　おとなは自己の能力の評価と過去経験や身近な人の影響により形成された教育に対する態度により，成人教育参加に向けプラスまたはマイナスのいずれかに動機づけられる。次に学習目標の重要性とその達成見込みが高いか低いかが問題となり，高ければ学習参加へと一歩進むが，この段階ではライフステージ

の影響を受ける。動機づけが高まった個人は学習機会とその障碍に遭遇するが，ここにおいては学習に関する情報が大きな要因となる。こうしたいくつかのステップを経て，最終的に学習参加に至る。

　このCrossのモデルは，人びとの公開講座受講のメカニズムを検討する上で参考になる点が少なくないけれども，問題もある。それは，このモデルが学習への参加で終わっており，学習の所産・成果が要因として組み込まれていないことである。学習によって生み出されたものがのちに続く学習にどのようにつながっていくかが考察されておらず，あとでみるように公開講座受講者の多くが"常連"である理由を説明できないのである。

　学習が生み出すものに着目したのが，第1章でもふれたTough, A.の「利得(benefit) モデル」[8]である。Toughは学習によって獲得が期待される「喜び」「自尊感情」「他者からの肯定的反応」などのbenefit（利得）が，成人の学習動機の大きな部分を占めるという。Tough自身も認めているように，このモデルは理論的洗練さを欠くものであるが，学習がもたらすさまざまな心理的充足が学習の開始，継続・発展に深く関わっていることを示唆するものとして，参考になる点が少なくない[9]。以下に紹介するいくつかの研究は，こうした先行研究を参考にしながら著者が独自に開発した分析枠組みに基づいて行ったものである。

**学習成果の概念図式**

　まず最初に紹介するのは，1991（平成3）年度の徳島大学大学開放実践センターの公開講座受講者を対象に行った「公開講座受講者アンケート調査」をベースにした研究である[10]。受講者がどのような動機で講座に参加し，そこからどのような成果を得たと自ら評価しているか，どのような心理的充足を得ているかをさぐるのが主たるねらいで，図4.1は「学習成果」を要因として組み込んだこの研究で，公開講座受講に関わる諸要因とそれぞれに対応する調査項目の関連を仮説的に描いたものである[11]。

　なんらかの動機に基づき公開講座の受講という学習行動が起こると，そこからさまざまな学習成果が産出される。まず知識や技能の獲得といった成果とともに，「できるようになった」「わかった」「眼が開かれた」といったような，

### 図 4.1　「学習成果」の概念図式と関連調査項目

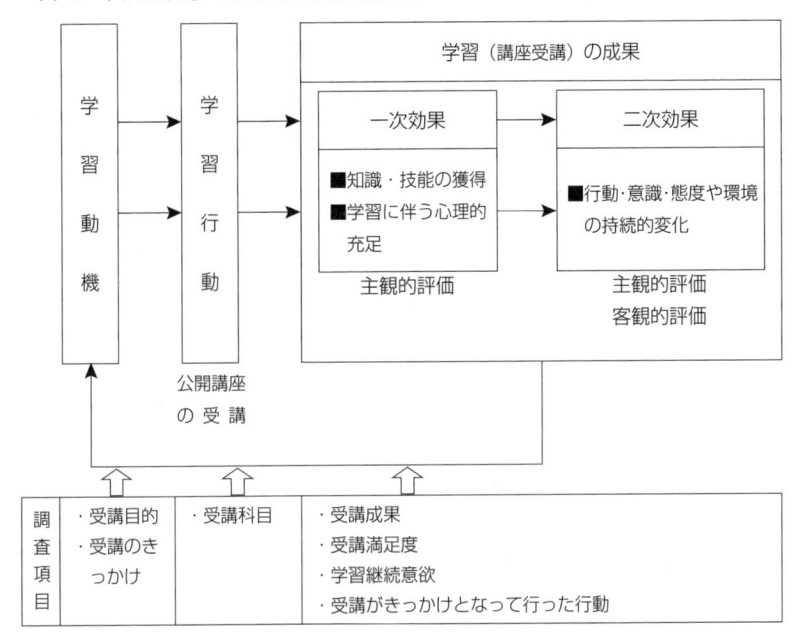

```
┌─────┐   ┌─────┐   ┌─────────────────────────────────────────────┐
│学   │   │学   │   │         学習（講座受講）の成果              │
│習   │──→│習   │──→│ ┌───────────────┐   ┌───────────────────┐ │
│動   │   │行   │   │ │   一次効果    │──→│    二次効果       │ │
│機   │   │動   │   │ │■知識・技能の  │   │■行動・意識・態度や│ │
│     │   │     │   │ │  獲得         │   │  環境の持続的変化 │ │
│     │   │     │   │ │■学習に伴う心  │   │                   │ │
│     │   │     │   │ │  理的充足     │   │                   │ │
│     │   │     │   │ └───────────────┘   └───────────────────┘ │
│     │   │     │   │     主観的評価           主観的評価        │
│     │   │     │   │                          客観的評価        │
└─────┘   └─────┘   └─────────────────────────────────────────────┘
   ↑      公開講座
          の 受 講
          ⇧        ⇧          ⇧
┌────┬──────────┬──────────┬──────────────────────────┐
│調査│・受講目的│・受講科目│・受講成果                │
│項目│・受講のき│          │・受講満足度              │
│    │  っかけ  │          │・学習継続意欲            │
│    │          │          │・受講がきっかけとなって行った行動│
└────┴──────────┴──────────┴──────────────────────────┘
```

喜びもしくは達成感といえるようなある種の心理的な充足が多かれ少なかれもたらされる。それは学習活動の折々に発生するものであって，これを学習の「一次効果」と呼んでおく。

　次に受講者自らの意識や態度・行動の面にある種の持続的な変化が生じる。たとえば，受講をきっかけにものの見方が変わったり，もっと深く学んでみたいと積極的に他の学習機会を探すようになる。また家族や友人を巻き込んだ学習活動にそれが発展することもあろう。その場合にはまず受講者自身の内面に変化が起こり，それがまわりの人たちの態度や行動に影響を及ぼして社会的環境面での変化が起こるのである。一次的効果の多くが学習の行われた時点で受講者個人に生起するのに対し，これらは一次効果の作用を受けながら遅れて起こり，さらにある期間持続する性質をもつものであるので，これを「二次効果」と呼んでおく。ここで生じた二次効果が，公開講座の受講がもたらす満足として認識され肯定的に評価された場合には，学習継続への動機を高めて当該科目

の受講を継続したり，新たな科目の受講や他の形態の学習へと向かったりする。学習成果のうち，一次効果は個々の学習者の主観的評価（自己評価）によりとらえられるのに対し，二次効果は主観的評価に加えてさまざまな客観的な測度によりとらえることができよう。図の下欄はこのような視点から構成された調査項目のうち，以下に述べる分析において取り上げたものである[11]。

「公開講座受講者アンケート調査」は，1991（平成3）年度開設科目のうち『出張公開講座』と『在留外国人のための日本語講座』を除く32科目（**表4.4**参照）の受講者748人を対象に，92（平成4）年1月〜2月郵送法により実施したもので，有効回答は508，回収率は67.9%であった。

## 2．公開講座受講者のプロフィール

### 人口学的特性

表4.1は有効サンプルの人口学的属性を示したものである。一般成人との比較のために，公開講座の主たる対象地域の徳島市と周辺8市町村の成人を対象

表4.1 回答者の属性構成 (タテ%)

| | | 公開講座受講者 | 一般成人 | | | 公開講座受講者 | 一般成人 |
|---|---|---|---|---|---|---|---|
| 性別 | 男 | 30.3% | 45.4% | 学歴 | 新制中・旧制小 | 2.4% | 25.5% |
| | 女 | 69.7 | 52.9 | | 新制高・旧制中 | 34.6 | 46.4 |
| | 不明 | — | 1.7 | | 短大・高専・旧高 | 33.5 | 10.2 |
| 年齢 | 20代 | 5.5 | 12.5 | | 大学・大学院 | 28.3 | 13.5 |
| | 30代 | 11.2 | 17.7 | | 不明 | 1.2 | 4.4 |
| | 40代 | 26.0 | 20.3 | ライフステージ | 独身 | 11.8 | 12.7 |
| | 50代 | 18.3 | 17.4 | | 既婚, 子どもなし | 4.9 | 5.6 |
| | 60代 | 24.4 | 15.2 | | 末子6歳未満 | 3.5 | 13.7 |
| | 70代以上 | 10.8 | 9.7 | | 末子6〜14歳 | 17.9 | 15.2 |
| | 不明 | 3.7 | 7.2 | | 末子15歳以上 | 18.5 | 20.8 |
| 職業 | 有職 | 41.5 | 57.7 | | 子どもは皆独立 | 42.1 | 27.3 |
| | 主婦 | 38.2 | 18.0 | | 不明 | 1.2 | 4.7 |
| | 学生 | 0.8 | 1.3 | | | | |
| | 無職 | 19.1 | 13.8 | | | | |
| | 不明 | 0.4 | 9.2 | | | | |

(N=508) (N=2,298)

に 1990 (平成 2) 年，著者らが行った「生涯教育需要調査 (徳島県央地区)」[12] の結果を並べて示した。ここで一般成人と比較した公開講座受講者の特徴を列挙すると，次のようになる。

- 公開講座受講者の 7 割は女性である。
- 20 代から 70 代までの広い年齢層にわたっているが，男性受講者の多くは 60 代以上。
- 専業主婦・無職の比率が相対的に高い。
- 有職者の約半数は専門的・技術的職業。開設科目のうち『看護理論の最先端』の受講者の大部分が看護師であったという，この年度の特殊事情によるものと思われる。
- 短大卒以上の学歴レベルの人が過半数を占める。
- 子どもがすでに独立している人が多く，6 歳未満の幼児のいる人は少ない。

**学習活動の特徴**

次に学習活動の面での特徴を簡単にみておこう。これまでにもセンター公開講座を受講した経験をもつかどうかをたずねたところ，受講者の半数は以前にも受講経験があると答えた。ちなみにセンターの公開講座受講記録を手がかりに，1988 (昭和 63) 年度から 92 (平成 4) 年度までの間に一度でも受講したことのある 2702 人について調べてみたところ，947 人 (35%) が 2 年度以上の受講経験をもっており，そのうち 50 人は 5 年連続して受講していた。つまり受講

表 4.2　91 年度受講科目数

| | |
|---|---|
| 1 科目 | 65.4% |
| 2 科目 | 22.0 |
| 3 科目以上 | 12.4 |
| 不明 | 0.2 |

表 4.3　集合形態の学習への参加経験

| | |
|---|---|
| 公民館等の学級・講座 | 54.9% |
| カルチャースクール | 31.7 |
| グループ・サークル | 20.3 |
| 他大学の公開講座 | 13.8 |
| 会社・組合の講座 | 10.0 |
| 個人教授・塾 | 6.3 |
| 大学・短大 (研究生・聴講生を含む) | 3.1 |
| 高校の公開講座 | 1.4 |
| 専門・専修・各種学校 | 0.2 |
| 参加したものはない | 17.5 |

**表 4.4　受講科目と受講者数**

| 科　目 | 学期・曜日・時間帯 | 受講者数* | とその比率 |
|---|---|---|---|
| **知識・教養系** | | 567 人 | 73.6% |
| 西洋美術の歩み | 春　（月）　9:00—10:30 | 21 人 | 4.1% |
| 夏目漱石を読む | 春　（金）14:40—16:10 | 25 | 4.9 |
| 生きること，死ぬこと | 秋　（木）　9:00—10:30 | 49 | 9.6 |
| 楽しい考古学 | 春　（水）18:30—20:00 | | |
| （水曜，土曜に隔週開設） | 　　（土）13:00—15:00 | 39 | 7.7 |
| 比較文学入門 | 秋　（金）14:40—16:10 | 16 | 3.1 |
| フランス―人と言葉― | 秋　（木）10:40—12:10 | 18 | 3.5 |
| 英国の文化と文学Ⅰ・Ⅱ | 春秋（火）　9:00—10:30 | 45 | 8.9 |
| 中国語入門Ⅰ・Ⅱ | 春　（木）14:40—16:10 | | |
| | 秋　（木）13:00—14:30 | 33 | 6.5 |
| 心理学トピックス | 春　（木）13:00—14:30 | 23 | 4.5 |
| 不安とストレス | 秋　（水）14:40—16:10 | 17 | 3.3 |
| 遊びの中で育つ子どもたち | 秋　（水）13:00—14:30 | 15 | 3.0 |
| メディアの教育学 | 秋　（火）10:40—12:10 | 6 | 1.2 |
| 子どもの人権と教育問題 | 春　（水）14:40—16:10 | 5 | 1.0 |
| 日本国憲法を読む | 春　（火）10:40—12:10 | 21 | 4.1 |
| 企業のグローバル化と世界経済 | 秋　（木）18:30—20:00 | 7 | 1.4 |
| 地域の経済と住民の役割 | 秋　（月）18:30—20:00 | 12 | 2.4 |
| 福祉と医療の経済学 | 春　（水）13:00—14:30 | 19 | 3.7 |
| くらしと微生物 | 春　（月）10:40—12:10 | 10 | 2.0 |
| アレルギーの病気 | 春　（金）13:00—14:30 | 33 | 6.5 |
| 疫学のはなし | 春　（水）10:40—12:10 | 33 | 6.5 |
| 薬よもやま話 | 春　（水）　9:00—10:30 | 38 | 7.5 |
| 家庭で知っておきたい応急処置 | 春　（金）14:40—16:10 | 15 | 3.0 |
| 物質の究極を探る | 秋　（水）10:40—12:10 | 16 | 3.1 |
| 環境放射能 | 秋　（金）18:30—20:00 | 9 | 1.8 |
| 自然・環境・社会と工学 | 春　（金）18:30—20:00 | 4 | 0.8 |
| 日常生活における人間工学 | 秋　（月）10:40—12:10 | 38 | 7.5 |
| **趣味・スポーツ系** | | 121 人 | 15.7% |
| テニスを楽しもうⅠ・Ⅱ | 春秋（土）10:00—12:00 | 32 | 6.3% |
| たのしい女声コーラスⅠ・Ⅱ | 春秋（水）10:00—12:00 | 55 | 10.8 |
| 楽しみながら学ぶ書道 | 春　（木）10:00—12:00 | 34 | 6.7 |
| **職業・技能系** | | 82 人 | 10.6% |
| 看護理論の最先端 | 秋　（火）13:00—14:30 | 43 | 8.5% |
| はじめてのパソコン | 春　（木）18:00—20:00 | | |
| | 　　（金）10:00—12:00 | 22 | 4.3 |
| パソコン講座Ⅰ・Ⅱ | 春秋（月）18:00—20:00 | 17 | 3.3 |

＊分野別受講者数はのべ数

者のかなりの部分は公開講座の常連，リピーターで"固定顧客"ともいえる人たちである。さらに，毎年繰り返し受講するだけでなく表4.2にみるように，受講者の3分の1は同時に複数の科目を受講しているのである。

受講者の学習活動面でのもうひとつの特徴は，大多数が公開講座以外のさまざまな集合形態の学習にも参加していることである。表4.3に示したように受講者の約8割が過去1年間に徳島大学の公開講座以外の学習にも参加していたが，徳島県央地区の一般成人を対象にした調査では，なんらかの学習活動をした人は4割にすぎなかった[13]。このように公開講座の受講者は，つねにさまざまな機会を求めて学んでいるきわめてアクティヴな学習者といってよいだろう。

**受講科目**

表4.4は1991（平成3）年度の開設科目と各科目の受講者数を示したものである。知識・教養系，趣味・スポーツ系，職業・技能系の3分野別にみると，知識・教養系が開設科目数が多いため受講者数も最も多く，のべ567人で全体の74％を占めている。これに対し趣味・スポーツ系は3科目121人，職業・技能系も3科目で82人であった。なお一部科目を除き週1回90分または120分の授業10回を標準として1つの科目が構成されている。表では春秋継続開設の科目は通して1科目の扱いにした。

次に以下の分析のため，受講科目を単位として再集計を行った。これはある科目の受講者1人を1つの集計単位とするもので，受講者ののべ数（770人）が対象となる。この集計の意味は，受講科目ごとに受講動機や受講の成果，満足度などをたずねる形で調査票を設計しており，それに対応した処理が必要となるからである。再集計後の分野別属性構成は表4.5のようになった。以下の分析はすべて受講科目単位の集計によるものである。

**受講動機**

心理学で使われる「動機」の概念はなかなかやっかいであり，論者によりその定義はさまざまである。ここではこの問題に深入りすることは避け，成人の学習行動解発メカニズムについて多面的に考察した辻功の「動機または動機づけとは，行動をひきおこし，方向づけるまでのエネルギーをもった強い欲求や外的状態」[14]という定義を借用しておこう。公開講座受講者調査では，受講の

表4.5 受講科目分野別属性構成

| | | 全体 | 受講科目分野 | | | | | 全体 | 受講科目分野 | | |
| | | | 知識・教養系 | 趣味・スポーツ系 | 職業・技能系 | | | | 知識・教養系 | 趣味・スポーツ系 | 職業・技能系 |
|---|---|---|---|---|---|---|---|---|---|---|---|
| | N | 770 | 567 | 121 | 82 | | N | 770 | 567 | 121 | 82 |
| 性別 | | % | % | % | % | 職業別 | 有職 | 39.9 | 37.0 | 26.4 | 79.3 |
| | 男 | 32.1 | 35.3 | 19.0 | 29.3 | | 主婦 | 37.7 | 36.3 | 61.2 | 12.2 |
| | 女 | 67.9 | 64.7 | 81.0 | 70.7 | | 学生 | 0.5 | 0.5 | 0.8 | - |
| 性×年齢 | 男20代 | 0.1 | - | 0.8 | - | | 無職 | 21.6 | 25.7 | 11.6 | 7.3 |
| | 30代 | 1.9 | 2.3 | 0.8 | 1.2 | | 不明 | 0.4 | 0.4 | - | 1.2 |
| | 40代 | 3.9 | 2.8 | 0.8 | 15.9 | 学歴別 | 新制中・旧制小 | 2.2 | 2.5 | 1.7 | 1.2 |
| | 50代 | 1.3 | 1.1 | 2.5 | 1.2 | | 新制高・旧制中 | 36.6 | 38.6 | 37.2 | 22.0 |
| | 60代 | 15.3 | 17.5 | 10.7 | 7.3 | | 短大・高専・旧高 | 35.8 | 33.7 | 30.6 | 58.5 |
| | 70以上 | 8.3 | 10.1 | 3.3 | 3.7 | | 大学・大学院 | 24.5 | 24.3 | 29.8 | 18.3 |
| | 不明 | 1.2 | 1.6 | - | - | | 不明 | 0.8 | 0.9 | 0.8 | - |
| | 女20代 | 4.4 | 4.4 | 4.1 | 4.9 | ライフステージ | 独身 | 10.6 | 10.8 | 7.4 | 14.6 |
| | 30代 | 6.9 | 5.8 | 9.9 | 9.8 | | 既婚・子どもなし | 5.1 | 5.8 | 4.1 | 1.2 |
| | 40代 | 19.6 | 16.8 | 20.7 | 37.8 | | 末子6歳未満 | 2.9 | 2.8 | 0.8 | 6.1 |
| | 50代 | 16.9 | 15.2 | 28.9 | 11.0 | | 末子6~14歳 | 14.3 | 10.9 | 17.4 | 32.9 |
| | 60代 | 11.8 | 13.2 | 12.4 | 1.2 | | 末子15歳以上 | 19.2 | 16.9 | 27.3 | 23.2 |
| | 70以上 | 4.9 | 6.2 | 1.7 | 1.2 | | 子どもは皆独立 | 47.1 | 51.9 | 42.1 | 22.0 |
| | 不明 | 3.4 | 3.2 | 3.3 | 4.9 | | 不明 | 0.8 | 0.9 | 0.8 | - |

動機を「目的」と「きっかけ」の2点でたずねている。両者を厳密に区別することは難しいが，どちらかといえば前者は内発的な欲求や必要の認識であり，後者は受講をうながす外発的な誘因，あるいは辻のいうところの「外的状態」であるといえよう。

表4.6は受講目的を複数回答（MA）でとった結果である。回答者全体では「そのことをもっと知りたい，深めたい」が60.9％で最も多く，以下「学ぶこと自体の楽しみ」「教養を豊かにする」「日常生活に役立てる」と続いている。受講者は平均3.6個の受講目的をあげているが，複数回答で答えた目的のうちの一

表 4.6　受講目的　　　　　　　　　　　　　　　　　　　　(MA, タテ%)

| | 全体 | 受講科目分野 | | |
|---|---|---|---|---|
| | | 知識・教養系 | 趣味・スポーツ系 | 職業・技能系 |
| 1. 職業に役立てるため | 15.1% | 9.9% | 2.5% | 69.5% |
| 2. 日常生活に役立てるため | 37.3 | **44.4** | 14.0 | 22.0 |
| 3. 地域や社会の問題の理解や解決のため | 9.5 | 12.3 | 0.8 | 2.4 |
| 4. 時代の流れについていくため | 21.9 | 21.2 | 2.5 | **56.1** |
| 5. 体をきたえ健康を保つため | 14.2 | 11.5 | 35.5 | 1.2 |
| 6. そのことをもっとよく知ったり,深めたりしたいため | 60.9 | **66.1** | 35.5 | **62.2** |
| 7. それを学ぶこと自体の楽しみのため | **46.4** | **44.8** | **70.2** | 22.0 |
| 8. 教養を豊かにするため | **44.4** | **51.0** | 29.8 | 20.7 |
| 9. 趣味を広げるため | 20.8 | 14.5 | **52.9** | 17.1 |
| 10. 仲間ができたり,一緒にやる楽しみのため | 16.4 | 11.1 | **48.8** | 4.9 |
| 11. ひまな時間を有効に使うため | 16.0 | 16.2 | 19.8 | 8.5 |
| 12. 老化防止のため | 27.3 | 24.5 | **43.8** | 22.0 |
| 13. なにかを成しとげたり,向上していくよろこびのため | 17.4 | 13.1 | 28.9 | 30.5 |
| 14. 大学の雰囲気を味わうため | 12.6 | 14.3 | 10.7 | 3.7 |
| 15. その他 | 6.1 | 6.5 | 6.6 | 2.4 |

つを選んでもらったところ (SA), ここでも 1 位は「もっと知りたい」, 続いて「学ぶ楽しみ」であった。

　科目分野別にみると, まず知識・教養系では全体と同様「もっと知りたい」が最も多く, ついで「教養」「学ぶ楽しみ」「日常生活に役立てる」が多い。単一選択 (SA) では「もっと知りたい」に 4 分の 1 が集中していた。この分野の受講者は当然のことながら「知的探求」を主たる動機としており, そうした活動に伴う「学ぶ楽しみ」が期待されているといえよう。趣味・スポーツ系では「学ぶ楽しみ」が MA, SA いずれにおいてもトップであった。MA ではこれに「趣味を広げる」「仲間」「老化防止」が続く。「仲間」「老化防止」といったいわば学習活動の副産物が, 趣味やスポーツへの参加を少なからず動機づけていることに注目しておこう。職業・技能系では当然のことながら MA, SA い

ずれでも「職業」が1位であった。MAでは「もっと知りたい」がこれと同じくらい多い。また「時代の流れについていく」もこれらに次いで多く，社会的環境変化に対応しようとする動機と読むことができよう。

ところで，おとなの学びにはそれがなにを求めようとしているかによって，いくつかのタイプがある。前章で紹介したHoule, C.の3類型，すなわち「目標志向型」「学習志向型」「活動志向型」も，成人の学習行動のタイポロジーのひとつである[15]。ここでHouleの3つの志向性をもとに，公開講座の受講目的を3タイプに整理して再集計してみた。表4.7はその結果である。なお，こ

表4.7 学習の志向性からみた受講目的　　　(タテ%)

| | 全体 | 受講科目分野 | | |
| --- | --- | --- | --- | --- |
| | | 知識・教養系 | 趣味・スポーツ系 | 職業・技能系 |
| 目標志向 | 27.2% | 28.0% | 14.0% | 44.1% |
| 1．職業 | 4.2 | 2.8 | 0.6 | **20.3** |
| 2．生活 | **10.4** | **12.5** | 3.5 | 6.4 |
| 3．社会の問題 | 2.6 | 3.5 | 0.2 | 0.7 |
| 4．時代の流れ | 6.1 | 6.0 | 0.6 | **16.4** |
| 5．健康 | 3.9 | 3.2 | **9.0** | 0.4 |
| 学習志向 | 47.9 | 49.7 | 47.6 | 35.6 |
| 6．もっと知りたい | **16.9** | **18.6** | 9.0 | **18.1** |
| 7．学ぶ楽しみ | **12.9** | **12.6** | **17.7** | 6.4 |
| 8．教養 | **12.3** | **14.4** | 7.5 | 6.0 |
| 9．趣味 | 5.8 | 4.1 | **13.4** | 5.0 |
| 活動志向 | 24.9 | 22.3 | 38.4 | 20.3 |
| 10．仲間 | 4.5 | 3.1 | **12.3** | 1.4 |
| 11．ひまな時間 | 4.4 | 4.6 | 5.0 | 2.5 |
| 12．老化防止 | 7.6 | 6.9 | **11.1** | 6.4 |
| 13．向上のよろこび | 4.8 | 3.7 | 7.3 | **8.9** |
| 14．大学の雰囲気 | 3.5 | 4.0 | 2.7 | 1.1 |
| 選択数合計 (100%=) | 2,772 | 2,012 | 479 | 281 |

こではMAの選択数総計を母数としそれぞれの比率を算出した。

全体の48％が「学習志向」，27％が「目標志向」，25％が「活動志向」である。分野別にみると知識・教養系は全体の傾向とほぼ同じである。趣味・スポーツ系は「学習志向」が全体の半数近くを占めている点は知識・教養系と同じだが，「活動志向」が「目標志向」より多い点で違いがみられる。「活動志向」は3分野中，趣味・スポーツ系科目で最も多い。具体的には「仲間」「老化防止」など，学習活動への参加に伴う"副産物"に動機づけられる度合いが大きいのが特徴である。職業・技能系科目の受講者には当然のことながら「目標志向」が3分野中最も多く（44％），「学習志向」「活動志向」は最も弱い。

**受講者プロフィールと受講のきっかけ**

以上から明らかなように，学習を動機づけるものは1つではなく，いくつかの異なった志向をもつ動機がさまざまな強さで混在しているのである。そしてその組み合わせの違いが，個々の学習者の学習スタイルをつくり上げているといえよう。なおここで回答された「目的」も，受講前に意識されていたそれではなく，講座終了後に質問への回答として表明されたものであることに留意しておきたい。そこには講座参加から得られた「成果」が，多かれ少なかれ反映されていると考えられるからである。ここに示された受講目的を手がかりとして，3つの分野ごとに受講者のプロフィールを描いてみよう。

　知識・教養系……学習志向が最も強く，当該知識の獲得・追求そのものが主目的だが，「生活に活かす」という形での目標志向もみられる。

　趣味・スポーツ系……趣味やスポーツなどの活動を行うこと自体の喜びが大きな動機づけになっているが，同時に活動の副産物である「仲間ができる」ことや「老化防止」への期待もある。

　職業・技能系……主な目的は「職業活動に役立てる」ことで，それは同時に「時代の流れについていく」ためでもある。また技能をより深めることそのことが大きな動機づけになっている。

ここで「受講のきっかけ」を簡単にみておこう。表4.8に示したように，「公開講座のパンフレットで興味をひかれて」受講したものが全体の7割近くを占める。そして約半数は「前からテーマ・内容に関心があったから」というもの

表4.8 受講のきっかけ (MA, タテ%)

| | 全体 | 受講科目分野 | | |
|---|---|---|---|---|
| | | 知識・教養系 | 趣味・スポーツ系 | 職業・技能系 |
| 1. 公開講座のパンフレットで興味をひかれて | 66.2% | 70.4% | 55.4% | 53.7% |
| 2. この科目のことを人に教えられて | 10.8 | 7.9 | 14.9 | 24.4 |
| 3. 学ぶ必要に迫られていることがあったから | 16.8 | 15.7 | 3.3 | 43.9 |
| 4. 前からテーマ・内容に関心があったから | 47.1 | 49.0 | 36.4 | 50.0 |
| 5. 講師に関心があったから | 16.4 | 14.1 | 30.6 | 11.0 |
| 6. 新しいものに挑戦してみたくて | 17.0 | 14.5 | 24.0 | 24.4 |
| 7. 一緒に受講するように人に誘われて | 9.9 | 9.3 | 12.4 | 9.8 |
| 8. この時間がひまだったから | 10.1 | 12.0 | 6.6 | 2.4 |
| 9. その他 | 2.5 | 2.6 | 2.5 | 1.2 |

である。趣味・スポーツ系は「講師に関心があったから」，職業・技能系では「学ぶ必要に迫られて」が多い。趣味・スポーツ系では講師の魅力が受講を動機づける大きな要因として働くことを示唆しており，この種の科目の編成において考慮すべき点であろう。一方職業・技能系では学習の必要性の意識が鮮明で，その強度と科目の具体的内容が受講動機づけに大きく関わると予想される。

## 3. 公開講座受講の成果

### 受講成果の自己評価

調査では受講科目ごとに，それを受講してどんな成果があったと思うか，受講者の自己評価を求めた。これは図4.1の「一次効果」にほぼ対応するものである。具体的には過去の受講者調査の結果を参考に選んだ表4.9のような15の評価項目を用意し，それぞれについて「とてもそう思う」から「ぜんぜんそう思わない」の5段階評価で回答を求めた。集計ではそれぞれに5～1点のスコアを与えて項目ごとの平均値を算出した。なお無回答は中央値である3点を

表 4.9　受講の成果

5段階評価スコア平均値

| | 全体 | 受講科目分野 | | |
|---|---|---|---|---|
| | | 知識・教養系 | 趣味・スポーツ系 | 職業・技能系 |
| 1．ものの見方，考え方が深まった | **3.95** | **4.06** | 3.58 | 3.76 |
| 2．実際に役立つ知識・技能が得られた | 3.75 | 3.74 | 3.68 | **3.93** |
| 3．高度な学問的知識が学べた | 3.67 | 3.70 | 3.44 | **3.82** |
| 4．未知のことがらに目が開かれた | **3.82** | **3.88** | 3.52 | **3.80** |
| 5．客観的・批判的な見方を学んだ | 3.37 | 3.50 | 2.95 | 3.11 |
| 6．健康・体力づくりに役だった | 2.79 | 2.71 | 3.64 | 2.09 |
| 7．心が豊かになった | 3.79 | 3.76 | **4.24** | 3.33 |
| 8．学ぶことの楽しさが味わえた | **4.08** | **4.04** | **4.45** | **3.83** |
| 9．向上していくよろこびを感じた | 3.77 | 3.72 | **4.07** | 3.67 |
| 10．息抜きやストレスの解消になった | 3.26 | 3.15 | **4.04** | 2.97 |
| 11．有益な時間つぶしになった | 3.15 | 3.18 | 3.39 | 2.65 |
| 12．新しい友達ができてよかった | 2.92 | 2.81 | **3.77** | 2.45 |
| 13．講師と知り合えてよかった | 3.66 | 3.56 | **4.19** | 3.60 |
| 14．大学の雰囲気を味わえた | 3.29 | 3.32 | 3.39 | 2.98 |
| 15．生きていく心の支えを得た | 3.01 | 3.02 | 3.25 | 2.57 |

与えて処理した。

　回答者全体で最もスコアが高かったのは，「学ぶことの楽しさが味わえた」，次いで「ものの見方，考え方が深まった」「未知のことがらに目が開かれた」など意識変容に関わる項目が高いスコアを得ているのが注目される。科目分野別にみると，知識・教養系では，「ものの見方」が最高のスコアをあげているが，以下「学ぶ楽しさ」「未知の発見」と続き全体の傾向とほぼ同じである。趣味・スポーツ系では「学ぶ楽しさ」のスコアが知識・教養系以上に高かった。ただ

表 4.10 受講の成果

| | 男 | 女 | 男 20代 | 30代 | 40代 | 50代 | 60代 | 70〜 | 女 20代 | 30代 | 40代 | 50代 | 60代 | 70〜 |
|---|---|---|---|---|---|---|---|---|---|---|---|---|---|---|
| 1. ものの見方 | 4.03 | 3.91 | 3.00 | 4.00 | 3.97 | 3.90 | 4.10 | 3.92 | 3.74 | 3.70 | 3.92 | 3.96 | 4.15 | 3.63 |
| 2. 実際的知識 | 3.83 | 3.71 | 4.00 | 3.60 | 3.63 | 3.60 | 4.04 | 3.59 | 3.50 | 3.45 | 3.72 | 3.81 | 3.86 | 3.50 |
| 3. 学問的知識 | 3.64 | 3.69 | 3.00 | 3.20 | 3.53 | 3.20 | 3.75 | 3.59 | 3.56 | 3.53 | 3.70 | 3.79 | 3.68 | 3.45 |
| 4. 未知の発見 | 3.92 | 3.77 | 3.00 | 3.73 | 3.93 | 3.60 | 4.08 | 3.72 | 3.41 | 3.43 | 3.75 | 3.94 | 3.86 | 3.61 |
| 5. 客観的見方 | 3.48 | 3.33 | 3.00 | 3.33 | 3.07 | 3.20 | 3.70 | 3.36 | 3.26 | 2.74 | 3.30 | 3.50 | 3.45 | 3.24 |
| 6. 健 康 | 2.72 | 2.82 | 3.00 | 1.53 | 1.73 | 2.40 | 3.14 | 2.83 | 2.06 | 2.72 | 2.55 | 3.06 | 3.09 | 3.37 |
| 7. 心が豊かに | 3.66 | 3.85 | 2.00 | 2.93 | 3.17 | 3.90 | 3.87 | 3.64 | 3.68 | 3.51 | 3.81 | 4.18 | 3.96 | 3.50 |
| 8. 学ぶ楽しさ | 3.96 | 4.14 | 5.00 | 3.60 | 3.93 | 4.20 | 4.06 | 3.75 | 3.97 | 3.93 | 4.03 | 4.35 | 4.29 | 3.87 |
| 9. 向上の喜び | 3.74 | 3.78 | 5.00 | 3.33 | 3.53 | 4.10 | 3.88 | 3.53 | 3.76 | 3.47 | 3.68 | 4.02 | 3.79 | 3.66 |
| 10. 息抜き | 3.21 | 3.28 | 1.00 | 2.53 | 2.83 | 4.10 | 2.38 | 3.25 | 3.32 | 3.36 | 3.11 | 3.42 | 3.44 | 3.18 |
| 11. 時間つぶし | 3.28 | 3.10 | 1.00 | 2.20 | 2.67 | 3.90 | 3.63 | 3.19 | 3.12 | 3.00 | 2.96 | 3.01 | 3.46 | 3.45 |
| 12. 新しい友達 | 2.79 | 2.99 | 4.00 | 1.93 | 2.37 | 3.20 | 2.94 | 2.67 | 2.47 | 2.60 | 2.83 | 3.27 | 3.26 | 3.05 |
| 13. 講師と知り合う | 3.52 | 3.73 | 5.00 | 3.67 | 3.93 | 3.80 | 3.54 | 3.09 | 3.62 | 3.53 | 3.67 | 3.86 | 3.81 | 3.50 |
| 14. 大学の雰囲気 | 3.32 | 3.28 | 1.00 | 2.67 | 3.00 | 3.50 | 3.43 | 3.36 | 2.82 | 3.09 | 3.13 | 3.42 | 3.58 | 3.45 |
| 15. 心の支え | 3.04 | 2.99 | 1.00 | 1.93 | 2.27 | 3.20 | 3.19 | 3.41 | 2.68 | 2.38 | 2.69 | 3.32 | 3.32 | 3.47 |

し2位は「心が豊かになった」で，以下「講師と知り合えてよかった」「向上していくよろこびを感じた」「息抜きやストレスの解消になった」「新しい友達ができてよかった」と続き，活動志向の学習目的に対応した項目のスコアが相対的に高いのが特徴である。なお「健康・体力づくりに役だった」のスコアが予想したほど高くないのは，スポーツ科目は1科目だけで，受講者の絶対数が少ないためと考えられる。職業・技能系のスコアは他の2分野に比べて全体にやや低い。その中で最も高いのは予想どおり「実際に役立つ知識・技能が得られた」で，以下「学ぶ楽しさ」「高度な学問的知識が学べた」「未知の発見」と続いている。

　表4.10は性・年齢別にみた受講成果の自己評価であるが，ここでは次のような傾向が認められた。一般に男性は「ものの見方」「学ぶ楽しさ」「未知の発見」の自己評価が高いが，「学ぶ楽しさ」については50〜60代の女性の評価が総じて高い。一方50代男性は「学ぶ楽しさ」「向上のよろこび」「息抜き」「心が豊かに」「時間つぶし」などの多くの項目で，また60代男性も「ものの見方」「未知の発見」「学ぶ楽しさ」などで，高いスコアをあげているのが目につく。

**表 4.11　受講成果についての自由記述から**

〈ものの見方，考え方が深まった〉
　——世界的視野でものを見，考えることを教えてくれた。
　——ひとつひとつのことがらに関しても，種々の見方があることを学びました。
　——今まで持っていた断片的知識が，学問的・系統的に整理できた。
　——内容だけでなく，作者の背景にそれ以上の興味深いものを感じれば，もっと感動が深くなることを知って，本を読むのが何倍も楽しくなりました。

〈実際に役立つ知識・技能が得られた〉
　——学んだことを日常生活に役立てていくよう，努力しています。
　——この科目の受講後，日本の救急法を学び，救急員の資格をもらった。
　——同僚2名で参加させていただいたので，職場等で活用しています。
　——新しい職種の勉強に役立っている。

〈高度な学問的知識が学べた〉
　——大学の高度な講義を拝聴できてよかった。
　——この学問の最先端の知識を得た。

〈未知のことがらに目が開かれた〉
　——今まで全然知らなかった学問の第一歩を教えていただいて，ありがとうございました。
　——外国文学にも興味がもてるようになりました。
　——未知の世界を知る喜びを感じました。
　——毎回新しい発見があり，講義がとても楽しみでした。

〈客観的・批判的な見方を学んだ〉
　——社会現象のもつ表面に表れない側面が見えるようになった。

〈健康・体力づくりに役立った〉
　——健康・体力の向上にとても役立った。
　——大きな声を出して歌うことは近年なかったが，健康にたいへんよいと認識しました。

〈心が豊かになった〉
　——受講後の談話がよかった。講座内容を深めるのみならず，それぞれの受講者の人生的教訓，理解もあわせて学び，人間的に豊かになったと思う。
　——精神的に美しく老いることをいろいろ学んだ。

〈学ぶことの楽しさが味わえた〉
　——専門外のことを学ぶのはとても楽しくおもしろい。
　——知りたい，学びたい気持ちはどの人にもあり，学ぶということは本来とても楽しいことなのだとわかりました。
　——長い間忘れていた学ぶ楽しさを味わいました。
　——受講する楽しさを実感しています。

〈向上していくよろこびを感じた〉
　——自分の中の文化水準が上がったような気になり，おおいに満足している。
　——初めてカラー図形ができたり，自分の名前を画面に表すことができたときは，跳び上がるほど嬉しく思いました。

〈息抜きやストレスの解消になった〉
　——夢のような古代の話に，日常のわずらわしさを忘れさせてもらった。
　——日常の忙しさから逃れようとする以外に，ストレスの解消になったのが一番よかったと思います。
　——日常の雑念をしばし忘れさせてくれる楽しいひとときでした。
〈有益な時間つぶしになった〉
　——老人優待のバスを利用しての有意義な時間つぶしであった。
〈新しい友達ができてよかった〉
　——人との交流ができた。
　——趣味を同じくする人たちと知り合ったことも嬉しい。
　——良い友達ができて，いまなおつき合っていただいています。
〈講師と知り合えてよかった〉
　——すばらしい先生に出会え，熱心な講義に魅かれた。
　——最終のパーティの席で，きさくな先生との対話で楽しいコミュニケーションをする機会が得られうれしかった。
　——講師と知り合えて，一回だが職場に来ていただいた。
〈大学の雰囲気を味わえた〉
　——大学の講義らしい雰囲気が素敵で，学生気分を味わえたのがよかった。
　——久しぶりに大学の雰囲気が味わえたこと。
〈生きていく心の支えを得た〉
　——この歳になって「大学に行ってきます」とはずんでいる自分を幸せに思えるようになりました。

　こうした属性別の評価の違いの多くは，受講科目の違いの反映でもある。なお，20代男性は該当者の実数が少ないのでここでの分析から除外した。参考までに受講成果についての自由記述をいくつか抜粋し，表4.11にまとめておいた。

**受講満足度と学習継続意欲**

　受講から得られる満足感は，こうしたさまざまな側面での評価が総合されたものといえよう。調査では最後の質問で，その科目を受講して満足したかどうかたずねた。結果は，全体の4割が「非常に満足」，半数が「満足」と，ほとんどの受講者が多かれ少なかれ満足していた。科目分野でみると「非常に満足」は趣味・スポーツ系で最も多く（53％），次いで知識・教養系（38％）が高く，職業・技能系はこれらにくらべやや低かった（31％）。満足度と並んで，関連の学習を継続したいかどうかもたずねてみた。その結果は，知識・教養系と趣味・スポーツ系のいずれも85％，職業・技能系では94％が継続受講したいと述べ

ていた。たてまえの回答もあろうが，それを割り引いても高い比率である。ここには，学びそのものをエンドレスに追い求める，Houle のいう「学習志向」のきわめて濃厚な学習者の特徴が表れているとみることができよう。

**受講がきっかけとなった行動**

調査では，当該の科目の受講がきっかけとなってどのような行動を起こしたかもたずねているが，これは部分的ながら図 4.1 の「二次効果」に対応するものである。結果は表 4.12 のように回答者全体では 9 割近くの受講者が，表にあげたようななんらかの行動を行ったと報告している。全体として「関連の本や雑誌・新聞記事を読んだ」「関連の放送番組を視聴した」など，メディアへの接触行動が多い。

分野別の傾向でみると，知識・教養系で「習ったことを他人に教えた」というものが 3 割あるのが注目される。人に教える行動は学習成果の社会還元であると同時に，自らの学習の定着，深化をもたらすものでもあろう。職業・技能系では「習ったことを仕事や生活に活かした」ものが他の分野に比べ多いのは予想されることであるが，そうしなかったものが半数以上もいる。差し迫った必要からの学習ではなく，その技能や知識を学ぶこと自体に喜びと満足を求め

表 4.12 受講がきっかけとなった行動 (MA)

| | 全体 | 受講科目分野 | | |
| --- | --- | --- | --- | --- |
| | | 知識・教養系 | 趣味・スポーツ系 | 職業・技能系 |
| 1．関連の講座・教室などに参加した | 13.8% | 14.6% | 9.1% | 14.6% |
| 2．関連の本や雑誌・新聞記事を読んだ | **45.8** | **50.6** | 24.8 | **43.9** |
| 3．関連の放送番組を視聴した | **30.5** | **31.6** | **43.8** | 3.7 |
| 4．関連のグループ活動に参加した | 4.8 | 4.4 | 9.1 | 1.2 |
| 5．その他の方法で関連の学習をした | 20.4 | 17.8 | 19.8 | **39.0** |
| 6．習ったことを仕事や生活に活かした | 21.9 | 20.5 | 14.0 | **43.9** |
| 7．習ったことを他人に教えた | **29.0** | **31.4** | 21.5 | 23.2 |
| 8．そのようなことをしたことはない | 11.9 | 11.5 | 14.0 | 12.2 |

3．公開講座受講の成果

て受講しているのか，あるいは将来に備えての学習であるのかもしれない。職業・技能系では「その他の方法で関連の学習をした」ものがかなり多い。具体的内容は不明だが，「パソコン講座」の受講者が独習書や関連ソフトを使って，さらに進んだ学習を独りでするといった個人学習が想像される。

## 4．受講成果の因子分析

### 自己評価の5因子

公開講座受講の成果について15の項目への反応をみてきたが，ここでこうした自己評価の背後にある心理的機制を，より少ない要因で説明することを試みてみよう。方法として採用したのは因子分析で，手続きは次のとおりである。対象となる変数は15の「学習成果項目」のスコアで，共通性（コミュナリティ）の反復推定による主因子法を採用した。抽出因子数を5個に設定して初期の因子負荷行列を計算した後，バリマックス法による直交回転を行った。なお，サンプルの属性別，科目分野別，科目別の因子得点（平均値）も算出した。**表4.13**は回転後の因子パタンを示したものである。

析出された5つの因子の性質は，次のように読み取ることができる。第1因子の寄与率は35％で，この因子だけで全体の分散の3分の1強を説明している。この因子は「ものの見方」「学問的知識」「客観的見方」「未知の発見」などの負荷量が高い。受講者のもつ認識の枠組みへのゆさぶり，そしてその組み替えを引き起こしたことが成果として評価されていると思われる。したがってこの因子は「認識因子」と名付けておこう。この因子は，受講目的1位の「もっとよく知ったり深めたりしたい」ニーズに対応するものと考えられる。

第2因子は「新しい友達」「講師と知り合う」といった，受講者同士あるいは講師とのパーソナルな接触が生み出した人間関係が，学習成果として評価されている。そこでこれを「交流因子」と呼ぶことにする。この因子は「大学の雰囲気」「心の支え」の因子負荷量も比較的高い。受講者の中には，自由記述からもうかがえるように，大学の教室で学友と机を並べ，教師と親しく接するという状況そのものが「自分は大学で学んでいるのだ」という満足感をもたら

表 4.13　受講成果の因子分析

| 受講成果 \ 因子 | 因子負荷量 | | | | | 共通性 |
|---|---|---|---|---|---|---|
| | 第1因子（認識） | 第2因子（交流） | 第3因子（解放） | 第4因子（喜び） | 第5因子（健康） | |
| 1．ものの見方 | **.743** | .147 | .033 | .112 | .011 | .587 |
| 2．実際的知識 | **.540** | .061 | .026 | .155 | .323 | .425 |
| 3．学問的知識 | **.715** | .125 | .022 | .231 | .038 | .582 |
| 4．未知の発見 | **.630** | .136 | .101 | .248 | −.027 | .486 |
| 5．客観的見方 | **.659** | .107 | .174 | .053 | .059 | .482 |
| 6．健康 | .054 | .129 | .256 | .078 | **.753** | .658 |
| 7．心が豊かに | .337 | .297 | .268 | **.409** | .216 | .487 |
| 8．学ぶ楽しさ | .326 | .285 | .216 | **.744** | .053 | .791 |
| 9．向上の喜び | .434 | .242 | .232 | **.568** | .183 | .657 |
| 10．息抜き | .018 | .221 | **.641** | .268 | .263 | .601 |
| 11．時間つぶし | .110 | .113 | **.692** | .082 | .108 | .522 |
| 12．新しい友達 | .022 | **.659** | .232 | .128 | .304 | .599 |
| 13．講師と知り合う | .252 | **.623** | .080 | .266 | −.050 | .531 |
| 14．大学の雰囲気 | .319 | **.411** | .354 | .168 | .103 | .485 |
| 15．心の支え | .369 | **.343** | .275 | .116 | .313 | .441 |
| 共通因子分散（Σa²） | 2.912 | 1.486 | 1.432 | 1.410 | 1.044 | 8.285 |
| 寄与率（％） | 35.2 | 17.9 | 17.3 | 17.0 | 12.6 | 100.0 |
| 累積寄与率（％） | 35.2 | 53.1 | 70.4 | 87.4 | 100.0 | |

し，また実際にそれが大きな心の支えとなっているケースが少なくない。この因子は，学習により獲得された知識や技能よりも，学習への参加と学習の場の状況が生み出す，いわば学習活動の副産物を評価する因子といってよかろう。

　第3因子の負荷量が高い項目は「息抜きやストレスの解消」と「有益な時間つぶし」である。当該の科目をどれだけ学習したかとは関係なく，学習活動に参加している時間が，現実の生活の中で起こるストレスからの解放の時間であったり，逆に平板な日常生活への意味ある時間の挿入として働くことを評価する因子と考えられる。その方向はちがうとしても，なんらかの形で日常性からの離脱・解放を求めるものという意味で，「解放因子」と名付けておこう。

　第4因子では「学ぶ楽しさ」の負荷量がとりわけ高いが，「向上のよろこび」

「心が豊かに」もかなり高い。学習がもたらす知識や技能の獲得・向上，個人の認識の枠組みの変化，そうした変化の認識を通じての新たな自己評価の確立……といった過程に伴って産出される喜びの感情に関わるものといえよう。そこでこれを「喜び因子」と呼ぶことにする。第1因子が学習成果のcognitiveな側面の評価であるのに対し，第4因子はaffectiveな側面のそれ，いいかえれば自己実現に伴う感情の一面を表しているとも考えられる。それは受講目的の「学ぶこと自体の楽しみのため」に対応するものである。

第5因子で負荷量が高いのは唯一「健康」の項目のみであるので，「健康因子」としよう。5つの因子の中では寄与率が最も小さいが，これはこの項目を高く評価するものが趣味・スポーツ系の一部の科目を除けば，全体としてあまり多くないことによると思われる。ただし，第6章であらためてふれるが，受講者本人にははっきり意識されていないが，定年退職後も定期的に公開講座に出席することが生活にリズムを生み出し，それが知らず知らずのうちに欠かせない心身の健康法となっている事例が少なくないことに留意しておこう。

以上の因子パタンから，公開講座の受講から得られる「満足感」を構成しているものは，1）学習が生み出す認知的側面の成果，2）学習が生み出す情緒的側面の成果，3）学習が生み出す身体的・運動機能的側面の成果，4）学習そのものよりも，学習の状況が生み出す副産物としての成果（交流および解放）であり，そのどの側面をどの程度高く（あるいは低く）評価するかの違いが，受講者一人ひとりの満足（学習活動に伴う心理的充足）の違いとなる，と解釈できよう。

ここに示した因子構造は成人学習におけるある種の満足のパタンを表すものであるが，それが成人学習に普遍的なものであるということではない。対象となる学習の形態，内容，学習者の特性の違いに応じて，因子パタンは大きく変わる可能性がある。おとなの学びを説明する普遍的な因子構造を発見するためには，さらに多くのケースについてのデータ収集と分析が必要となろう。

### 因子得点をもとにした分析

学習の成果を評価する際に，受講者の属性や受講科目によって評価の枠組みがどのように変わるかを探るために，因子得点の受講者属性別の分析を試みた。

表4.14 因子得点（性・年齢別） （原得点×10）

| 属性 | | | 第1因子（認識） | 第2因子（交流） | 第3因子（解放） | 第4因子（喜び） | 第5因子（健康） |
|---|---|---|---|---|---|---|---|
| 性別 | 男 | | 1.10 | -1.12 | 0.57 | -1.43 | -0.34 |
| | 女 | | -0.52 | 0.53 | -0.27 | 0.67 | 0.16 |
| 性×年齢別 | 男 | 20代 | -9.27 | 5.08 | -22.02 | 14.95 | 1.91 |
| | | 30代 | -0.42 | -3.56 | -5.96 | -2.54 | -7.57 |
| | | 40代 | -0.43 | -0.95 | -3.72 | -0.10 | -6.98 |
| | | 50代 | -3.27 | 1.75 | 6.26 | 1.67 | -2.28 |
| | | 60代 | 2.50 | -1.09 | 2.34 | -1.25 | 1.96 |
| | | 70～ | 0.02 | -2.25 | 1.25 | -3.40 | 0.97 |
| | 女 | 20代 | -2.17 | -2.07 | 0.18 | 0.94 | -4.05 |
| | | 30代 | -4.12 | -1.72 | -0.41 | 0.10 | -0.82 |
| | | 40代 | -0.28 | -0.37 | -1.47 | 0.06 | -1.33 |
| | | 50代 | 0.51 | 2.12 | -0.22 | 2.41 | 1.81 |
| | | 60代 | 0.64 | 2.00 | 1.68 | 0.31 | 1.42 |
| | | 70～ | -2.55 | 0.48 | 1.53 | -2.51 | 3.36 |

表4.14は性・年齢別にみた因子得点である。分析の便宜上原得点を10倍した値を掲げた。

まず性別では男性で「認識」「解放」，女性で「交流」「喜び」「健康」の各因子の得点がやや高いが，全体に性差はそれほど大きくない。これを年齢でブレイクダウンしてみると，違いがはっきりしてくる。男性では，20代は実数が少ないので分析から除くと，50代の「解放」，同じく60代の「認識」と「解放」の得点の高さが目につく。男性50代の「解放因子」の得点(6.26)は，男女すべての年層，すべての因子の中で最も高い。職業上責任ある立場に立つことの多い年層ということを考えると，ストレスからの解放をこの層が一番の評価ポイントとしていることもうなずける。女性では50代の「交流」と「喜び」，70代以上の「健康」が相対的に高い。女性50代の「交流」と「喜び」の2因子の高さは，後で見るように『たのしい女声コーラス』受講者の得点の高さによるものと思われる。女性では70代以上の「健康」の高さも注目されるが，これはスポーツ系科目ではなく，この層の受講者が多い病気や医学知識関連の

表 4.15　因子得点（科目分野別）　　　　　　　（原得点×10）

| 科　目 \ 因　子 | 第1因子（認識） | 第2因子（交流） | 第3因子（解放） | 第4因子（喜び） | 第5因子（健康） |
|---|---|---|---|---|---|
| 知識・教養系 | 1.13 | −0.74 | −0.04 | −0.78 | −0.57 |
| 趣味・スポーツ系 | −5.43 | 4.92 | 2.75 | 4.00 | 4.94 |
| 職業・技能系 | 0.17 | −2.15 | −3.75 | −0.52 | −3.37 |

図 4.2　科目分野別にみた因子得点プロフィル

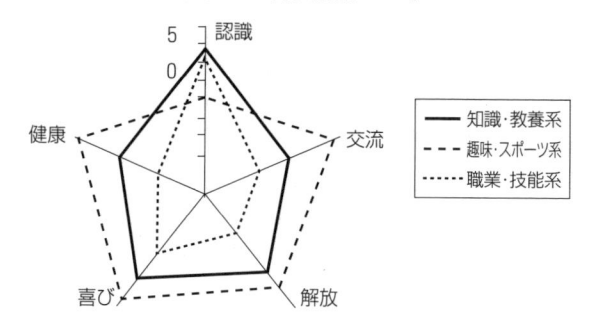

科目によるものである。つまりこうした性・年齢別のちがいは受講科目のちがいの反映なのである。

　次に科目分野による違いをみると，表 4.15，図 4.2 のようになる。知識・教養系と職業・技能系の因子得点パタンはかなり似ているが，両者の違いは知識・教養系で「認識」の因子得点がやや高いこと，職業・技能系の「解放」の得点が低いことの2点にみられる。この「解放」因子の低さからは職業・技能系受講者の，単なる気晴らしではない真剣さが伝わってくる。ただいずれにせよ知識・教養系，職業・技能系のいずれも学習の認知的側面から評価がなされていることに変わりない。これに対し，趣味・スポーツ系は以上の2分野とは大きく異なる。「認識」を除く4因子の得点がかなり高い一方で，「認識」因子はきわめて低い。趣味やスポーツの科目では，知識や技能の獲得からというよりも，仲間や講師との交わりの中で喜びが生まれ，ストレスから解放されて健康への希望もみえてくる，そこに受講満足感が生まれてくるということであろう。

表4.16　因子得点上位の科目

| 第1因子（認識） | |
|---|---|
| 企業のグローバル化と世界経済 | 11.42 |
| 比較文学入門 | 6.92 |
| 子どもの人権と教育問題 | 6.38 |
| 地域の経済と住民の役割 | 6.33 |
| 物質の究極を探る | 5.66 |
| メディアの教育学 | 5.32 |
| 心理学トピックス | 4.71 |
| 日本国憲法を読む | 4.43 |

| 第2因子（交流） | |
|---|---|
| たのしい女声コーラス | 7.01 |
| 楽しい考古学 | 4.82 |
| 中国語入門 | 4.49 |
| 子どもの人権と教育問題 | 4.11 |
| 比較文学入門 | 4.00 |
| 楽しみながら学ぶ書道 | 3.72 |
| 英国の文化と文学 | 3.22 |

| 第3因子（解放） | |
|---|---|
| たのしい女声コーラス | 3.98 |
| テニスを楽しもう | 3.37 |
| 比較文学入門 | 3.16 |
| 楽しい考古学 | 2.69 |

| 第4因子（喜び） | |
|---|---|
| たのしい女声コーラス | 7.00 |
| 自然・環境・社会と工学 | 4.85 |
| はじめてのパソコン | 3.55 |
| フランス―人と言葉― | 3.47 |

| 第5因子（健康） | |
|---|---|
| テニスを楽しもう | 10.91 |
| アレルギーの病気 | 7.72 |
| 家庭で知っておきたい応急処置 | 7.27 |
| 薬よもやま話 | 6.19 |
| 疫学のはなし | 6.29 |

以上は科目分野別にみたものであるが，同じ分野の科目でも因子得点パタンは必ずしも同じではない。表4.16は5つの因子ごとに得点の高い科目を抜き出したものである。分野別の結果から当然予想されるように，「認識」の因子得点上位の科目はいずれも知識・教養系である。他の「交流」「解放」「喜び」の4因子では，「交流」「解放」「喜び」の3つの因子得点でトップの『たのしい女声コーラス』，そして「健康」で1位，「解放」で2位の『テニスを楽しもう』のように趣味・スポーツ系が上位にあるが，「健康」因子得点上位の科目は唯一の健康実技科目である『テニスを楽しもう』を除けば，すべて医学・健康関連の知識・教養系科目である。このほか「交流」因子では『楽しい考古学』『中国語入門』『子どもの人権と教育問題』『比較文学入門』，「解放」因子では『比較文学入門』『楽しい考古学』，「喜び」因子では『自然・環境・社会と工学』など知識・教養系の得点が高い。また「喜び」因子の3位に職業・技能系の『はじめてのパソコン』が入っているのが，これは新しい技能獲得の喜びを表すものであろう。

1つの因子のみ高得点をあげている科目が多い中で，いくつかの因子で高得点をマークしている科目がある。たとえば『たのしい女声コーラス』は「交流」「解放」「喜び」の3因子でトップの得点をあげており，学ぶ喜びを実感するだけでなく，副産物として講師や仲間との交流の機会が得られ，ストレスからも解放されるといった点が評価されていた。また『楽しい考古学』は「認識」の側面以上に，「交流」「解放」といった受講に伴う副産物が高く評価されたが，これは野外の実地見学が行われたこととも関係があろう。『比較文学入門』は「認識」の得点が高いだけでなく「交流」と「解放」の得点も高いし，『子どもの人権と教育問題』も同様に「認識」「交流」の得点が高かった。これらの科目では，講師と受講者，受講者同志の交流が授業の内外で活発に行われ，それによってただ単に学習内容の習得とその知的充足に終わらない，さまざまな満足感を生み出したのであろう。

　『子どもの人権と教育問題』の講座は，調査の翌92年度には同じ講師による

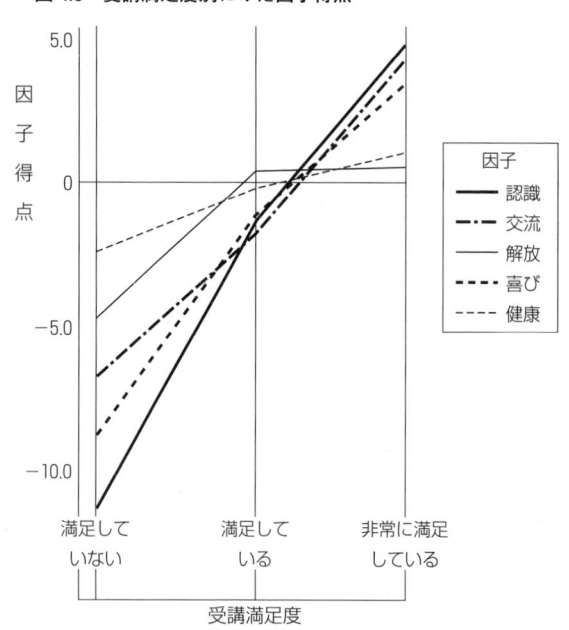

**図4.3　受講満足度別にみた因子得点**

『子どもの権利条約を読む』に発展し、講師と受講者の共同作業で"子どものことば"に翻訳された権利条約のテキストづくりを行い、その成果はのちに公刊されてテレビでも全国に紹介された[16]。「交流」因子の高さは講師や仲間とのめぐりあいと、同じ目標を共有する仲間意識の高さの所産でもあるが、それがこうした共同作業を成功に導いた最大の要因であろう。その意味でこの実践は注目に値する。

ところで受講満足度に最も寄与しているのはどの因子だろうか。図4.3は因子得点と受講満足度の関係を示したものであるが、満足度の高い受講者ほど因子得点が高く、満足度と因子得点の間には正の相関があることが読み取れる。両者の相関は「認識」「喜び」「交流」の3因子で高く、なかでも「認識」因子で相関が最も高いことがわかる。一方「解放」と「健康」の2因子は、受講満足度とあまり大きな相関はみられない。認識が深まったり、学ぶことの楽しさが実感できたり、新しい友を得たり、講師と親しくなれたかどうかは、「受講してよかった」という満足感をもたらす上で、ストレスからの解放や健康増進よりもっと大きく関わっているということであろう。逆にいえば、これらの3つの因子が欠如していると、その科目の魅力は大きく損なわれることが予想される。

表4.17にあげた10の科目は、受講して「非常に満足した」という回答の多い科目である。これら10科目の特徴は、知識教養系科目はそのほとんどで「認

表4.17　受講満足度の高い10科目

| 順位 | | 「非常に満足」の% |
| --- | --- | --- |
| 1. | 企業のグローバル化と世界経済 | 100.0 |
| 2. | 楽しい考古学 | 64.1 |
| 3. | 比較文学入門 | 62.5 |
| 4. | たのしい女声コーラス | 61.8 |
| 5. | 地域の経済と住民の役割 | 58.3 |
| 6. | 物質の究極を探る | 56.3 |
| 7. | 楽しみながら学ぶ書道 | 55.9 |
| 8. | メディアの教育学 | 50.0 |
| 9. | 生きること、死ぬこと | 49.0 |
| 10. | 心理学トピックス | 47.8 |

識」因子の得点が高いことと，趣味・スポーツ系科目では「交流」「喜び」因子の得点が総じて高く，知識・教養系でも「交流」因子得点の高い科目は満足度が高い傾向がみられたことである。一方満足度の低い科目を見ると，「解放」や「健康」の面では一定の評価がみられたが，全体に「認識」や「交流」の面での評価の低さが目立つ。とりわけ「認識」における評価の低さは，知識・教養系科目では致命的であるように思われる。

## 5．補足的考察

　公開講座の受講という学習活動に伴う心理的充足について，受講者一人ひとりの主観的評価をもとに検討してきた。その中からいくつか興味深い発見があったのは，見てきたとおりである。しかしそのメカニズムについては，さらに追求すべき課題が多く残されている。この点に関連して若干コメントしておきたい。

　(1)　自由記述からも推測されることだが，講師の人間性や授業のスタイルの違いが，多かれ少なかれ受講者の満足度に関わっているように思われる。とくに「交流」因子はこうしたものと密接にからんでいると考えられるが，今回はこの面での資料を得ておらず，これ以上の分析は困難であった。実際の受業の参与観察や受講者の事例研究など，質的な研究が必要であろう。

　(2)　受講により生み出された成果は一時的な満足で終わるのか，それとも現実の生活への取り組みの中でしっかり活かされていくのか，あるいはまた新たな学習へとつながっていくのか，といった点については，受講がきっかけとなった行動について簡単にふれるにとどまった。いうまでもなく学びのもたらす成果は，ある時間のひろがりの中でとらえることにより，はじめてその実相が見えてくるものである。時間軸を通しての学習のひろがりや展開の把握には，ある程度長期にわたる参与観察や学習記録の分析などの方法が有効であろう。

　(3)　公開講座受講者の中には，"固定顧客""常連"ともいうべき人たちがいる。この人たちをどう理解するかは，講座提供者として重要な問題である。彼らは公開講座の熱心なサポーターであり，その意味では講座の安定的提供の上

で必要な存在である。しかしこうした人たちが席を占めるような科目ばかりで，新規受講者を引きつける科目の登場がなくなっていくとすれば，それはそれで問題であろう。こうした経営的問題を考える上で大事なことは，これら"固定顧客"に対して講座がどのような機能を果たしているのか，それは公的機関の事業として正当性をもちうるのか，といったことをしっかり検討していくことであろう。調査結果からも明らかなように，公開講座の固定顧客の特徴のひとつは，いわば自己充足的志向を多分にもつ学習そのものにあるが，こうした人たちを公的機関が支援することには批判もある。ただ現実にこのような形の学習がひろく存在し，多くの人たちがそれを求めていることの意味を明らかにすることは，おとなの学びを追究する者の責務であろう。

(4) 公開講座の受講者はただ公開講座にとどまらず，他のさまざまな学習機会を追い求めるアクティブな学習者であった。そのことからすると，この人たちを理解するカギのひとつは"学習の自己増殖性"ともいえるその特性にあるのではなかろうか。もともとこの人たちは知的好奇心の旺盛な人たちである。彼らは，人間性心理学の立場に立つ Boshier, R. が「成長に動機づけられた人 (growth-motivated)」と名付けたタイプの人たちであろう[17]。Boshier は成人学習者についての Houle の3類型の追試を行って Houle とは異なり2つのタイプを析出するのだが，彼によるともうひとつのタイプである「欠乏に動機づけられた人 (deficiency-motivated)」が欠乏や不均衡から解放されたところで行動が終了するのとは対照的に，「成長に動機づけられた人」はそうした当面の課題の解決をもって行動が終了することなく，新たな課題を求めてさらに次の行動へと向かうのだという。つまり，学習によってもたらされた満足が学習への動機づけをさらに高め，それがさらに新たな学習を引き起こす，エンドレスな学習の連鎖が生じるというのである。

こうした学習は，生きがいを求める人間の自然な行動のひとつとして理解できる。精神医学者の神谷美恵子は多年のハンセン病患者の観察を通して，「今さら勉強しても，それが実生活の上で何のとくにもならないひと……困難な環境のなかで，やむにやまれぬ欲求から，わずかな時間と金を工面して勉強する人びと」の中に「無償の学究心」が見られ，それが精神的な生きがいを生み出

しているのだという[18]。高齢者も多く，90歳を超えた受講者すらいる大学公開講座が"精神的な生きがいを創り出す"機能を果たしているとすれば，それはそれとして正当に評価されるべきではなかろうか。

(5) しかしただ個人的な充足に応えるだけでは，公的な学習機関としてのアカウンタビリティが問われることになろう。人は社会との積極的な関わりの中で，自己変革をなしとげ成長していくものであり，それにより真の自己実現を果たすことができる。しかし一方では，自己の充実と安定が社会との関わり，社会変革へのエネルギーを提供する基盤となるという側面もある。第3章で著者は〈道具的目的的－表出的自己目的的〉と〈個人的－社会的〉の2軸による成人学習の4類型（個人的課題解決／社会的課題解決／自己表出・自己実現／集団表出）を仮説として提示したけれども，そこで主張したかったことは，学習者としてのおとなの多くは，個人的充足を求めて学ぶかたわら社会的な問題にも関心をもって積極的に関わっていく，というように日常生活の中でさまざまなタイプの学習を多かれ少なかれ並行して行っている，ということの意味をあらためて考えてみたいということであった。特定のタイプの学習に埋没するのでなく，さまざまなタイプの学習をしていくことが，個人にとっても社会にとっても自然な望ましい姿であろう。

公開講座には年齢も職業も，また趣味・関心もさまざまな人たちが集い，学びをとおして人間的に交流する貴重な場となっている。そうした雰囲気の中で，個人的私的な関心の学習が社会的問題意識をもった学習に発展する，あるいは社会的課題追求の学習が，個人としての成長と充実を目指す学習を派生させる，といった相互作用が生まれることが期待されよう。そうした契機を大学公開講座がどれだけ提供できるか，そのためにどのような工夫改善をなすべきか，それが今後に残された課題となろう。ただそのためには，学ぶおとなとしての公開講座受講者について，さらに多くのことを学んでいく必要があろう。

注
 1）文部科学省編『平成17年度・文部科学白書』国立印刷局，2006, p.104.
 2）『徳島大学大学開放実践センター10周年記念誌』1996, p.83.『徳島大学大学開放実践

センター 20 周年記念誌』2006, p.84.
3)「六一会」の会報には次のような会の紹介のことばが掲げられている。「六一会とは……会員相互の親睦と知識の向上を図ると共にさまざまな情報活動を通して，地域文化の発展に寄与することを目的とした組織です。会員は年齢・職業・趣味などにとらわれない人々で構成され，講演会・講習会・自主講座・フリートークサロンなどを開催し，春・秋には文学・歴史・美術を探訪する研修旅行や健康と自然美を求めてのハイキングなどの活動をしています。また，会員の意見を反映しながら年1回の会報を発行しています。」(『徳島大学大学開放実践センター同窓会会報・VOL.20 (20周年記念号)』六一会，2006。)
4)『大学開放をめぐる環境と戦略──1993 自己点検・評価報告書』徳島大学大学開放実践センター，1994.
5)本研究は平成3年度文部省科学研究費による「大学公開講座受講者の学習成果と学習後活動の展開過程に関する研究」の一環として行ったものである。
6)初期の研究としては，山本慶裕『生涯学習の成果の評価方法に関する実証的研究』国立教育研究所生涯学習研究部，1994，などがある。
7) Cross, K. Patricia. *Adults as Learners ― Increasing Participation and Facilitating Learning.* Jossey-Bass, 1981, p.124.
8) Tough, Allen. *The Adult's Learning Projects ― A Fresh Approach to Theory and Practice in Adult Learning.* The Ontario Institute for Studies in Education, 1979.
9)このような心理的側面に傾斜した研究には批判もある。たとえばCourtney, S. は従来の研究が成人の習参加要因の一部しか説明していないとし，成人の学習を文化的，社会的，経済的分脈の中で起こる社会参加行動のひとつとしてとらえるべきことを主張する(Courtney, Sean. *Why Adults Learn: Towards a Theory of Participation in Adult Education.* Routledge, 1992.)。しかし成人学習者の心理的側面を取り込んだモデルの有効性は今日でも失われておらず，むしろ理論と実証の両面でもっと深めていくべき領域だと考えたい。その場合のひとつの選択肢は，ただ単に学習参加の目的や原因を探るだけでなく，Toughのように参加がもたらす所産の心理的側面，すなわち"個人にとっての学習の意味"と，それが生み出す学びへのエネルギーの性質についても探っていく方向であろう。「大学の教室で学ぶことがなにより楽しくて……」毎年毎期やってくるという公開講座受講者が少なくない実態をみていると，その背後にある心理的機制の重要性を否定できないのである。
10)詳しくは次の研究報告を参照されたい。藤岡英雄「公開講座の受講動機と心理的充足に関する考察」『徳島大学大学開放実践センター紀要』(第5巻)，1994, p.21-48.
11)調査内容は図に示したものほか，過去の受講経験，他の集合学習参加，公開講座の情報入手手段，出席しやすい曜日・時間帯，開設希望講座などを含んでいる。
12)地域住民の生涯教育ニーズ把握を試みた，この地区で初めての調査である。詳細は以

下の報告を参照されたい。徳島大学大学開放実践センター『生涯学習需要と大学開放——生涯教育需要調査（徳島県央地区）報告書——』1992．藤岡英雄・小田利勝・近藤善浩・野島良子・猿田真嗣「大学公開講座への地域住民の関心と潜在的需要の考察——生涯教育需要調査（徳島県央地区）の結果から」『徳島大学大学開放実践センター紀要』（第2巻）徳島大学大学開放実践センター，1991，p.81-99．藤岡英雄『生涯学習需要の構造と大学開放——徳島県における実証的研究——』教育出版センター，1998．

13) 徳島大学大学開放実践センター『徳島県民の生涯学習——成人の学習実態と学習ニーズ——』1993, p.12.

14) 辻功「成人の学習行動解発研究序説」『生涯学習の研究——辻功先生退官記念論文集——』筑波大学社会教育学研究室，1991，p.18.

15) Houle, Cyril O. *The Inquiring Mind*. The University of Wisconsin Press, 1961, 1988, p.15-16.

16) クリネット徳島編『こどものしあわせのための約束——親と子で読む子どもの権利条約——』教育開発研究所，1995.

17) Boshier, Roger. "Motivational Orientations of Adult Education Participants: A Factor Analytic Explorations of Houle's Typology", *Adult Education*, Vol.XXI, No.2, 1971, p.3-26.

18) 神谷美恵子『生きがいについて』みすず書房，1966，p.152.

# 第5章　公開講座の"固定受講者"

## 1．公開講座のリピーター：固定受講者

### 研究の背景

　1986 (昭和61) 年に開設科目数28，のべ受講者数614人でスタートした徳島大学大学開放実践センターの公開講座も，開設11年目の96 (平成8) 年度には50科目，年間総授業時間数418時間，のべ受講者数1318人となり，のべ受講者数は発足時の2倍強に増えていた。数字からみるかぎり順調な発展といえよう。ただその内実に踏みこんでみると，検討すべき問題も少なくない。そのひとつに前章でもふれた受講者の固定化の問題がある。

　営利事業にあっては"お得意さん"をつくること，それをしっかり摑んで放さないことが成功につながる王道であることは，古来変わらぬ真理であろう。しかし教育事業，それも国立大学の行う事業となると，話は簡単でない。利潤追求の対象として受講者をとらえ，マーケットの拡大を至上命題とする民間教育産業と異なり，地域住民に等しく奉仕する公的な責任を担う社会教育の事業にあっては，結果として特定の層に占有されるような事業には，しばしば厳しい批判の目が向けられる。一方それは事業のマンネリ化をもたらすもの，といった事業主体内部からの反省もある。その際"リピーター"と呼ばれる常連層は，いささかやっかいな存在として見られることが少なくない。

　経営的立場からいえば"常連"の存在は，事業の安定的な継続のためには望ましいことであるし，事業の一定の成功を証明するものでもある。それは10年近くの公開講座との関わりの中で，著者がつねに感じてきたことである。しかしそうしたプラスの側面を認めながらも，手放しの満足感に浸れないところ

に実施主体としてのジレンマがある。"固定顧客"を大切にしながら一方で新しい"客層"を開拓し，活力ある事業展開をはかるには，どのような道を進めばよいのか。こうした経営論に関わる問題は，公開講座にとどまらず大学開放に関わる各種事業のあり方ともあわせて，しっかりと論じられるべき課題であろう。

### 固定受講者の理解

ひるがえって本章での著者の関心は，公開講座の"固定顧客"すなわち固定受講者の理解を深めることにある。前章で著者は，受講者の大きな部分を占めるこの固定受講者にとって，大学公開講座がどのような機能を果たしているかを検討することが，事業を進めていく上で必要ではないかと述べた。固定受講者を取り上げた第一のねらいはここにある。第二のねらいは，公開講座にかぎらず利用できるさまざまな機会をとらえて，長年にわたり学習を積極的に続けている人たち，いわば"継続学習者"ともいうべき人たちを理解する糸口を，この固定受講者の中につかむことである。それは個人のライフヒストリーを構成する重要な要素のひとつとして，公開講座受講を含むさまざまな学習を位置づけ，彼ら一人ひとりにとっての"学び"の意味をさぐってみたい，というもくろみである。さらに彼らの学びの軌跡をたどり，それぞれの人生行路と日々の生活の中における学びの意味を解読する中から，成人教育研究への新しい地平が開けるのではないか，という期待もある。

本章ではまず第一のねらい，すなわち公開講座の固定受講者の理解に焦点をしぼり，その特性をさまざまな角度からさぐってみることにしたい。分析に使用する主な資料は，徳島大学大学開放実践センターが1994（平成6）年度の公開講座受講者を対象に実施した「受講者アンケート調査」[1]のデータを再集計したものと，当該受講者の過去の受講記録である。

### 受講者数の推移

表5.1は，センター公開講座開設から1996年度までの11年間の受講者数の推移を，年度ごとの新規受講者とすでに受講経験のある受講者に分けて示したものである。なお，ここでの数字は何らかの科目を受講した人の実人数であり，科目ごとの受講者数の総計（のべ数）ではない。表にみるとおり受講者数は開設

表 5.1　公開講座受講者数の推移（1986〜96 年）

| 年　　度 | 総　数 | 新規受講者数 | 受講経験者数 |
|---|---|---|---|
| 1986（昭和 61） | 287 | 287（100.0%） | 0（　0.0%） |
| 87（昭和 62） | 338 | 245（72.5　） | 93（27.5　） |
| 88（昭和 63） | 536 | 386（72.0　） | 150（28.0　） |
| 89（平成元） | 699 | 464（66.4　） | 235（33.6　） |
| 90（平成 2 ） | 884 | 540（61.1　） | 344（38.9　） |
| 91（平成 3 ） | 980 | 522（53.3　） | 458（46.7　） |
| 92（平成 4 ） | 1,147 | 597（52.0　） | 550（48.0　） |
| 93（平成 5 ） | 950 | 428（45.1　） | 522（54.9　） |
| 94（平成 6 ） | 928 | 427（46.0　） | 501（54.0　） |
| 95（平成 7 ） | 799 | 267（33.4　） | 532（66.6　） |
| 96（平成 8 ） | 787 | 286（36.3　） | 501（63.7　） |

　後年を追うごとに伸びてゆき，92（平成 4 ）年度にピークに達する。この年度に受講者数のピークがみられるのは，89（平成元）年度に徳島県西部の池田地区で発足した「出張公開講座」[2]に，90 年度に日和佐地区，92 年度に貞光地区が加わって，センターを含め県内 4 会場で公開講座が開催されたことに伴う受講者増によるものである。

　新規受講者と受講経験者の推移をみると，当然のことながら初期段階では新規受講者が多いが，次第に受講経験者の割合が増えてゆき，1993（平成 5 ）年度あたりを境に両者の比率は逆転する。93 年度以降は新規受講者が減少ぎみであるのに対し，受講経験者の数は 92 年度とほぼ同水準で推移している。このため受講者全体に占める経験者の比率は総じて上昇傾向となっている。

　では新規受講者と受講経験者の比率は，どのあたりが望ましいのか，ということになるが，もともとそれは事業の性質・目的よって変わるものだから，標準的な数値を求めることはあまり意味がない。ただ一般論としていえることは，どのような事業であれ一定比率の新規参入者を絶えず獲得していくことが，事業の発展ということだけでなくその活力を保つために必須だということである。こうした問題を取り上げて川崎市成人学校の利用者の分析を行った田中雅文によると，新規受講者を獲得した講座にはその背景に 1 ）新規事業の実施，および 2 ）テーマの新規性という 2 つ要因がみられたという。このうち後者につい

1. 公開講座のリピーター：固定受講者

ては，従来の受講者層の嗜好とは異なる新テーマの設定により，それまでの主な客筋であった女性・中高年層に代わり男性・若年層を新たに取り込むことに成功しことに注目している。そして「新たな学習者のための学習機会と，継続的学習者への学習機会がバランスよく提供されているか」が事業発展のためのチェックポイントだという[3]。

### 固定受講者層と非固定受講者層

新規受講者のうちの何人かは再度の受講により受講経験者になるが，さらにその中の何人かはその後もほぼ毎年欠かさずなんらかの科目を受講するようになる。本章の主たる目的は，こうして形成された"固定顧客"の考察である。ここで分析の枠組みとなる固定層と非固定層を次のように定義しておこう。

　　　　固定層………調査年度を含む過去の5年度のうちの4年度以上の受講者。
　　　　非固定層……過去5年度のうちの1～3年度の受講者。

このように受講者を2つの層に分けた場合，固定層は明らかに継続受講者であり，"固定顧客"と呼ぶにふさわしい人たちであるが，一方非固定層すべてが固定顧客ではないとは必ずしも言いきれない。この層には，受講経験は浅いが今後固定層に移行する"予備軍"が含まれているであろうし，2～3年おきでも10年，15年と長期間にわたり間歇的に受講する人は，上記定義の固定層ではなくても，"固定顧客"であることには変わりない。したがってここでの分類は，固定層の特性をきわだてて析出するための便宜的なものであることを断っておきたい。

1994年度の受講者調査では，522人から有効回答が得られた[4]。この人たちの過去5年間の受講歴をみると，**表5.2**のようになった。ここで上の定義にあてはめてみると，固定層は148人（28.4%），非固定層は374人（71.6%）となる。つまり，94年度に限ってみた場合，受講者全体の約3割が"常連""固定顧客"といえる人たちだということである。非固定層の中には，受講歴はまだ3年でもその3年間を連続して受講した人もいるから，このような人も加えた"固定顧客"となると，ここで分類した固定層のサイズを大きく超えると思われる。

固定層がその名のとおり"固定"層であるかどうかは，調査の翌年の1995年度も受講したかどうかによっても確認できよう。そこで受講年度の数別に

表 5.2 受講年度の数による受講者の分類

| 過去5年 (90〜94年度) のうち… | (人) | (%) |
|---|---|---|
| 1年 (平成6年度はじめて) 受講 | 234 | 44.8 |
| 2年 (いずれか2つの年度で) 受講 | 81 | 15.5 |
| 3年 (いずれか3つの年度で) 受講 | 55 | 10.5 |
| 4年 (いずれか4つの年度で) 受講 | 83 | 15.9 |
| 5年 (5年続けて) 受講 | 65 | 12.5 |
| 不明 | 4 | 0.8 |
| 合計 | 522 | 100.0 |
| 固定層 (4年〜5年) | 148 | 28.4 |
| 非固定層 (1年〜3年＋不明) | 374 | 71.6 |

表 5.3 受講年度数別にみた 95年度の受講率

| 受講年度数 | 95年度受講率 |
|---|---|
| 1年 | 44.9% |
| 2年 | 53.1 |
| 3年 | 60.0 |
| 4年 | 73.5 |
| 5年 | 87.7 |

95年度の受講率を調べてみたところ，表5.3ように，受講年度の数が多い者ほど翌95年度の受講率も高くなっており，過去5年連続受講者では88％にも達した。つまり，固定層は翌年も8割の確率で受講し，"固定顧客"であり続けたのである。一方，受講年度数1年，すなわち94年度に初めて受講した人でもその45％が翌95年度も受講していたが，これは予想以上に大きい数字である。ほぼ2人のうち1人が翌年度も受講したわけで，このうちのかなりの部分が固定化していくと思われる。このように年度ごとに新規受講者のうちの一定数が"固定層予備軍"として供給され続けるとすれば，たとえ一定の脱落率を見込んでも固定層はこのあとしばらくは増加の途をたどると予想できよう。

## 2. 固定受講者の特性

### 人口学的属性

次に固定受講者の特性を非固定受講者と対比して検討してみよう。取り上げた要因は，人口学的属性，集合形態の学習への参加，受講科目，受講目的ときっかけ，受講成果の自己評価の5つである。まず固定・非固定の2つの層の属性構成をみると，表5.4のようにいずれの属性についても両層の間には多かれ少なかれ相違点がみられたが，独立性の $\chi^2$ 検定を行ったところ2つの層のち

表 5.4　属性構成 (タテ%)

| | 固定層 | 非固定層 | | 固定層 | 非固定層 |
|---|---|---|---|---|---|
| 性別 | | | 職業別 | | |
| 　男 | 35.8 | 28.9 | 　有職 | 33.1 | 42.8 |
| 　女 | 64.2 | 70.9 | 　主婦 | 37.8 | 39.3 |
| 　不明 | - | 0.3 | 　無職 | 28.4 | 17.1 |
| 年齢別 | | | 　学生 | - | 0.8 |
| 　20 代 | 0.7 | 8.0 | 　不明 | 0.7 | - |
| 　30 代 | 4.1 | 12.8 | 学歴別 | | |
| 　40 代 | 8.1 | 20.6 | 　新制中・旧制小 | 3.4 | 3.2 |
| 　50 代 | 25.0 | 20.3 | 　新制高・旧制中 | 46.6 | 33.7 |
| 　60 代 | 40.5 | 28.1 | 　短大・高専・旧制高 | 27.0 | 25.9 |
| 　70 代以上 | 18.2 | 7.2 | 　大学・大学院 | 22.3 | 36.4 |
| 　不明 | 3.4 | 2.9 | 　不明 | 0.7 | 0.8 |
| 性×年齢別 | | | ライフステージ別 | | |
| 　男 20 代 | - | 0.5 | 　独身 | 10.8 | 12.0 |
| 　　 30 代 | 2.0 | 2.1 | 　結婚・子どもなし | 2.7 | 9.9 |
| 　　 40 代 | 2.0 | 4.5 | 　末子6歳未満 | 0.7 | 5.3 |
| 　　 50 代 | 0.7 | 2.7 | 　末子6～14歳 | 4.1 | 16.0 |
| 　　 60 代 | 18.9 | 13.4 | 　末子15歳以上 | 10.8 | 18.7 |
| 　　 70 代以上 | 10.8 | 4.0 | 　子どもは皆独立 | 69.6 | 36.9 |
| 　女 20 代 | 0.7 | 7.5 | 　不明 | 1.4 | 1.1 |
| 　　 30 代 | 2.0 | 16.0 | | | |
| 　　 40 代 | 6.1 | 17.6 | | | |
| 　　 50 代 | 24.3 | 14.7 | | | |
| 　　 60 代 | 21.6 | 3.2 | | | |
| 　　 70 代以上 | 7.4 | 2.9 | | | |
| 　　 不明 | 3.4 | | | | |

固定層：n (100%) = 148
非固定層：n (100%) = 374

がいと性別を除く各属性との間に，統計的に有意な連関がみられた（表5.5）。その中ではとりわけ年齢およびライフステージにおける連関が顕著である（危険率1％）。

　固定層の大きな特徴は，年齢構成が高い方に偏っていることで，その半数が60代以上であるのに対し，非固定層では6割が50代以下である。年齢と密接な関連のあるライフステージでも，固定層では当然のことながら「子どもは皆独立」の人が70％を占め，37％の非固定層と対照的である。職業別では固定

表5.5 独立性の検定

| 属　　性 | $\chi^2$ | df | 判　定 |
|---|---|---|---|
| 性別 | 2.448 | 2 | $p > .05$ |
| 年齢別 | 46.032 | 6 | $p < .01$ |
| 職業別 | 11.312 | 4 | $p < .05$ |
| 学歴別 | 11.307 | 4 | $p < .05$ |
| ライフステージ別 | 53.572 | 6 | $p < .01$ |

層は非固定層に比べて無職が10％も多く，有職者は逆に10％少ない。この調査結果を報告した猿田論文もふれているように[5]，新規の受講者には20・30代の比較的若い層と有職者が多く，これらの属性で両層間の違いがでてくるのは予想されたところである。

　学歴でも両層間にはかなりの違いがみられる。すなわち，固定層は大学・大学院卒が非固定層にくらべて少なく，その分新制高・旧制中卒レベルが多くなっており，全体としての学歴水準は非固定層よりも低い。もっとも学歴は年齢と関連があるので，高齢者が多ければそれだけ学歴水準は低くなるわけである。おそらく固定層には旧制の中学や高校，専門学校卒の人が少なくないだろう。そこから描かれるのは，進学率が全体として低かった時代に青年期を送った世代，経済的理由や戦争などで上級学校への進学を断念せざるをえなかった世代，今日であれば当然大学に進学したであろうと思われるような，もともと向学心の強い人たち，といったイメージである。海外の成人教育文献では，学校教育の期間が長くなるほど，つまり学歴が高くなるほど後の成人教育・継続教育への参加の可能性が高くなる，という"法則"がしばしば登場するが，大学公開講座の受講者についてみるかぎり，この"法則"には例外があることを認めなければならない。次章であらためて取り上げるが，青春期における学習機会の剥奪と向学心の抑圧は，老年期を迎えて自由な時間と機会を与えられたとき，学びへの渇望となって噴出する可能性が高いのである。

### 集合形態の学習への参加

　調査では学級・講座など他の集合形態の学習への参加についても調べている。

表5.6 集合形態の学習への参加　　　(MA)

| 集合形態の学習の種類 | 固定層 | 非固定層 |
|---|---|---|
| 学級・講座 | 60.8% | 54.8% |
| カルチャースクール | 29.1 | 35.6 |
| 他大学の公開講座* | 17.6 | 11.0 |
| 高校の公開講座 | 2.0 | 1.9 |
| 専門・専修・各種学校 | − | 1.6 |
| 大学の研究生・聴講生 | 3.4 | 1.6 |
| 個人教授・塾 | 7.4 | 6.7 |
| グループ・サークル | 20.3 | 16.6 |
| 会社・組合の講座 | 3.4 | 7.5 |
| 参加したものはない | 16.9 | 18.2 |

＊検定の結果，信頼度95％で固定層と非固定層の間に有意差がある。

　表5.6に示したように，固定・非固定の両層間に統計的な有意差があるのは「他大学の公開講座」のみで，固定層には他の大学の「公開講座」も受講している人が多く，固定層は高等教育レベルの学習を求める傾向がより強いといえそうである。統計的に有意ではないが，固定層には公民館など社会教育の「学級・講座」や私的な「グループ・サークル」の学習に参加している人が相対的に多い。

### 受講科目

　表5.7は94年度開設科目ごとに「半分以上の授業に出席」と答えた受講者数を，固定・非固定の層ごとに示したものである。なお以下の質問の回答もすべて3～10回行われた授業の「半分以上に出席」した科目についてのものである。次に受講科目を「知識・教養系」「趣味・スポーツ系」「職業・技能系」の3分野に分け，受講科目全体に占める各分野の割合を固定，非固定の層別で比較したのが表5.8である。固定層は「知識・教養系」科目の比率が非固定層より約10％多く，逆に「趣味・スポーツ系」「職業・技能系」科目は非固定層よりも少ない。

　表5.9は2つの層ごとに受講者の多い科目を取り出したものである。固定層で受講者が最も多いのは『たのしい女声コーラス』で，この層の2割近くが受講している。どちらかといえば非固定層の受講者の多い「趣味・スポーツ系」

表5.7 受講科目　　　　　　　　　　　　　　　　　　　　　　　　　(( )は%)

| 1994年度開設科目 | 受業回数 | 受講者数 固定層 | 受講者数 非固定層 |
|---|---|---|---|
| **知識・教養系** | | | |
| 「家」の歴史と女性 | 10 | 4 ( 2.7%) | 8 ( 2.1%) |
| 新しい生物像 | 3 | 4 ( 2.7) | 3 ( 0.8) |
| 文学に見る麻酔と睡魔 | 3 | 6 ( 4.1) | 5 ( 1.3) |
| ながいきセミナー | 5 | 7 ( 4.7) | 9 ( 2.4) |
| 痛みの解剖学 | 5 | 6 ( 4.1) | 6 ( 1.6) |
| バブル崩壊と日本経済 | 7 | 5 ( 3.4) | 9 ( 2.4) |
| 未来を開くダイヤモンド | 8 | 2 ( 1.4) | 3 ( 0.8) |
| 徳島の地質 | 10 | 9 ( 6.1) | 11 ( 2.9) |
| 体の中での薬の働き | 10 | 24 (16.2) | 17 ( 4.5) |
| 環境放射能 | 9 | 3 ( 2.0) | 2 ( 0.5) |
| 高温高圧水と廃棄物処理 | 5 | 1 ( 0.7) | 4 ( 1.1) |
| 新聞の科学欄を読む | 10 | 3 ( 2.0) | 2 ( 0.5) |
| 高齢化社会と生活支援技術 | 10 | 7 ( 4.7) | 6 ( 1.6) |
| 名誉教授に聞く | 8 | 11 ( 7.4) | 6 ( 1.6) |
| 子どもの心身症 | 6 | 1 ( 0.7) | 5 ( 1.3) |
| 最近の心臓病治療 | 4 | 1 ( 0.7) | 6 ( 1.6) |
| 元気づくりの健康・体力管理学 | 10 | 23 (15.5) | 44 (11.8) |
| HTLV-1感染症と徳島県人の成り立ち | 3 | 7 ( 4.7) | 6 ( 1.6) |
| ニイハオ中国語〜入門編 | 10 | 4 ( 2.7) | 17 ( 4.5) |
| ニイハオ中国語〜応用編 | 10 | 3 ( 2.0) | 14 ( 3.7) |
| 俳句にしたしむ | 10 | 5 ( 3.4) | 13 ( 3.5) |
| 英文学の世界 | 10 | 3 ( 2.0) | 7 ( 1.9) |
| 西洋音楽の歴史 | 10 | 10 ( 6.8) | 17 ( 4.5) |
| 『源氏物語』を読む | 10 | 15 (10.1) | 31 ( 8.3) |
| 乳がん | 5 | 5 ( 3.4) | 7 ( 1.9) |
| 現代ドイツの文化と社会 | 10 | 5 ( 3.4) | 6 ( 1.6) |
| 内村鑑三風雲録 | 10 | 10 ( 6.8) | 10 ( 2.7) |
| 新しい時代の「子どもの権利」 | 10 | 5 ( 3.4) | 10 ( 2.7) |
| 不安とストレスを考える | 10 | 3 ( 2.0) | 8 ( 2.1) |
| 肥満症の話 | 5 | 8 ( 5.4) | 6 ( 1.6) |
| 海の生物からクスリをつくる | 3 | 5 ( 3.4) | 4 ( 1.1) |
| 社会調査の基礎知識 | 10 | 0 ( - ) | 8 ( 2.1) |
| **趣味・スポーツ系** | | | |
| 木版画実技 | 10 | 2 ( 1.4) | 14 ( 3.7) |

2．固定受講者の特性

| | | | |
|---|---|---|---|
| 初心者のエアロビクス | 10 | 2 ( 1.4) | 15 ( 4.0) |
| テニスを楽しもう | 10 | 5 ( 3.4) | 36 ( 9.6) |
| 楽しみながら学ぶ書道 | 10 | 14 ( 9.5) | 29 ( 7.8) |
| たのしい女声コーラス | 10 | 28 (18.9) | 32 ( 8.6) |
| 職業・技能系 | | | |
| 会社経理入門 | 10 | 2 ( 1.4) | 18 ( 4.8) |
| プログラミングの楽しみ | 10 | 1 ( 0.7) | 7 ( 1.9) |
| パソコン講座Ⅰ | 10 | 3 ( 2.0) | 4 ( 1.1) |
| パソコン講座Ⅱ | 10 | 3 ( 2.0) | 4 ( 1.1) |
| 全 体 (100%=) | | 148 | 374 |

表 5.8 受講科目の分野　　　(タテ%)

| | 固定層 | 非固定層 |
|---|---|---|
| 知識・教養系 | 77.4% | 66.1% |
| 趣味・スポーツ系 | 19.2 | 26.9 |
| 職業・技能系 | 3.4 | 7.0 |
| 全 体(100%=) | 265 | 469 |

表 5.9 受講者数上位の科目　　　(数字は受講者数,( )内は%)

| 固　定　層 | | 非　固　定　層 | |
|---|---|---|---|
| たのしい女声コーラス | 28 (18.9%) | 元気づくりの健康・体力管理学 | 44 (11.8%) |
| 体の中での薬の働き | 24 (16.2) | テニスを楽しもう | 36 ( 9.6) |
| 元気づくりの健康・体力管理学 | 23 (15.5) | たのしい女声コーラス | 32 ( 8.6) |
| 『源氏物語』を読む | 15 (10.1) | 『源氏物語』を読む | 31 ( 8.3) |
| 楽しみながら学ぶ書道 | 14 ( 9.5) | 楽しみながら学ぶ書道 | 29 ( 7.8) |
| 名誉教授に聞く | 11 ( 7.4) | 会社経理入門 | 18 ( 4.8) |
| 西洋音楽の歴史 | 10 ( 6.8) | ニイハオ中国語～入門編 | 17 ( 4.5) |
| 内村鑑三風雲録 | 10 ( 6.8) | 体の中での薬の働き | 17 ( 4.5) |
| 徳島の地質 | 9 ( 6.1) | 西洋音楽の歴史 | 17 ( 4.5) |
| 肥満症の話 | 8 ( 5.4) | 初心者のエアロビクス | 15 ( 4.0) |
| HTLV-1 感染症と徳島県人の成り立ち | 7 ( 4.7) | 木版画実技 | 14 ( 3.7) |
| | | ニイハオ中国語～応用編 | 14 ( 3.7) |
| ながいきセミナー | 7 ( 4.7) | 俳句にしたしむ | 13 ( 3.5) |
| 高齢化社会と生活支援技術 | 6 ( 4.1) | 徳島の地質 | 11 ( 2.9) |
| 痛みの解剖学 | 6 ( 4.1) | 新しい時代の「子どもの権利」 | 10 ( 2.7) |
| 文学にみる麻酔と睡魔 | 6 ( 4.1) | 内村鑑三風雲録 | 10 ( 2.7) |

の中でも，例外的に固定層の多い科目である．ちなみにこの科目は非固定層でも3番目の人気科目である．同じく「趣味・スポーツ系」の『たのしみながら学ぶ書道』も，『コーラス』同様いずれの層でも人気がある．このように両方の層で人気の科目がある一方，層によって人気に違いのある科目もある．たとえば，固定層に人気があるのは『名誉教授に聞く』『肥満症の話』『HTLV-1感染症と徳島県人の成り立ち』『痛みの解剖学』『文学に見る麻酔と睡魔』『高齢化社会の生活支援技術』など，他方非固定層に人気があるのは『会社経理入門』『ニイハオ中国語』『初心者のエアロビクス』などである．このように固定層は『コーラス』『書道』のほかにまず健康関連科目，そして一般的により高度な知識が得られるような科目に関心があるようにみえる．

　ところで受講者の半数以上は，同年度に複数の科目を受講している．固定層の場合1科目だけの受講者は41％で，2科目34％，3科目以上が26％であった．ちなみに最も多く受講していたのは11科目受講の60代男性であるが，これに続き10科目，9科目受講者も1名ずつあった．受講科目数の平均値は固定層1.79，非固定層1.25となり，固定層は継続して受講し続けるだけでなく，複数の科目を並行して受講する人たちであることがわかる．

### 受講の目的ときっかけ

　この調査では受講した科目ごとに，受講の目的やきっかけ，受講の成果についての自己評価をたずねている．以下その結果をみていくが，ここでの集計は科目単位，母数は受講科目ののべ数（固定層＝265，非固定層＝469）である．

　まず「受講目的」（表5.10）では，固定層，非固定層のいずれも「そのことをもっとよく知ったり，深めたりしたい」「それを学ぶこと自体の楽しみのため」など，Houleのいう学習志向的（learning-oriented）[6]な目的をあげる人が多いが，両層間に統計的有意差がみられたのは，「職業」「生活」「仲間」の3つであった．すなわち「日常生活に役立てるため」受講したものが固定層に多いのに対し，「職業に役立てるため」「仲間ができたり，一緒にやる楽しみのため」というものは非固定層に多かった．固定層のいう「日常生活に役立てる」とは，受講科目から推測して健康関連の知識獲得と思われる．非固定層に「職業」を目的とするものが多いのは，この層に有職者が多いことから容易に理解できる．しか

表5.10　受講目的　　　　　(MA)

| 受講目的 | 固定層 | 非固定層 |
|---|---|---|
| 職　業* | 7.9% | 14.3% |
| 生　活* | 37.4 | 29.9 |
| 社会の問題 | 9.8 | 9.6 |
| 時代の流れ | 15.5 | 13.4 |
| 健　康 | 23.0 | 25.6 |
| もっと知りたい | 59.6 | 57.6 |
| 学ぶ楽しみ | 49.4 | 49.0 |
| 教　養 | 39.6 | 33.0 |
| 趣　味 | 18.9 | 20.0 |
| 仲　間* | 18.9 | 28.6 |
| ひまな時間 | 9.4 | 13.9 |
| 老化防止 | 32.5 | 27.7 |
| 向上のよろこび | 21.5 | 22.6 |
| 大学の雰囲気 | 5.3 | 7.5 |
| その他 | 4.2 | 3.8 |

―凡例―
職業：職業に役立てるため
生活：日常生活に役立てるため
社会の問題：地域や社会の問題の理解や解決のため
時代の流れ：時代の流れについていくため
健康：体をきたえ健康を保つため
もっと知りたい：そのことをもっとよく知ったり，深めたりしたいため
学ぶ楽しみ：それを学ぶこと自体の楽しみのため
教養：教養を豊かにするため
趣味：趣味を広げるため
仲間：仲間ができたり，一緒にやる楽しみのため
ひまな時間：ひまな時間を有効に使うため
老化防止：老化防止のため
向上のよろこび：なにかを成しとげたり，向上していくよろこびのため
大学の雰囲気：大学の雰囲気を味わうため

＊信頼度95％で両層間に有意差がある。

し「仲間」を受講目的にあげるものが，固定層より非固定層の方に有意に多かったのはやや意外である。長年受講し続けている固定層の方が，仲間への関心や期待は強いだろうと思われるからである。しかしこの結果は，固定層は長年の受講ですでに何人かの仲間を得ており，新科目の受講で出会うのも既知の仲間であることが多いだろうから，仲間への欲求はほぼ充足されているということであろう。他方非固定層にとって「仲間」のもつインセンティブは固定層以上に強いものがある，ということではなかろうか。このほか彼らの特色が出てくるのは，固定層に多い「教養を豊かにする」（3位）や「老化防止」（5位）といった目的である。

表5.11は「受講のきっかけとなったこと」（MA）の結果である。「公開講座のパンフレットで興味をひかれて」というものが固定層には多く，非固定層とは11％の差がある。一方「人に教えられて」および「必要に迫られて」受講したものは，非固定層に多い。固定層にとり公開講座の受講はすでに生活の中に定着しており，ダイレクトメールで送られてくる「パンフレット」にもっぱ

表5.11　受講のきっかけ　　　　　　　　　　　　　　(MA)

| 受講のきっかけとなったこと | 固定層 | 非固定層 |
|---|---|---|
| 公開講座のパンフレットで興味をひかれて* | 70.2% | 59.3% |
| この科目のことを人に教えられて* | 5.7 | 12.6 |
| 学ぶ必要に迫られていることがあったから | 8.3 | 14.1 |
| 前からテーマ・内容に関心があったから | 44.5 | 41.4 |
| 講師に関心があったから | 12.8 | 11.3 |
| 新しいものに挑戦してみたくて | 9.8 | 10.9 |
| 一緒に受講するよう人に誘われて | 6.4 | 9.0 |
| この時間がひまだったから | 3.8 | 6.0 |
| その他 | 5.3 | 4.9 |

＊信頼度95％で両層の間に有意差がある。

ら依存して受講を決めるのに対し，受講経験の浅い非固定層は「人に教えられて」初めて参加することが多くなるのであろう。「非固定層」に「必要に迫られて」，つまりある種の切迫感を伴って受講した人が多いのは，『会社経理入門』や『パソコン講座』など職業技能関連科目の受講者がこの層に多いことから理解できる。

**受講成果についての自己評価**

　この調査では前章で紹介した91年度調査と同じように，受講科目ごとにどのような成果が得られたかを，表5.12のような15の項目について5段階評価でたずねている（評価が高くなるほどスコアが高くなる）。図5.1は2つの層のスコア（平均値）をプロットしたものである。ここから，固定層は「ものの見方，考え方が深まった」「高度の学問的知識が学べた」「未知のことがらに目が開かれた」「客観的・批判的な見方を学んだ」などに非固定層を上回る評価を与えているのに対し，「息抜きやストレスの解消になった」「有益な時間つぶしになった」「新しい友達ができてよかった」などでは非固定層よりも評価が低いことがわかる。固定層は公開講座がもたらす認知的側面に，より積極的な意味づけをしているといえよう。

　1991年度調査では，表5.12と同じ評価項目データを入力して因子分析を試み，受講成果の自己評価を説明する「認識」「交流」「解放」「喜び」「健康」の5つの因子を析出している。94年度調査では同様な分析を行っていないが，開講

表5.12 受講成果スコア（平均値）

| 受講成果 | 固定層 | 非固定層 |
|---|---|---|
| ものの見方，考え方が深まった | 3.86 | 3.70 |
| 実際に役立つ知識・技能が得られた | 3.83 | 3.68 |
| 高度な学問的知識が学べた | 3.73 | 3.48 |
| 未知のことがらに目が開かれた | 3.87 | 3.66 |
| 客観的・批判的な見方を学んだ | 3.28 | 3.10 |
| 健康・体力づくりに役だった | 3.07 | 2.91 |
| 心が豊かになった | 3.81 | 3.79 |
| 学ぶことの楽しさが味わえた | 4.08 | 4.06 |
| 向上していくよろこびを感じた | 3.79 | 3.84 |
| 息抜きやストレスの解消になった | 3.16 | 3.53 |
| 有益な時間つぶしになった | 2.94 | 3.28 |
| 新しい友達ができてよかった | 2.97 | 3.21 |
| 講師と知り合えてよかった | 3.68 | 3.71 |
| 大学の雰囲気を味わえた | 3.15 | 3.23 |
| 生きていく心の支えを得た | 3.09 | 3.04 |

### 図5.1 受講成果スコア

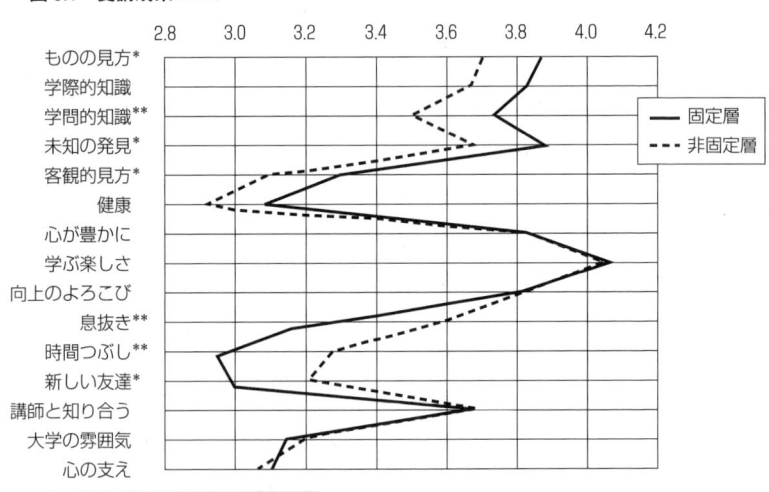

＊ 信頼度95％で両層の間に有意差あり
＊＊ 信頼度99％で両層の間に有意差あり

表5.13　5つの因子別にみた受講成果スコア

| 因子と因子負荷量の高い項目 | 固定層 | 非固定層 |
|---|---|---|
| 第1因子（認識）<br>　　ものの見方，実際的知識，学問的知識<br>　　未知の発見，客観的見方 | 3.71 | 3.52 |
| 第2因子（交流）<br>　　新しい友達，講師と知り合う<br>　　大学の雰囲気，心の支え | 3.22 | 3.20 |
| 第3因子（解放）<br>　　息抜き，時間つぶし | 3.05 | 3.41 |
| 第4因子（喜び）<br>　　心が豊かに，学ぶ楽しさ，向上の喜び | 3.89 | 3.90 |
| 第5因子（健康）<br>　　健康 | 3.07 | 2.91 |

科目も受講者層も大きな変動はなかったので，因子構造は前回と基本的には同じと想定してよかろう。そうした仮定のもとでこころみに5つの因子を説明する評価項目（因子負荷量の高い項目）のスコア（平均値）を計算してみると，表5.13のようになった。2つの層の間に際だった違いはみられないが，やはり「認識」と「解放」の2因子にかかわる成果をどう評価するかの違いが目につく。ここに固定層と非固定層を分けるポイントがあるように思われる。

**固定受講者のプロフィール**

これまでの分析から「固定受講者」のイメージが，かなりはっきりした輪郭をもって浮かび上がってきた。ここで理念型的にそのプロフィールを描いてみよう。

ア．60代以上の無職の男性または50代以上の女性で，新制高校ないし旧制中学校・女学校卒，短大または旧制高校・専門学校卒レベルの学歴をもち，子どもはすでに独立している。

イ．教育委員会など行政主催のさまざまな学級・講座にも積極的に出席。他大学の公開講座も利用する。

ウ．いくつかの公開講座科目を並行して受講することが多いが，その内容は

『コーラス』と『書道』を除けば知識・教養系科目に傾斜し，健康関連の科目を好むものが多く，概してかなり高度な知識を求める傾向が強い。
エ．なにかの目的実現の手段としての学びというよりも，学ぶこと自体を目的とする「学習志向的」な学びである場合が多いが，健康増進，老化防止に役立てたいという欲求も少なくない。
オ．各学期ごとに送られてくる講座案内パンフレットを頼りに科目を選択する。公開講座の受講はすでにルーチンワークのひとつとして日常生活に組み込まれており，非固定層の一部にみられるような特定内容の学習への切実感は感じられない。
カ．より高度内容の科目にも挑戦し，「ものの見方，考え方が深まった」「高度な学問的知識が学べた」など，認知的側面での成果を高く評価する。

## 3．固定受講者のタイプ分け

### 受講歴タイプ

　これまでみてきたのは，1990（平成2）～94（平成6）年度のデータから浮かび上がった公開講座"固定顧客"の特徴であった。しかしそれらがもつ"継続学習者"としての性格を理解するためには，特定年度の受講をいわば"点"としてみるだけでは不十分で，時系列の中で彼らの学習を"線"としてとらえる視点を加える必要がある。定義からいっても，学習の"継続"にこそ彼らの最大の特徴があるからである。時系列分析に利用できる手持ち資料は限られているが，幸いにしてセンター公開講座開設以来のすべての受講者の受講記録が残っているので，これを活用してみよう。
　ひと口に固定受講者といっても，そこにはさまざまな受講者がいる。いま過去5年間の受講科目すべてを時間軸に沿って配列したときに，各受講者を特徴づけるようななんらかの意味あるパタンが見出せないだろうか。またそれをいくつかのタイプに分類できないだろうか。このような観点から固定受講者148人の受講歴を過去5年間さかのぼって調べてみた。分類にあたって採用した基準（変数）は，1）特定の科目を長期継続受講しているか，2）受講科目が特定

の領域・内容に集中しているかである。その結果，ややおおざっぱながら表5.14のような8つのタイプが判別された。各タイプに付した事例はそれぞれの典型的なケースとして選んだものである。なお，ケースの#数字はケース番号，fは女性，mは男性，そのあとの数字は年齢を示す。

**表5.14 受講歴のタイプ**

| 型 | ケース | 90年度 | 91年度 | 92年度 | 93年度 | 94年度 |
|---|---|---|---|---|---|---|
| 科目継続型 | #140 f.67 | たのしい女声コーラス | たのしい女声コーラス | たのしい女声コーラス | たのしい女声コーラス | たのしい女声コーラス |
| | #350 f.62 | | たのしい女声コーラス | たのしい女声コーラス | たのしい女声コーラス | たのしい女声コーラス |
| | | | 楽しみながら学ぶ書道 | 楽しみながら学ぶ書道 | | 楽しみながら学ぶ書道 |
| 継続+α型 | #358 f.53 | たのしい女声コーラス | たのしい女声コーラス | たのしい女声コーラス | たのしい女声コーラス | たのしい女声コーラス |
| | | ドイツ語の世界 | 夏目漱石を読む | 初心者のエアロビクス | はじめてのパソコン | 『源氏物語』を読む |
| 健康型 | #653 f.58 | 生薬への誘い | 薬よもやま話 | やさしい解剖学 | 奇病・難病・感染症 | 元気づくりの健康・体力管理学 |
| | | 安全な食べ物 | 家庭で知っておきたい応急処置 | 女性のライフサイクルと健康 | 脳と脳死・臓器移植の諸問題 | |
| | | 睡眠と夢の世界 | | | | |
| | | 循環器疾患トピックス | | 糖尿病の正しい知識 | 毒と薬と生命 | |
| | | 超伝導の夢 | | 不老不死と薬 | | |
| 社会型 | #104 f.46 | 現代経済の仕組み | 地球環境を考える | 高齢化社会を豊かに生きるために | 新しい時代の地域づくり | 習慣病を考えよう |
| | #505 m.68 | 社会調査の基礎知識 | 福祉と医療の経済学 | 日常生活における人間工学 | 「生活大国5カ年計画」について | 会社経理入門 |
| | | 高齢化社会のゆくえ | 地域の経済と住民の役割 | | はじめてのパソコン | 元気づくりの健康・体力管理学 |
| 科学型 | #017 m.32 | | 環境放射能 | エネルギーと地球環境問題 | 人工知能技術と私たち | 新しい生物像 |
| | | | | 新素材の最先端を歩く | | |

| 分類 | ID | | | | | | |
|---|---|---|---|---|---|---|---|
| 語学型 | #703<br>m, 62 | 日本語考現学 | 中国語入門 | はじめての<br>パソコン | ニイハオ<br>中国語 | ⇨ | ニイハオ<br>中国語 |
| 文学型 | #638<br>f, 62 | | 夏目漱石を読む | 『枕草子』を<br>読む | 原始仏教古<br>典を読む | | 『源氏物語』<br>を読む |
| | | | | 江戸時代の<br>わらいばなし | ニーベルンゲン<br>伝説とワーグナ<br>ーの楽劇『指環』<br>四部作 | | |
| マルチ型 | #422<br>f, 62 | 名誉教授に聞く | たのしい<br>女声コーラス | 日常生活にお<br>ける人間工学 | 内村鑑三<br>風雲録 | | 内村鑑三<br>風雲録 |
| | | 高齢化社会<br>のゆくへ | 心理学<br>トピックス | 子どもの権利<br>条約を読む | メディアの<br>教育学 | | 未来を開く<br>ダイヤモンド |
| | | | パソコン講座 | 社会調査の<br>基礎知識 | 戦後教育資<br>料を読む | | 新しい生物像 |
| | | | 比較文学入門 | | | | HTLV-1 感<br>染症と徳島<br>県人の成立 |
| | | | | | | | 肥満症の話 |
| | | | | | | | 新しい時代の<br>子どもの権利 |
| | #334<br>m, 65 | 睡眠と夢の世界 | 物質の究極を探る | 日常生活にお<br>ける人間工学 | 原始仏教<br>教典を読む | | 名誉教授に聞く |
| | | 不安とストレス | 遊びの中で育<br>つ子どもたち | 『枕草子』を読む | (続)『枕草子』<br>を読む | | 『源氏物語』<br>を読む |
| | | 名誉教授に聞く | 生きること・<br>死ぬこと | 人生は幻花<br>に似たり | 名誉教授に聞く | | バブル崩壊<br>と日本経済 |
| | | 高齢化社会<br>のゆくへ | 日本国憲法を読む | 史実『三国志』<br>に学ぶ | メディアの<br>教育学 | | 徳島の地質 |
| | | 近代経済学<br>の理論構成 | 疫学のはなし | 国連平和維持<br>活動とは何か | 人工知能技<br>術と私たち | | 海の生物から<br>薬をつくる |
| | | 日本語考現学 | 福祉と医療<br>の経済学 | エネルギーと<br>地球環境問題 | その後のPKO | | HTLV-1 感<br>染症と徳島<br>県人の成立 |
| | | 地球環境を<br>考える | 楽しい考古学 | 不老不死と薬 | 東アジアの<br>考古学 | | 体の中での<br>薬の働き |
| | | | 夏目漱石を読む | | 脳と脳死・臓器<br>移植の諸問題 | | 元気づくり<br>の健康・体<br>力管理学 |
| | | | | | 奇病・難病・<br>感染症 | | |

| | | ながいきセミナー |
| | | 新聞の科学欄を読む |
| | | 不安とストレスを考える |

## 8つのタイプの特徴

各タイプの特徴をまとめると次のようになる。

〈科目継続型〉(21人)……特定科目を毎年繰り返し受講している人たちで、その大部分は同一講師が担当する『楽しい女声コーラス』か『楽しみながら学ぶ書道』のいずれかの受講者。#350のケースのようにこの2科目を並行して受講している人もいる。このほか『テニスを楽しもう』『パソコン講座』の継続受講者が若干みられる。

〈継続＋α型〉(27人)……〈科目継続型〉の変型。特定科目を継続受講するとともに、他にもいくつかの科目を並行して受講。

〈健康型〉(20人)……健康・医学関係科目を中心に受講。さまざまなジャンルの中では健康関連の科目を集中的に受講している人が最も多い。

〈社会型〉(9人)……社会、経済、環境、福祉といった現代社会の課題をテーマにした科目を中心に受講。

〈科学型〉(10人)……科学や技術の新しい知識を扱った科目を好んで受講。

〈語学型〉(4人)……少数ながら中国語講座や英語の原書講読などを受講している人がいる。タイプとしては〈科目継続型〉に近いが、講師や科目を年度ごとに変えている点に違いがある。各種言語への強い関心がみられる。

〈文学型〉(9人)……『枕草子』など日本の古典文学や現代文学、外国文学などの講座を受講。語学型とオーバーラップする部分がある。

〈マルチ型〉(48人)……以上のいずれにも分類できない受講者で、48人と受講者全体の3割強を占める。特定ジャンルに偏ることなく、さまざまな科目を選んでいる。このタイプの中には#334の男性のように、きわめて多くの科目を受講している人が何人かいる。

表5.15　性別で見た受講歴タイプ　　　　　　　　　　　　　　　　　　　（人）

| タイプ | 科目継続 | 継続+α | 健康 | 社会 | 科学 | 語学 | 文学 | マルチ |
|---|---|---|---|---|---|---|---|---|
| 男 | 3 | 3 | 5 | 7 | 8 | 1 | 1 | 26 |
| 女 | 18 | 24 | 15 | 2 | 2 | 3 | 8 | 22 |

　各タイプの属性についての詳しい分析は省略するが、ひとつだけ性別の傾向をみておこう。表5.15ように、男性と女性でかなりはっきりした違いがみられる。男性で最も多いのはやはり「マルチ型」だが、数は少ないものの「社会型」「科学型」のようにほとんどが男性のタイプもある。一方女性で最も多いのは「マルチ型」ではなく「継続+α型」で、女性全体の3割弱を占める。「科目継続型」と「継続+α型」はその大多数が女性である。また「文学型」も女性が圧倒的に多い。一般に女性は特定科目を長期継続受講する傾向が強い。

## 4．継続受講者と公開講座の課題

### 学びを生み出すもの

　受講科目を時系列にたどってみるだけでも、固定受講者にはいくつかのタイプがあることがわかった。そこにはそれを生み出すなんらかの背景があるにちがいない。特定の科目を長期にわたって受講したり、特定ジャンルに的をしぼって科目を選択したりする行為には、それなりの理由があるのだろう。はたからは一見脈絡なくあれこれの科目をただ"ブラウジング"しているとしか見えない受講者にも、そこには当人だけにわかる一貫した論理があるのかもしれない。そうした一人ひとりの受講者の行為の背後にあるものはいったい何なのだろうか。

　これまでの分析を通じておぼろげながら浮かび上がってきた「固定受講者」のイメージは、Houle の描く「学習志向型（learning-oriented）」の学習者や、前章でふれた Boshier, R.W. のいう「成長に向かって動機づけられた（growth-motivated）学習者」[7] に近いものだった。そしてその多くはかなり高齢の人たちである。

ここで思い起こされるのは，A. トフラー (Toffler, A.) がその著書『未来の衝撃 (Future Shock)』の中で紹介しているある老人のことばである。トフラーが主催する未来学のセミナーで，受講者の中からひとりの白髪の老人が立ち上がり，セミナーに出席した理由を次のように述べたという。「私の名は，チャールズ・スタインである。私は，生涯，裁縫師をやってきた。私は 77 歳だが，若いときに得られなかったものを得たいと思う。私は未来について知りたいのだ。私は，教養のある人間として死にたいのだ」と。そして，突如静まりかえったこの教室のことをトフラーは次のように記している──「この飾り気のない言葉のあとに起こった突然の沈黙は，いまでも，その教室にいた人々の耳にこびりついているだろう。この老人の貴重な言葉の前には，（そこに出席している人たちの）学歴，大会社の肩書，高い地位といえどもまったく無意味にみえた……」[8]

　ある人たちにとって，学ぶことは人生最後の大事業なのであろう。公開講座の受講者の中にも，きっと第二，第三の"チャールズ・スタイン"がいるにちがいない。彼らが求めるものは現世的利益を超えたなにかであり，それが表面的には多様にみえる彼らの学習の底流をなしているのかもしれない。米国の成人教育学者 E. リンデマン (Lindeman, E.C.) は，無償の向学心に突き動かされて学ぶ成人は，知性，力，自己表現，自由，創造性，鑑賞，楽しみ，友情を求める，つまり自分自身を高めようとしているのだという。そして，それは「成熟」を求めるパーソナリティであり，「成長は，人生の目標である。力，知識，自由，楽しみ，創造性……は，ひとつの究極的な目標，すなわち成長すること，成ることに貢献するのである」[9] として，ここに成人教育のひとつの重要な意義があると述べている。たしかに一人ひとりの人生にとっての「学び」の意味は，こうした文脈の中でとらえたときにはじめて明らかになるように思われる。もしそうであれば，社会教育関係者から"リピーター"の名のもとに時としてやっかいな存在のごとく見られ，また"ひまつぶしのお楽しみ学習"として軽蔑の眼を注がれるような，そのような学習に喜びと生き甲斐を見いだしているこの人たちも，限りなき成長を求める学習者としてもっと正当な扱いを受けてしかるべきではあるまいか。そしてこのような"固定顧客"を大事にしながら，

しかし一方では新しい客層の開拓をどのように展開していくかがポイントとなろう[10]。

### 公開講座の役割と期待

今日わが国の大学公開講座をみると，私立大学などでは経営戦略として集客力のある趣味・教養関係の講座や技能取得型の講座を中心に，"カルチャーセンター化"がかなり進行している。そこでの講座編成は多かれ少なかれ市場原理に支配され，公教育機関としての役割意識は希薄になりがちである。これに対し公的資金により開設される国公立大学の公開講座は，私立大学とは違った理念に立つことが求められるのではあるまいか。「教育の機会均等」の理念のもとにすべての人に高等教育へのアクセスをさまざまな形で保証すること，それが大学開放の基本理念であるべきであろう。とりわけ地域社会に基盤をもつ地方国公立大学の場合，地域の課題やニーズにいかに応えるかがますます問われるようになってきている。のちに第7章でもみていくが，総じて地元大学へ寄せる地域住民の期待は，大都市圏などでは想像できないほど大きいものがある[11]。そうした中で近年新しい動きもみられるようになってきた。たとえば，滋賀大学が滋賀県と協力して環境問題の体系的な学習機会を提供する「淡海生涯カレッジ」の試みのような，大学と地方自治体や市民組織等との連携のもとに地域の公共的課題に取り組む，いわば「社会教育型」ともいうべきタイプの公開講座の出現である[12]。地方国立大学の向かうべき途のひとつが地域社会との共生にあるならば，ここに公開講座の向かうべきもうひとつの方向が見えてくるように思われる。

教養系科目を中心とする最も一般的な受講者は，その多くが本章で紹介したような自己実現型の学習者である。しかし，この人たちが地域や社会の課題に関心がないというわけではない。次章で具体的な事例をいくつか紹介するが，むしろそうしたことには人一倍敏感で，積極的にその意味を探求し自ら関わろうとするアクティブな学習者であることが少なくない。そのことはこの人たちの多くが「ものの見方を深める」「客観的・批判的見方を学ぶ」といった，現実認識能力の深化を受講成果として高く評価していることからも理解できる。著者の知る公開講座開講時からの受講者の中には，公開講座で学んだことを高

齢者問題のリーダーとして，あるいは障害者支援のボランティアとして，地域のさまざまな活動に積極的に活かしている人が何人もいた。また前章でもふれた「子どもの権利条約」を取り上げた講座では，受講者たちが講師とともに"子どものことば"に翻訳された条約づくりに取り組み，さらには仲間とともに子どもの生活と権利を守る市民活動グループを結成して「条約」の批准や実行を監視するなど，教室での学習成果を地域の実践へと拡げていった事例もある[13]。

　こうした事例のように，公開講座での学習を社会との関わりの中で深め，活かしている受講者は現実にはまだそれほど多くはないが，そうした機会を潜在的にせよ求めている人は決して少なくあるまい。必要なことは，そうした要求に応える講座の創出・提供であろう。すなわち，ただ単に知識獲得と内面的充実のための"古典的"教養にとどまらず，一人ひとりの成人学習者のもつ多様で豊かな経験を素材としながら，今日的課題への関心を喚起し，意識変革を通してそうした課題に積極的に立ち向かっていく意欲と力をつけていくような講座，そうした講座がいま求められているといえよう。大学公開講座は，すべての学習者に自己実現の機会を保障するという基本的な役割をもつ。そこに自己変革をとおして社会変革につながる契機を内蔵させることができるならば，大学公開講座はその存在意義をいっそう高めることができるであろう。

　本章には，かつて著者の共同研究者であった猿田真嗣氏（当時徳島大学大学開放実践センター講師，現常葉学園大学教授）の担当した調査のデータを一部使用させていただいた。ここにあらためて謝意を表しておきたい。

**注**

1) この調査は当時著者の共同研究者であった徳島大学大学開放実践センターの猿田真嗣講師により行われた。調査結果の詳細については以下の論文を参照されたい。猿田真嗣「公開講座アンケート調査（平成6年度）報告」『徳島大学大学開放実践センター紀要』（第7巻）1996, p.43-61.
2) 徳島県下の大学は徳島市とその近隣に集中しているため，大学公開講座の受講者は徳島市周辺市町村の在住者に限られていた。しかし，大学教開放事業は広く県内の人々に開かれるべきだとの立場から，徳島大学大学開放実践センターは県労政事務所等の支援

の下に1989(平成元)年10月,県西部の池田町に講師を派遣して「出張公開講座」を開設した。引き続き日和佐地区,貞光地区などでも開催された。「出張公開講座」関連の研究としては本書第7章のほか次のものがある。小野徳郎・藤岡英雄・野島良子「美馬三好地区出張講座「90年代の世界と日本」について」『徳島大学大学開放実践センター紀要』(第1巻)徳島大学大学開放実践センター,1990,p.21-34. 小野徳郎・藤岡英雄・野島良子「池田地区および日和佐地区における出張講座について」『徳島大学大学開放実践センター紀要』(第2巻)1991,p.59-79.

3)田中雅文「川崎市成人学校の時系列分析」川崎市生涯学習振興事業団・川崎市教育委員会『市民館利用者の学習実態に関する報告書』1993,p.105-132.

4)この調査では『出張公開講座』および『中高生のためのおもしろサイエンス』の受講者は,講座の対象者や開講回数が通常の科目と異なるので調査対象から除外した。

5)注1)猿田論文,p.46.

6)Houle, Cyril O. *The Inquiring Mind*. The University of Wisconsin Press, 1961, 1988(復刻版), p.16, p.24-29.

7)Boshier, R.W. "Motivational Orientations of Adult Education Participants: A Factor Analytic Exploration of Houle's Typology", *Adult Education* 21, No.2, 1971, p.3-26.

8)A.トフラー(徳山二郎訳)『未来の衝撃』実業之日本社,1971,p.501.

9)エデュアード・リンデマン(堀薫夫訳)『成人教育の意味』学文社,1996,p33-34,p.106.

10)「固定顧客」を大事にしながらいかに「新しい顧客層」を開拓していくかという問題意識から,川崎市成人学校の利用者を対象に興味深い研究を行った田中雅文は,新規受講者を獲得した講座の背景には新規事業とテーマの新規性があり,それに伴う新たな客筋の開拓が事業発展のポイントとなることを指摘している(田中雅文「川崎市成人学校の時系列分析」川崎市生涯学習振興事業団・川崎市教育委員会『市民館利用者の学習実態に関する報告書』1993,p.105-132.)。

11)藤岡英雄『生涯学習需要の構造と大学開放~徳島県における実証的研究~』教育出版センター,1998,p.61-62,71-72. 本書第7章参照。

12)神部純一「成人の体系的学習支援システムに関する研究――淡海生涯カレッジの開発とその成果――」日本生涯教育学会編『日本生涯教育学会年報』(第18号)日本生涯教育学会,1997,p137-155. 神部純一「淡海生涯カレッジの実践――大学・公民館・高校をつなぐ」『月刊社会教育』(1998年4月号)国土社,p.49-55. 住岡英毅「大学と地域社会教育」日本社会教育学会編『高等教育と生涯学習』(日本の社会教育第42集)東洋館出版社,1998,p.80-90. 神部純一「大学の地域貢献に関する研究――「環境学習支援士」養成プログラム開発と課題――」日本生涯教育学会編『日本生涯教育学会論集27』日本生涯教育学会,2006,p.11-20. 神部純一「生涯学習社会における大学公開講座の意味」日本生涯教育学会編『日本生涯教育学会年報』(第27号)日本生涯教育学会,

2006, p117-124.

13) 徳島大学大学開放実践センターの猿田真嗣講師の担当により1992年に開設された公開講座『子どもの権利条約を読む』では，講師と受講者が協力して子どものことばに翻訳された条文づくりの作業を数年にわたって続け，1995年にクリネット徳島編『こどものしあわせのための約束——親と子で読む子どもの権利条約』として刊行された（発行：教育開発研究所）。「クリネット徳島」は Children's Right Information Network of Tokushima の略。その学習と実践の経緯等については次の論文に詳しい。猿田真嗣「大学公開講座を起点とした学習ネットワークの構築——「子どもの権利講座」の実践を振り返って」『徳島大学大学開放実践センター紀要』第14巻，2003, p.11-27.

# 第6章 学びのスタイルとその背景
## ──公開講座受講者の事例研究から──

## 1．事例研究によるアプローチ

### 問題の背景

　前章では大量観察的手法によるデータをもとに，大学公開講座における"固定顧客"（固定受講者）の形成過程とその特性について考察した。ところでこの人たちが公開講座に求めるものはなにか，その学習を長期にわたり動機づけているものはなにかを知るためには，公開講座というワクからしばし離れて，人びとのトータルな日常生活の中における"学び"の位置づけや意味，さらに人生というタテの時間軸の中での"学び"の意味を，一人ひとりの受講者の中にたどっていく作業が必要になる。それは単に公開講座の受講者の理解にとどまらず，さまざまな機会をとらえて学習を日常化し，しかも長年にわたりそれを継続することがその個人の独自のライフスタイルとなっているような"継続学習者"一般を理解するいとぐちともなるであろう。

　これまでわが国の行政社会教育にあっては，長年にわたりその事業の対象となる人たちを家庭婦人，青少年，高齢者……といった"くくり"によって整理し，それをベースに事業展開をはかるのが慣行となってきたといってよい。そこにあるのは住民一人ひとりの異なるニーズや課題や思いから出発した事業展開というより，国や地方行政が一律に設定した社会的・公共的課題の学習を一方的に押しつける，かつて戦前戦中の青年団や婦人会を対象に行われた社会教育と，それほど大きくは変わらないものではなかったろうか。しかしながらそうした人口学的・社会学的属性に基づく単純なカテゴリー化は，公共的課題が複雑化し個人のニーズが多様化した今日，はたして妥当なものであろうか。

こうした反省が近年，社会教育の現場や研究者の間からも出てくるようになった。たとえば，研究者の立場から三輪建二は次のような批判を提出している。「（従来のやり方は）学ぶ主体である成人学習者の学習ニーズや問題意識をとらえきれなかったのではないだろうか。また，提供する側の価値観や問題意識を，知らず知らずのうちに成人学習者に押しつける結果に終わっていたのではないだろうか」と疑問をなげかけ，成人教育に関わるものは「社会的役割や社会的属性に基づくカテゴリー化，あるいは発達課題論や現代的課題論にもとづく学習課題の設定という考え方の枠組みから自由になり，生涯学習の事業に参加する成人学習者一人ひとりの学習ニーズを虚心坦懐に見るという，いわば「小所低所」からの視点をもつ必要があるのではないだろうか。そのような態度を貫くことによって，成人学習者の学習ニーズは，これまでの成人学習者理解ではくくりきれないほどの個別性を持つことが明らかになるのではないだろうか」と述べている[1]。

実はこうした批判は，1980年代にすでに倉内史郎によって提出されていたものと基本的には変わらない。倉内はいまのわが国の社会教育は学校教育的な発想に陥っているのではないかと警告を発し，次のように述べている。「……成人学習者はそれぞれの学習ニーズをもち，それぞれの関心があり，それなりの達成期待のもとで学習に参加する。そうした学習者に対して一律の学習目標をあらかじめ設定し，その達成のためにあれこれ工夫するというやり方は，どれほど可能であり，またどんな意味をもつのかやはり問題であろう」とし，「成人の学習において学習者のタイプがけっして一様でないという見方には，もっともっと注目してよかったのではないか……社会教育において，依然として，指導する側を中心の学校教育的発想から抜け切れないでいることをあらわしているのではないだろうか。根本的には，社会教育において成人の個々の学習主体性をどうとらえるかという問題が，ここにはあるように思われる」と述べて現状への警告を発している[2]。それと同じ立場からの警告が10年以上を経たのち再び繰り返されるところに，わが国の社会教育・生涯学習の実践・研究の両面におけるひとつの問題があるように思われる。

著者は三輪や倉内が問題にした「個別性」にこそ，おとなの学びの本質があ

るのではないかと考えている。一人ひとりの受講者をつき動かし，学びへとかきたてているものはなにか，そこから生み出されているものはなにか……。実はそうしたことの中に公開講座の編成，個々の受業科目の組み立てや展開に役立つ貴重なヒントが隠されており，さらには，おとなの学びの本質を理解する上での有益な示唆が得られるのではあるまいか。

このような問題意識から，著者は1998（平成10）年に公開講座の固定受講者の中から選び出した13人を対象とする事例研究を試みた。さまざまな制約から試論の域を出るものではないが，今後の研究への足がかりは得られたと思う。本章では収集した個々の対象者の受講歴，ナマの発言および文章化された陳述等を素材に，ア）継続学習者としての彼らを特徴づける生活と学びのスタイル，イ）学習を支える明示的ないし隠された動機，ウ）ライフコースにおいて公開講座で学ぶことの意味，などについて探ってみることにしたい[3]。

### 研究手法としての事例研究

アンケート調査等の大量観察的手法による成人学習者の研究は少なくないが，事例研究となると，複数の個人の手記を集めた体験文集，特定個人を対象としたルポルタージュや文献研究を別にすれば，概して少ない。その中では前章でもふれた米国のHoule, C.O.による22人の「継続学習者」(continuing learner)を対象に行った古典的な研究[4]が知られているが，わが国の研究としては，倉内史郎のもとに著者らが参加して行った㈶野間教育研究所の「個別化研究」プロジェクトで，首都圏の32人の学習者を対象に行った調査[5]，著者がテレビ・ラジオの「講座番組」利用者12人を対象に行った研究[6]などいくつかあるが，総じて量，質とも限られている[7]。

研究手法として事例研究が一般化していない理由は，大量観察的手法に比べてその方法論がまだ十分に確立しておらず，よく指摘されるように代表性，客観性の問題が常につきまとうことにある。さらに実施にはかなり長期にわたる手間ひまかけた作業が必要となる。たとえば，成人の学習を主題としたものではないが，よく知られている米国のレビンソン（Levinson, D.J.）らの研究[8]では，40人の成人男子を対象にライフサイクルと発達，それをめぐる課題への対応などを主題に，数年にわたって繰り返し行われた面接調査と，得られた資料の

綿密な分析がなされている。このような研究を行うには多くの困難が伴うが，成人の学習という個人の内面に関わる事象の研究にあっては事例研究の手法的価値は高く，大量観察的手法の限界を補う以上の積極的な位置づけが与えられるべきであろう。その意味で近年，大学の継続教育コースで学ぶ成人学生30人を対象に，伝記的方法と共感的方法を組み合わせた手法により，高等教育に学習機会を求める個人の内面世界を3年間にわたる数次の面接により追跡した英国の West, L. の研究[9]のような，斬新なアプローチが現れていることに注目したい。

**研究の枠組みと手続き**

レビンソンらの研究を見てもわかるように，代表性を確保するためにはある程度のサンプル・サイズが必要となる上，個人の内面を深く探るためには長期にわたる辛抱強い作業が求められ，個人研究で扱う範囲を超えることになる。本研究の場合著者の限られた在職期間の制約もあり，不本意ながら小サンプルによる1回限りの面接にとどまることになった。そうした制約をもつことをあらかじめお断りしておきたい。

本調査では徳島大学大学開放実践センターの公開講座受講者の中から選んだ13人について，次の4種の個人資料を収集しそれらを総合して分析を進めた。

(1) 個人面接の記録
(2) 「学ぶこと」についての自由記述
(3) 「平成6年度受講者アンケート調査」の回答データ
(4) センター公開講座の受講記録

対象として選んだのは，受講歴が長く，かつほとんど毎年複数の科目を受講している13人である。このうち12人は94年度の「受講者アンケート調査」の時点ですでに「固定受講者」と判定されたもの，残る1人はその後の受講歴から「固定受講者」に転じたと判断されたもの（後述**事例⑬**）である。できるだけ「固定受講者」の代表性を確保するため，おおむね前章で分類した「固定受講者」8タイプのサイズに比例する形でサンプル数を割り当てた。内訳は「継続＋α型」2人，「健康型」「社会型」「サイエンス型」「語学型」「文学型」各1人，「マルチ型」6人である。性別は男性6人，女性7人，年齢は40代と

50代がそれぞれ1人，60代7人，70代2人，80代と90代がそれぞれ1人，職業は有職4人，無職と専業主婦が9人で，無職と専業主婦のほとんどは過去に定職をもっていた。電話または面談により調査の趣旨と方法を説明し，結果公表の際には個人名を秘匿することを約束して協力を求めたところ，候補者全員から快諾を得た。

面接調査は1998（平成10）年7月～9月，原則として対象者宅で行った。これは，くつろいだ雰囲気の中でできるだけ本音を引き出すためである。ただし対象者のうち5人は本人の都合や希望によりセンターの受講者研修室で実施した。面接は細大漏らさず録音し，編集することなくそのまま文字に起こした。これが本研究の基本資料となる。ちなみに面接所要時間は40分から1時間30分で，平均約1時間であった。

形式としては構成的深層面接となるので，調査目的にそって質問すべきいくつかの基本項目をあらかじめ設定した。しかし実施にあたっては，対象者とのラポール（心の通い合い）の形成を優先して調査票は使わず，当初設定した質問の順序立てにもこだわることなく，くつろいだ会話の中から自然に本音が出てくるよう努めた。用意した質問項目は次のとおりである。

(1) 公開講座の受講動機（いつから／どのようなきっかけで／なぜ／科目の選び方）
(2) 公開講座から得たもの（どんな点で役だったか／講座から発展した学習の有無）
(3) 他にしている学習（現在しているもの／学校卒業後の学習歴／今後学習したいこと）
(4) 青少年期の体験（学校歴／学校時代の思い出）
(5) 強い影響を受けた人や体験（親・兄弟・教師・友人・その他の人／出来事）
(6) 余暇活動，社会的活動（主な余暇活動／地域集団活動等への参加／社会的なことへの関心）
(7) 生きがいと人生観
(8) 公開講座・大学への希望
(9) 基本的属性（出身地／現在の職業／過去の職歴／家族の状況／健康状態／経済水準／最終学歴）

このうち(4)と(5)は，学校教育やその他青年期の体験が，退職後（高齢期）の生

き方や生きがい，さらに学習活動や余暇活動を規定するという，新井郁男らの研究[10]から示唆を得たものである。

　面接データを補完するため，面接終了後に簡単な留置調査票への記入と後日の返送を依頼した。そこでの質問は自由記述形式の次の一問「あなたにとって〈学ぶこと〉とは何でしょうか。お考えを自由にお書きください」で，最終的に13人全員から回答を得た。得られた自由記述は，20行程度の簡潔なものから6枚にわたる"大作"まであったが，いずれも真摯な内省のあとが読みとれるものであった。これが本研究の第二の基本資料となる。

## 2．13人の学習者——そのプロフィール

### 13の事例とその特徴

　事例の詳細な分析に入る前に，まず研究対象となった13人の公開講座受講者のプロフィールを簡単に紹介しておこう。なお対象者名はすべて仮名である。

　**事例①　林　豊子**　59歳女性，主婦，高等学校卒。
　【受講科目】『たのしい女声コーラス』『内村鑑三青雲録』『パソコン講座』『西洋音楽の歴史』『くらしと電子の利用』『日本国憲法を読む』『シェイクスピアの言葉』『東アジアの考古学』『脳について考える』『元気づくりの健康・体力管理学』『大人の学びを考える』など，88年度以降の11年間に41科目受講。「継続＋$\alpha$型」の受講者。
　【特徴】『たのしい女声コーラス』など毎年開設されている二，三の科目を継続受講するのと並行して，他のさまざまなジャンルの科目を受講。知的好奇心がきわめて旺盛で，積極的に未知の領域，苦手な科目に挑戦してきた。公開講座のほか県主催の『古文書講座』などの講座をはじめテレビ・ラジオの講座など，多種多様な学習手段を利用。「学ぶこと」は"毎日の日課の一部"という。ボランティアとして市の商工会議所の記帳指導や，視覚障害者のための朗読奉仕なども行っている。

　**事例②　高木芙美**　62歳女性，主婦（元中学校教師），大学卒。
　【受講科目】『免疫学のはなし』『安全な食べ物』『薬よもやま話』『家庭で知っておきたい応急処置』『糖尿病の正しい知識』など，医学健康関連科目を中心に89年度以

来34科目受講。典型的な「健康型」。【特徴】"家族の健康管理者"としての役割意識がつよく，それに役だてるための学習が中心。教職経験をもち，両親，夫や娘夫婦，そして義父も教育者という環境の中で，自然に子や孫の育児・教育に強い関心を抱いてきた。受講したそれぞれの講座についての"反省文"を書き残している。

**事例③　森　賢治**　　73歳男性，高齢者雇用アドバイザー（元地方公務員），旧制専門学校卒。

【受講科目】『高齢化社会のゆくえ』『福祉と医療の経済学』『地域の経済と住民の役割』『社会調査の基礎知識』『会社経理入門』など，社会，経済，福祉関係を中心に90年度より18科目。典型的な「社会型」。【特徴】定年退職後高齢者問題に関わり，その豊富な経験と知識をもとに高齢者運動のリーダーとして精力的に活動している。学ぶことを"自己認識・自己変革・自己実現"ととらえ，それを通して高齢者の仲間とともによりよい生活の実現を目指したいという。

**事例④　山崎　忠**　　67歳男性，無職（元電力会社社員），旧制中等学校卒。

【受講科目】『物質の究極を探る』『身の回りのサイエンス』『のぞいてみよう新素材』『人体の構造と仕組み』『遺伝子の働きと病気』『病気とくすり』『病気と臨床検査』など，科学・医学関係の科目を中心に90年度より31科目受講。「サイエンス型」ないし「健康型」。【特徴】若い頃からさまざまな病気に罹り，その都度自分の病気についての知識を得ようと，専門書を読んだりしていた。定年退職を機にまず公開講座の医学・健康関連科目を手始めに受講。知らないことの多い自分を見つけることが学びだと，力まず自然体で学習に取り組む。

**事例⑤　船木正夫**　　92歳男性，無職（元電信技師，ミカン栽培，鍼灸師），実業学校卒。

【受講科目】『日常生活における人間工学』『遺伝子の科学』『新しい生物像』『体の中の薬の働き』など自然科学系科目が多いが，『原始仏教経典を読む』『メディアの教育学』『近代の形成』など他の領域へも関心を拡げている「マルチ型」。【特徴】男性受講者中の最高齢者。高等小学校卒業後戦前の大阪で電信技師として働くかたわら，旧制中学の夜学で学ぶ。戦後徳島に帰郷してミカン栽培に携わったのち，70歳で県立盲学校の専門課程を受験し入学。5年かけて鍼灸師の資格を取り，徳島市内の老人ホームに嘱託身分で入所。"学ぶことが生きがい"をモットーにいつも教室最前列，ノートとテープレコーダーを前にして受講する姿が，仲間の受講者に強い印象を与え

ている。

**事例⑥　横山　隆　　65歳男性，日本語教師，学習塾コンサルタント，大学卒。**
【受講科目】89年度の『日本語教育法』に始まり『中国語入門』『ニイハオ中国語（応用編）』など，中国語の講座を継続受講。典型的な「語学型」。【特徴】大学卒業後11年の会社勤めののち25年にわたり学習塾経営に携わる。大学時代に学び始めた中国語を活かして，92年から中国人の企業研修生に日本語を教えている。若いころからことばに関心があり，中国語の他に独学で英・独・仏・スペイン語など8カ国語をかじってきた。中国に行って日本語普及のためのボランティアをしたいという夢をもつ。

**事例⑦　大谷幸子　　66歳女性，主婦（元中学校教師），大学卒。**
【受講科目】『源氏物語を読む』を94年度より継続受講するほか『夏目漱石を読む』『江戸時代のわらいばなし』など文学系中心の「文学型」。【特徴】文学好きの少女として成長しながら，音楽教師の道に進まざるをえなかった。退職後少女時代の夢だった文学にうちこむ。『源氏物語』を一行も残さず完読することを目標に，公開講座と並行してサークルでも学んでいる。

**事例⑧　斉藤縫子　　77歳女性，無職，旧制高等女学校卒。**
【受講科目】90年度より『女声コーラス』『毒と薬と生命』『江戸時代のわらいばなし』『俳句にしたしむ』『こころの仕組みを考える』『初心者のエアロビクス』『ニュースポーツ』など，さまざまなジャンルにわたって31科目受講。「マルチ型」。【特徴】15年前に夫と死別して以来ひとり暮らし。空き部屋には徳島大の学生7人が下宿中。大学から徒歩10分の自宅から，散歩の延長の感じで公開講座に通ってくる。高齢者の多い老人学級などは敬遠し，"自分よりも若い人"と一緒に学べる公開講座で，若いエネルギーを少しでも吸収したいという。

**事例⑨　高橋　裕　　69歳男性，無職（元中学校教師），旧制高等専門学校卒。**
【受講科目】89年度より継続受講。『世界の地質』『日本語考現学』『生きること死ぬこと』『日本国憲法を読む』『国連平和活動とは何か』『「枕草子」を読む』『メディアの教育学』『老化と痴呆』『元気づくりの健康・体力管理学』など，あらゆるジャンルを受講する典型的な「マルチ型」。【特徴】男性受講者中では受講科目数が最も多く，98年度までの累積科目数は70科目に及ぶ。公開講座の受講で教員時代と同じ生活リ

ズムを保ち，少しでも心身の老化を防ぎたいと考えている。

**事例⑩** 田代ヒロ　66歳女性，主婦（元看護師・助産師），高等学校（定時制）卒。
【受講科目】88年度以来の受講者で『人間の生と死』『ストレスとうまくつきあう』『ドイツ語入門』『システムのはなし』『たのしい女声コーラス』『社会調査の基礎知識』『子どもの権利条約を読む』『内村鑑三青雲録』『比較文学入門』『入門色彩心理学』『Windowsプログラミング』など幅広く精力的に学ぶ「マルチ型」。【特徴】定年まで数年を残しての退職を機に，たまっていた知的好奇心が"爆発"，公開講座にとびついた。初年度は実に15科目受講。心の悩みをもつ人たちの相談事業にボランティアとして参加。人に奉仕することに生きがいを感じるという。

**事例⑪** 兼重克明　81歳男性，無職（元化繊メーカー社員），旧制中等学校卒。
【受講科目】89年度より受講。『人物デッサンの基礎』『西洋美術の歩み』『東アジアの考古学』『近代経済学の理論構成』『心理学事始』『宇宙』など，趣味の絵画関係から歴史，経済，環境問題，科学など幅広い「マルチ型」。近年は『病気とくすり』『老化と痴呆』など健康関連科目に比重が移っている。【特徴】定年退職後日本画を習うかたわら，郷土史の学習会に参加。70歳頃に友人から公開講座受講者の会（六一会）の研修旅行の話を聞いて興味をもち，公開講座を受講するようになった。歴史探訪のような講座にすすんで参加し，マイペースで学習を楽しんでいる。

**事例⑫** 加藤佐和子　67歳女性，主婦（元銀行員），高等学校卒。
【受講科目】1986年の公開講座開設以来，毎年継続して受講。『くらしと電子の利用』『たのしい女声コーラス』『英国の文化と文学』『ドイツ語入門』『子どもの権利条約を読む』『原始仏教経典を読む』『内村鑑三青雲録』『社会調査の基礎知識』『その後のPKO』『脳について考える』『はじめてのパソコン』『やわらかな幾何学』『元気づくりの健康・体力管理学』など公開講座の全ジャンルにわたる典型的な「マルチ型」。【特徴】公開講座がスタートして以来の常連で，毎年欠かさず7～8科目受講。98年度までの受講科目は実に82科目にものぼる。なにかを目指して，といった構えたところがなく，日々学ぶことがそのまま生きることにつながる自然体の学習という印象。

**事例⑬** 堀江まゆみ　47歳女性，主婦，短大卒。
【受講科目】『フランス――人と言葉』『無限とパラドックス』『新しい時代の「子どもの権利」』『新しい時代の「子どもの権利」実践編』『「子どもの権利条約」を読むⅠ，

Ⅱ』『市民のための教育学入門』など。「子どもの権利条約」関連の科目を中心に継続受講している「継続+α型」。【特徴】PTAの活動に長年関わってきたこともあり，子どもの問題に大きな関心があった。たまたま「子どもの権利条約」に関する科目が新設さされた時に受講。そこで生涯関わり続けたいテーマと出会ったという。受講をきっかけに，受講者仲間や同じ関心をもつ地域の母親たちと「子どもの権利条約」を学ぶ自主グループを結成，リーダーとして積極的に活動している[11]。

## 3．継続学習者を特徴づけるもの

### 飽くことなき知への渇き

　公開講座では年齢も，職業も，過去の教育歴もさまざまな人が学んでいる。自らのテーマや目標をもってそれをしっかり追求している人がいる一方で，目新しいテーマや領域につぎつぎと挑戦していく人，明確な目標のある人がいる一方で，ただひたすら学ぶよろこびに浸っているようにみえる人がいる。学ぶことがライフスタイルの一部となり，その人の個性をつくり出しているのである。しかしそれにもかかわらず，ここで取り上げた13人にはあるひとつの共通項がある。それは，学ぶことに喜びを見出し，それが生きていく上で不可欠な要素のひとつとして，ごく自然な形で日常の生活の中に融けこんでいることである。以下，その具体的な姿をいくつか取り出してみよう。

　林豊子さん(事例①)が最初に受講した科目は『くらしと電気の利用』だったが，その後コーラスやパソコンの講座にも挑戦する。

　──電気はあまり知識がなかったし，くらしに密着したことだからそういう知識も得たいなと思って……。(コーラスについては)もともとすごく音痴で歌は嫌いだったんです。聴くのは好きだけど歌うのはあんまりしなかったんです。でも科目紹介を見て「ああ，こういう歌を歌ってみたいな」と思って行ったんです。……パソコンをなぜ一生懸命してるかというと，私にとって全く未知のものだったし，これからは知識だけでも知っておかないと話にもついていけないし，子供たちにもついていけないな，という気持ちで……。片一方では，好きなこと，もうひとつは自分が全然できないこととか，知らないことを少しでも知りたいという気持ちで……。好奇心があるんです，すごく。……勉強するとすごく充実してるんです，その時間ね。何か知らないことを

ひとつでも覚えたら得をした，といったらおかしいけど，ああ，そういうことだったのかとかね，そういう感動みたいなものがあるし……やっぱり勉強している時間が一番好きなんです。

彼女は自由記述で次のように述べている。
　——私にとって"学ぶこと"は好奇心の延長であり知識を得ることで……生活の中でなにかに関心・疑問を持ったときすべて"学び"に通じると思います。若いころからなんでも知りたい，やってみたい，やってみないと気が済まないという気持ちが強く，またすぐ熱中してしまう性格です。なにかひとつ挑戦したり覚えたりしたときの快感は，何歳になっても変わりません。

ここには泉のごとく湧き出る知的好奇心と，それに導かれた新しいもの，未知のものへの挑戦がもたらす充実感がみごとに語られている。

電力会社を定年退職してすぐ公開講座の常連になった山崎忠さん（**事例④**）も，自由記述で次のように述べている。
　——知らないことのあまりにも多い自分に気付き，学ぶことにより変化していく自分や，次の学習への意欲の湧いてくる自分に驚くことがある。"自分の再発見"は学ぶことの魅力のひとつである。……ひとつのことを学習するとつい欲が出て，さらにもう一歩奥へ，またはもう一歩横の方へ，時には判らないことを追って後ずさりすることもよいと思っている。知識や経験のひろがりを求める気持ちが湧いてくるのは快いことである。……今日もひとつ新しいこと，知らないことを学び得ることができた……この充実感はまことに爽やかなものがある。

公開講座の「固定受講者」の多くはHoule のいう「学習志向」の学習者であるが，このタイプの学習を背後からつき動かしているものは"知へのうずき(itch to learn)"だという[12]。こうした"うずき"は文字どおり生理的なものとして，個人の内面から湧き上がってきたものといってよいだろう。それは前章で引用した Boshier, R.W. の「成長に向かって動機づけられた人」[13]のイメージにまさに一致する。

### 退職を機に噴出した知的好奇心

"知へのうずき"は，それが発現するまで長い抑圧のもとにおかれていることが多い。だから定年退職などを機に社会的職業的なもろもろの拘束から解放

され，自由な時間が与えられると，身近に魅力的な学びの機会がありさえすれば，それまで冬眠を強いられていた"知へのうずき"は一気に爆発することになる。56歳で30年以上勤めた看護師・助産師の職から解放された田代ヒロさん（**事例⑩**）は，公開講座との出会いを次のように語る。

——昭和63年にちょっと早めに退職をいたしまして……三交替もありますし，老化現象というかいろいろと体調的なこととか，事故が起こるという，何かそういうことが少し不安になったりしまして，それで早めに辞めて何か好きなことというか，いろいろやりたいと思うことがたくさんあったんです……。公開講座を知ったのは新聞だったかテレビだったか……確かパンフレットかなにかが職場に来てたように思うんです。昭和ひとケタですので今まであまり勉強もしてませんし……。公開講座はいろんな科目があって，どういうものか知りたいなという興味といいましょうか，そんなことで行ったように思います。辞めた年でしたのでかなり行かせていただきました。（質問：最初の年は15科目も受けられてますね？）はい，今まで知らなかったことというか新しいこととか，……難しいこともあったかと思いますけど，何か好奇心を満足させてくれるとか，そんなのがあったように思いますね。

長年勤めた銀行を86年に退職した加藤佐和子さん（**事例⑫**）は，ちょうどその年に発足した公開講座の第1期生である。

——自分でも可笑しいくらい覚えてるんですね。テレビを見てましてね，それまで午前中にテレビを見るやいうのは全くない生活をしてましたから……。退職から2カ月位でしょうかね。そうしましたら，それだけではあんまり気持ちがよくないなというような，スッキリしない，健康状態がね。悪くはないんですけどスッキリしない，そう思いつつテレビを見ていたんです。そうしましたらテレビに映りましたの，公開講座の案内が。ギリギリ締め切ったか締め切らないかの状態の時に。それで電話しましたら「まだいけますよ。何をとられますか？」というので「全部！」って。……それからずっと出かけました。

### 学習の連鎖と多様な学習活動

ケース・スタディの対象となった人たちの多くは，毎年コンスタントに3〜4科目受講しているが，中には年間10科目近く受講した人もいる。たとえば**事例⑨**の高橋裕さんは，最も多い年には11科目受講した。「一見片っ端からのように見えますが……」という著者の質問に対して，高橋さんは次のように答

えている。

　——それぞれ理由はあります。『メディアの教育学』は，メディアと今の教育学の関わりはどのように展開しているかとか，『人口知能技術』は先端技術の発達した面を知りたくて……，『感染症』は自分が肝炎のキャリアーだったので，……『目の健康』は白内障にやられているので。(『枕草子』や『源氏物語』も勉強されてますよね？)　ええ，文系の勉強ができてないのでその方面を……。社会領域の科目は今の時代の社会的な面を把握したいと……ずっと関係がなかったので一度聞いてみたいという気持ちで……。

　とりとめない"ブラウジング"のように見える多科目受講も，実は多面的関心の発露なのだ。関心の拡がりはこの人たちの最大の特徴だが，同時にそれは学習の形態・手段の多様さとも結びつく。たとえば先の林豊子さんの場合，公開講座や放送公開講座の他に，行政の学級・講座・ワークショップ，民間の俳句教室，放送局の講座から発展した自主講座，『NHK人間大学』などの放送講座，通信教育と，利用できるあらゆる手段を動員して学んでいる。また，**事例⑦**の大谷幸子さんは『源氏物語を読む』を1994年以降受講しているが，同時にサークルに参加し，テレビ・ラジオの講座も利用している。

　——『源氏』なんかは勉強を二つ並行してやってるんです。もう一つの方は四国大学の先生が講師で，月1回ですけども勉強したいという人が集まって，原文を読むという初めからきっちり読んでいくということを主体に学習サークルみたいな形でやっています。……文学に関しては自分の読みたい本，新聞に紹介されるものや放送で紹介された本で興味をそそるものがあれば，本屋さんに注文して買って読む。……テレビやラジオの講座も目につきましたら逃さず……。たとえば杉本苑子さんの『万葉の女性歌人たち』とか，寂聴さんがしばらく前に「源氏」をやってた『NHK人間大学』ですね，そういったテキストも買って……。できるだけアンテナを張って。幸いA書房の社長さんが友達なもんですから，こんな本があるけどとか，教えてくれるんです。

　山崎忠さん(**事例④**)の学習は教室を出ても終らない。関連の図書を読んだり『NHK人間大学』などの放送講座の視聴へと発展していく。公開講座をきっかけに読んだ本は『アレルギー』『脳の話』『神経内科』『疫学とはなにか』『遺伝子が語る生命像』など，20冊以上に及ぶ。

――公開講座で出てきた話をもう少し知りたいな，と思ったりしたら本屋をウロウロしてみたりというようなことで……。そうしたら先生方から教えていただいたことが一層よく理解できるようになりますのね。

著者はかつてテレビ・ラジオの講座番組が，さまざまな学習手段を結び合わせて全体として有機的な学習活動を成り立たせる，一種の"触媒"として機能していることを明らかにしたが[14]，同じことはここでもいえよう。すなわち，公開講座は学習のきっかけをつくることによって，学習の多様な展開への触媒となる。そしてこうした触媒機能により，ここにみるような継続学習者に特有の，エンドレスな"学習の連鎖"がつくり出されていくのである。

### 自然体の学びと学習の日常化

取り上げた13人から等しく受ける印象がある。それはひとことでいえば，学ぶことがきわめて自然な形で日々の生活の一部になっている，ということであろう。「学習志向」の継続学習者の顕著な特徴のひとつは，彼らの学習がただ単に継続しているというだけでなく，コンスタントだという点にある，とHoule はいう[15]。

――今ではことさら"学んでいる"という意識をもって臨んでるわけではなく，毎日の食事のように，夕方のウォーキングのように，学ぶことも日課の一部のような気がします。(**事例①林さん**)

――もう10年も公開講座に行きよんでしょうか……近いことも一つの条件なんですよね。自転車だったり歩いてだったり。お隣の方もお誘いして……ちょうどこちらに公開講座にいらっしゃる方がおるんです。(**事例⑧斉藤縫子さん**)

この人たちの学習には"勉強"ということばがもつ力みや堅苦しさがみられない。むしろ"遊び"の延長としての軽やかさがある。

――勉強するんだ，と肩に力を入れない。力むとくたびれる。すると長続きしい。判らないことや理解できないことがあってもよいではないか。(**事例④山崎さん・自由記述**)

――講座に来たいと言うお友達があるんですよ，学校の先生をしてた方でね。「レポートを書くんやろ？」と言うんです。「レポートはない。90分先生のお話を一生懸命聞いてたらそれで良いんよ」と言うと「自分にどれだけ残るか」，そこで「残らなく

ても良いじゃありませんか」と言うと「それはそうやな」と言うんです。……この勉強をして資格を取って次に人に教えるとか，医学的なことだと患者を看て命を救わないかん，そうした責任はありませんからね。それは気楽なものですよ。だから学問的な話をやさしく言っていただいて，わかったような気持ちで贅沢なお勉強ですよ，これはね。頭の体操，それから健康にも非常に良いんですよ。(事例⑫加藤さん)

　知的好奇心が旺盛で学ぶことを日課にしているこの人たちは，総じてものごとに対して積極的，行動的で，肉体的にも健康な人が多い。
　——徳島に帰ってきた時に，どこも勉強するところがない。ある時道を歩いていたら「簿記を教えます」という看板があったんです。私は高校の普通科だったので簿記というものを全く知らなくて，じゃあ行ってみようかと……駅のそばに何とかいう簿記学校があったんです。何かしたい，したいと思ってたからすぐ行ってみたら，すごく面白かったんです。(事例①林さん)
　——毎朝，(徳島市内の)城山を二，三回登ってラジオ体操をして帰る。……毎月県内の千メートル峰を行く。そして年に二回ぐらい夏山に，ちょっと遠征したような形で行くんです。……原水爆禁止平和大行進で礼文島から東京までと，長崎から広島まで歩きました。(事例③森賢治さん)
　現役を引退した人によくみられる日常的倦怠感などとは無縁な人がここにはいる。彼らにとっては，"学び"という日常的行為がごく自然な形で生活にリズムを与え，それがさらに生きていくエネルギーを生み出しているのであろう。

## 4．継続学習者を生み出すもの

### 活動的な学習者

　これまでみたように，継続学習者の多くは常に新たな知的刺激を求め，さまざまな学習機会を積極的に活用しているが，こうした行動はある大きさをもつ活動エネルギーを母体とし，そこから自然に流れ出してきたものといえるかもしれない。ここで，かつてマス・メディアの受け手研究で唱えられた「activity 仮説」が思い起こされる。「(マス・メディアの)受け手の中にはactivityの高い(あるいはエネルギー量の大きい)人びと(猛烈型)がいて，それらの人びとはいろいろなことを行い，多くのマス・メディアに結びついている」というものであ

る[16]）。この仮説は成人の学習行動にも適用できるかもしれない。つまり、公開講座の固定利用者の多くは、もともと人並みすぐれて activity 水準の高い人たちであるのかもしれない。

こうした行動特性は生得的なものなのだろうか。ある種の活動性が遺伝的形質と関係があることは事実だが、学習という行動にそれが発現するかどうか、ということになると確たる証拠は提出されていない。むしろ学習への意識や態度は、幼少期からの生育環境の中で形成されていくという考え方のほうが一般的である。Houle は「幼少期から学習にとりつかれている者がいるが、それが遺伝的要因によるものという考え方は受け入れがたい。しかし、幼少期のインプリンティングや文化的順応の過程を通じて獲得された可能性はある」と述べている[17]）。

### "勉強ずき" を生み出す環境的要因

13人の人たちには、"勉強ずき" を生み出すどのような生育的・環境的背景があったのだろうか。それぞれ自らの若い頃のことを思い出してもらった。

林豊子さん（**事例①**）は子どもの頃から勉強が好きだったという。

――すごく勉強が好きだったんです。私の子供にいわせたら「何で勉強好きなの、勉強が好きな人なんていないよ」って言うんですけどね。母子家庭だったから遊びに行かしてもらうほどのお小遣いも貰えなかったし、ただ新学期に教科書をもらってきたら嬉しくて、一生懸命に読んで、数学なんかは夏休みに半分くらいは自分で一生懸命する、している時間がすごく楽しかったというか、それが今でも続いているみたいです。……（勉強好きは）兄の影響だと思います。兄が朝から晩まで勉強していましたから。机を並べてたんです。……新しく習うことはわからないけど、横に兄がいるから聞けば教えてくれる。たとえば初めて分数に触れて教えてくれた、解ったらそれが面白いからじゃあ次も解いてみようかな、という感じで……。勉強が好きになった動機はと聞かれたら、やっぱり兄が横にいたからかな、という感じです。

森賢治さん（**事例③**）は学生時代の友人の影響をあげる。

――若い頃の影響といえば友達からが主ですね、マルクス経済学を勉強するようになったのは。サークルとかそういうところで。その頃のあれが一番基本になっていると思うんです、哲学も経済学も社会科学もね。見る目が確立したようになったんですからね。いうたら自分の人生のバックボーンがそこでできたということではないかと思

うんです。その後の自分の経歴を見ても、組合運動や医療生協の活動に関わったり高齢者運動に関わったりで、ずっと続いてますから。

　少女時代の読書好きが現在の文学の勉強につながっていると思う、というのは大谷幸子さん（**事例⑦**）である。

　――家に本が沢山あったということはないですね……。あ、思い出しました、小学校の時に母の友達がいまして、裕福なお家の私と同じ歳くらいの坊ちゃんがいるお家。そこに時々行ってて、そこのお兄ちゃんや坊ちゃん達が読まれた本を、「少年少女なんとか全集」みたいのとか「世界名作……」とかを「もういらない」というので、母がもらってきてくれました。それが最初でしたね……その世界に入りこむ感じで……。戦時中に看護婦をしてた叔母がおりまして、帰ってきましてから大学病院でお勤めさせてもらってたんです。その叔母が大学の図書館なんかに連れてってくれましたから、そこで借りてきて読んだんです。……小学校六年の夏休みには『宮本武蔵』全巻読んだとか、そういうことをしてましたから。もともと叔母にそういう傾向があったのかもしれませんね……。

　家庭やそれを取り巻く文化的風土が自然に読書や勉強好きを育むことは、容易に想像できる。両親とも教育者の家庭に育った高木芙美さん（**事例②**）は、次のように述べている。

　――父は教師をしていました。母も教師をしていましたが結婚と同時に家庭に入り、穏やかな生活でした。勉強することはもちろん、本も沢山あり家族みんな本が好きでした。子供の頃より両親に連れられて県内外の美術館、博物館、遊園地などに行った記憶もあります（自由記述）。

　彼女は中学校教師の道に進み、教育者と結婚し教育者一家の家庭に入る。

　――義父も本を読むのが好きな人でしてね。ほとんどの本を読んで、新刊が出たらこれっていうのを私が注文に行って、それを義父と二人で読みあいっこして、その読後感のようなものを言ったり……。子供が大きくなったら子供も交えて……おおかた10年くらい続いたでしょうか、義父が死ぬまで。子供たちが大学に行ってからは私が一人で読んで、こんな本を読んだっていうのを子供のところに送ってやったら、子供がそれを読んでこんなことを思ったという手紙のやりとりをしたり、それは今でも続いています。

　家庭に本がたくさんあったとか、親が勉強好きだったというのでもなかった。

4. 継続学習者を生み出すもの

自分は勉強が好きだったがそれほどできたわけではない。ただ，自分と同じように苦学して検事になった弟がいた，というのは，船木正夫さん(事例⑤)である。

　　——わしの弟もね，朝鮮で生まれ朝鮮から戻ってきて，裁判所，登記所に入りましてね。徳島県牟岐の裁判所の出張所，それから徳島市の裁判所へ来て，いろいろ勉強してから副検事の試験を受けましてな，それでそれが通りまして。一生懸命勉強する男です。神戸の裁判所に入って検察部で仕事をさせてもらって，それから高知に2年ぐらい居ってね，徳島に戻ってから2年ぐらいで辞めましたが……。

　Houleも言っているように，身近に継続学習者がいればその存在そのものが，継続学習者を生み育てる影響力として作用するのである[18]。

**青年期の苦学体験が培うバックボーン**

　上述の船木正夫さん(事例⑤)は，公開講座受講者の中では最高齢の92歳である。小学校を卒業後仕事につくため大阪に出て，官費で逓信省の通信技術者養成課程に学び電信技師となる。昼間勤めながら夜は旧制中学の夜学で学び，中学卒の資格を取る。のち徳島県の郷里に戻り蜜柑栽培に従事。この頃は大阪の夜学で学んだ英語を活かして，柑橘栽培の先進地米国カリフォルニアで発行されていた柑橘専門誌なども取り寄せて読んでいたという。この間戦争をはさんで町会議員も通算6期勤めたが，戦後は独学で「自治法」など地方行政についての勉強もした。70歳で一念発起，県立盲学校の専門課程で学び鍼灸師の国家資格取得を目指す。

　　——70歳になってここでひとつと思いまして……というのは農業をやりよった時に再々腰が悪くなり，徳島市に指圧に来てそれが治ったんです。それで指圧をやろうか，人助けにというか，まあ勉強してみようかと思いまして……。盲学校へ入ると言ったら校長さんが「それはちょっと具合が悪いなあ，若い人に影響する」とこう言うから，そんなら試験を受けさせて下さいと言いましてね，試験を受けたんです。盲学校の理療科というのは高卒程度です。旧制中学の資格を通して下さいと言うと「よかろう」ということで，試験を受けさせてもらいまして，通りまして……。卒業まで3年のところを5年かかりました。(受験のための勉強もされたんですか？)そうです。試験がありますもんな。試験は英語，数学，それに生物，国語……6つか7つありました。昔大阪でやった時分と違うので大分勉強しました，入るのにね。(教科書も全然違う

でしょう，昔とは？）我々が習った時代の代数や幾何とは違いますからね。生物なんかも昔と違いますからね。参考書や教科書を探しましてね，取り寄せて。（英語の試験もあったんですか？）それはわりあいよかった。英語は好きでしたからね。普通の時でもちょっぴり読めましたからね……。授業は朝8時30分か9時から3時か4時かぐらいまであったように思います。……生理，解剖，病理，それから法規，それに実習として針，あんま，マッサージ，これの実習と理論の両方ですからね，わりあい難しかったです。

このバイタリティにはただ敬服するほかない。若い頃からの向学心はいささかも衰えていないのである。それを育んだ最大の環境要因は，貧しさの中にありながら，いやそれだからこそ一層向学心に燃えた，あの明治・大正期の農村青年の多くが共有したところの苦学力行・立身出世の精神に他ならない。船木さんは自由記述の中で次のように述べている。

——小学校を卒業した大正9年頃は，物資やすべての社会機構は現代に比べ非常に貧しかった。人びとはよりよい生活を望み向上心に燃えていた。クラーク先生の"Boys, be ambitious!"は——当時この言葉自体は一般には知られていなかったが，その時代を表現するに適切と言へましょう。小学校を卒業すれば社会生活が待っていた。上級学校に進学する条件の整わない少年は都会へ出て働きながら学ぶ，いわゆる苦学の道を選んだ。私も家庭の事情から大阪逓信局の通信技術課程へと進んだ。それがきっかけとなって，その後自分の環境は変わったがそれに応じて極力学び続けた。それが現在まで私の習慣となった……。

逆境が人をつくるという。まさに，恵まれない条件のもとにありながら，高い志を抱いてひたすら勉学に励んだ青少年期の体験が，人生の晩年を迎えてなお新たな挑戦を続ける，精神的バックボーンとなっているのである。

## 5. 明確な目標と隠された動機

### 目的・目標をもった学び

多くの人は「学ぶことが楽しいから」「好奇心を満たしたい」「教養を高めたい」から学ぶのだという。つまり具体的な目的・目標と直接結びついていないという意味で，「学習志向」の継続学習者の特徴を示している。その中で少数

ながら，はっきりした目標を目指して学んでいる人もいる。たとえば『中国語講座』を継続受講している横山隆さん(**事例⑥**)には，ぜひ実現したい夢がある。

——私の出身高校と中国の西安の近くの咸陽ですけどね，咸陽の第二高級中学校が姉妹校関係であるので，私の念願はあと5年ぐらいしたら，まあうちの家内が死んでからのことですけどね，死んだら行ってくれということで……なかなか死んでくれませんけど(笑)，そこの日本語教師，ボランティアの教師として2年間行くのを計画しています。そのために日本語と中国語の勉強をしてるわけです。……日中友好のために尽くしたいと，向こうにも伝えてあるんです……日本語の普及のためにですね。これは僕の使命だと思ってます。……向こうの生徒と寝食を共にしてやりたい，それを実現するのが私の目標，生きがいですね。

年をとってからも生きていく上で目標をもつことが大事だというのは，地方公務員を退職後，高齢者福祉のための活動を精力的に続けている森賢治さん(**事例③**)である。

——目標としては80歳まではスキーをして，90歳で1万歩ぐらいは歩ける体力をもつという目標を設定したんです。生涯生活設計について人に話す時も，自分自身もちゃんとした目標をもたないといけないと思うので。……現職の時に『徳島県職員100年考』という本を書いたんです。そういうものを書くために本を読む，そういう読み方をずっとしてきたわけです。ものを書くためには勉強しておかないといけないんでね。そういうわけでもう8年も公開講座で勉強していますからね，そろそろまとめるという意味で書いてみたいものを持っとるんです。……健康管理学について書いてみたいなという希望があるんです……他の人の発想にはないものをね。

森さんの場合，日常生活レベルからライフコースのレベルまでそれぞれいくつかの目標が設定されているのだが，それと関わる公開講座の受講にも鮮明な目的意識が浸透している。

——(最初に受講した科目『高齢化社会のゆくえ』は)高齢化社会に関心を持ってたんです。今も続けてるんですが，高齢者運動の会長をしてるんです。そういうことで高齢化社会のことも勉強せんといかんと思ってましたし，そのためにはどうしても基礎調査が要りますね。それでまた『社会調査の基礎知識』を受けたんです。『福祉と医療の経済学』も医療生協っていうのをやっておりましたので役に立ちましたし，『地域の経済と住民の役割』というのもやっぱり関係ありますからね。……高年齢者雇用アドバイザーをしていて，年間40日くらい企業に行って定年制の問題，年金とか生

涯生活設計の話をする，健康管理とか生きがいの話をするんです。アドバイザーでは経営分析もあるんで，人件費比率が高まってどうするかというような問題もあったりして，『会社経理入門』はそういう基礎的なことで役だっています。『元気づくりの健康・体力管理学』は，これはもうずうっと役に立つのではないかと思ってるんです。成人病死亡率を少なくするには歩くとか，そういう健康管理が必要ですし，私自身高血圧ですからね。自分の健康管理もちゃんとせないかん，ということで……。

## 役割意識が生み出す学び

医学・健康関係の科目を中心に受講している高木芙美さん（**事例②**）には，自分は家族の健康管理者だという強い自負がある。

——姉が50歳で胃癌で亡くなったんです。……両親も長生きしてましたし，兄弟4人もみんな元気でね，病気になるなんて思ってもなかったんです。姉がそんなふうに亡くなったから，それを機会にいろいろと勉強したいなと思ったんです。……自分ひとりでは勉強できないんですよ，医学的なものとか健康管理とかについてはね。それで公開講座でいろいろ聞かしていただいたら勉強になるかなと思って。家族の健康管理は私が家にいるから守っていきたいと思いましてね。……義父も私が最後まで看たわけです。郷里の母が91歳で三好郡に一人で居るんです。それも看に行きたいし，2歳の孫も朝晩私がみて保育所につれて行ったり……。私が役にたつ間は，子どもたちとか孫のことをいろいろみたり，母も看てあげたいと思いましてね。……子どもたちにもいつまでも頼られるおばあちゃんになりたいなぁと思ってね。

かつては社会の第一線から引退した後は，徐々に社会的関わりを少なくしながら，平穏な余生を全うすることが当然のこととされ，またそれが心理的適応を促すという「離脱理論」[19]なども現れた。しかし今日ではむしろ，引退後も社会的な関わりを持ち続ける人たちが増えてきており，そうした社会的活動性こそ，高齢期における人生への満足感や生きがい感を生み出すという説が支配的になりつつある。新井郁男らは青少年期以降の教育・学習体験と退職後の生きがいや学習活動との関連について興味深い研究を行っているが，その中で新井は，生きがいを決めるのは退職後の活動の量ではなく質であると考え，自分が重要な役割を果たしていると認知しているとき，すなわち「役割貢献度感」が高いときに，生活への満足感や生きがい感が高まるのではないかという，興味深い仮説を提出している[20]。高木さんの場合も，家庭の健康管理者として家

族に貢献しているのだという役割意識が積極的な学習活動を支え、生活にハリを生み出しているのであろう。また先にみた森賢治さん（**事例③**）の場合も、高齢者運動のリーダーとして貢献しているという鮮明な意識が、その生き生きとした活動と学習を支えていることは疑いない。

田中雅文は高齢者の学習活動と社会参加活動、および生活意識のそれぞれの相互関係を探る研究を行い、学習成果を社会的活動で生かすことにより「生きがい感」が強まり、さらにそれによって学習と社会参加の充実感が相乗的に高まっていくという、興味ある関係を明らかにしているが[21]、この森さんらの事例はまさにそれを実証するものだといってよかろう。

### 青年期の挫折体験からの回復

さきにふれた英国の研究者 West, L. の長期間にわたる面接調査をもとにした研究も、そうした意識の深層にひそんでいるものをさぐり出そうとする試みであった。今回の事例研究では時間的制約もあり、そうした深みにまで入り込む意図はもともとなかったが、いくつかの発言の中にはそうした、学びのもうひとつの隠された意味を示唆するものがあった。その主なものを次に報告しておこう。

"大学へのあこがれ" がずっとあったように思う、と言うのは斉藤縫子（**事例⑧**）さんである。

　　——姉が同じ女学校から関西医専に行きました。それから兄は立命館に行きましたし、その次が私です。私ぐらいから少し勉強ができなかったんでしょうか……うん、ちょっとね。私も薬専とかそんな所へ行ければ……私が行きたいといえば、父もその気持ちでいましたから……今になってちょっと……。大学の校庭なんかに行きましたらね、私も大学生になってこういうふうにしたかったんだな……あこがれみたいなのがやっぱし残ってました。

夫に先立たれたのち自宅に若い大学生たちを下宿させているのも、彼女のそうした思いとどこかでつながっているのかもしれない。

ところで高等教育への途は、面接対象者の世代の多くの人にとっては、必ずしも容易なものではなかったのである。母子家庭に育った林豊子さん（**事例①**）は、大学進学を断念せざるをえなかった若き日のことを、次のように記してい

る。

——次男が進学して上京し一日が自由に送れるようになりました。そんなおり公開講座のしおりを目にしました。突如として数十年前，高校時代のもの悲しい思い出が胸をよぎりました。高校入学とともに大学への進学は当然のことと進学コースを選び，三年間受験勉強に励みました。職業軍人だった父は終戦の年に戦死，母子家庭に育った私が，二年前に上京し在学中の兄と，そして私を同時に教育する余裕のない家庭の現実に気づいたのは，高校三年生の夏でした。困惑と悲しさに呆然としました。……歳月を経て，形は違っても大学で学べるということは，長年の夢がかなったような気持ちでした（自由記述）。

　人一倍向学心が強く勉強もできた彼女にとって，それはとてもつらい体験であったことだろう。しかし青年期の夢が破られたのは彼女だけではない。戦前・戦後を問わず多くの若者が時代の犠牲となり，その後の人生を通じて折にふれよみがえってくる深い挫折感と悲哀を，記憶の奥深くにとどめざるをえなかったのである。林さんの場合公開講座の受講は，そうした青年期の喪失感から自己を回復する，一種の代償行為として機能しているのではなかろうか。先の船木正夫さん（**事例⑤**）の場合にも，同様な動機が隠されていたかもしれない。

　前章でもみたように，公開講座の固定受講者の特徴のひとつは，新制高校・旧制中学卒レベルの学歴の人が他の受講者よりも多いことであった。このことと考え合わせると，公開講座の果たすこうした一種の"補償機能"は，想像以上に大きい意味をもつものかもしれない。Westの研究対象者は，成人期に入ったのちさまざまな動機から初めて高等教育を求めた人たちだった。彼は，この人たちにとって高等教育は「自分は取り残されたという感情，無意味だ，本当の自分でないという感情を，他者との交流の中で克服する潜在的可能性をもった空間」なのだ，と述べているけれども[22]，それは著者の事例研究の対象者にも一脈通じるものがあるように思われる。

　大学に進学しながら，少女時代から好きだった文学ではなく，やむなく音楽を専攻して音楽教師になった大谷幸子さん（**事例⑦**）は，定年退職後に文学の勉強ひとすじの途を歩みはじめる。これもまた若き日の挫折体験から自己を取り戻す，代償行動のひとつだったといえるかもしれない。

——大学で二つの教科を専攻できて，国語と音楽が取りたかったのですが，その時

制度で「国語と音楽両方はだめ」と言われまして，音楽は捨てがたかったので取りました。そういう若い時の自分が文学を勉強したかったことが叶わなかったので，勉強したいなという気持ちが常々ありまして，それが読書をするという形をとりながら，長年勤めていたんですけれども……。勤めをやめまして……最初は中央公民館で成人大学講座というのがあって，K先生が『文学散歩』っていうのをなさっててずっと受けてたんです。そこに来てた友達が徳島大学にも講座がある……『夏目漱石』があるというので，じゃあどういう読み方があるんだろう，行ってみようかなと……。若い時から古典は一度は読まなければというので古典文学全集を買って並べたりしてたんですが，読みかけても挫折，挫折でしたから一度はやっておかないと，これだけは，という気持ちが強かったんです。これはいい機会だなと思って。若い時あんまり勉強できてないんです，私の年代は。し残してきたものがいっぱいなんです。

### 定年退職を機に生活の質の転換へ

長く職業生活の第一線で活躍してきた人たちにとって，定年退職は人生の大きな節目であり，そこにはさまざまな新しい課題が待ち受けている。たとえば退職後のあり余る自由時間にどう対応するか，それまでの生活のリズムを崩すことなく，いかに生き生きした生活を送るかといった，引退後の生活を自ら組立てていくという大きな課題がある。よく知られているハヴィガーストの「発達課題リスト」には，老年期の課題のひとつとして「隠退と収入の減少に適応すること」があげられている[23]。そこには「隠退によって生じた空虚を埋める」ものとして，自分の興味のある余暇活動やパートの職が例としてあげられているが，学習活動についての言及はない。しかし，著者の面接では何人かの人が，退職を機にそれまでの生活を見直し，なんらかの学習活動を生活の軸のひとつにすることによって，老後の新たな生活を組み立てようと努力する姿がはっきりと見てとれた。

　　――時間が自分のためにこんなに使えるというのはありがたかったですね。それまでは自分の時間はゼロみたいな生活をしておりましたので……。仕事一筋の人間になってしまっていたんですが，退職してからそれまでの自分の生きてきたやり方というか，それがあまりにも味気ないような感じを受けましてね。折角の時間ですから，おこがましいですけどQOL（生活の質）のことを考えてみたりというようなことで，それも自分だけでなく周りの者にも役立てることができたらなあと思っていろいろ勉強を始

めたわけです。(**事例④**山崎さん)

——(在職中は)勉強することはなかったんです。定年4～5年前から，定年後に趣味がなかったらいかんと思って……。「モナリザ展」が初めて日本に来たんです。これはひとつ絵も勉強せなあかんと思って見に行ったんです。……それから絵をぽつぽつ勉強し始めて……絵に関心ができてきたんです。定年になってからどこかに習いに行こうかと思って……。それで墨絵なんですがね……習ってる先生が死にまして日本画に転向したんです。絵ばかり描いていたら頭が固くなるといわれて，いろいろ勉強せねば話がでけんので，手広くいろんなことを……今まで自分の習ってないことをやろうと，それで公開講座など始めたんですけどね。(**事例⑪**兼重さん)

## 老いとのたたかい

長く教員生活を送った高橋裕さん(**事例⑨**)の場合，健康のために現職時代の規則正しかった生活のリズムをできるだけ長く保っていきたいという動機が，公開講座の受講に結びついた。

——70歳になったら体力的にはぐっと衰えてきて……50歳，60歳のように活発にできんかも……。しかし現職の時のように受講する時間をちゃんと設けてするというのが，やはり健康を保つ上でもハリがでるので……。

高橋さんはこのことを敷衍して次のように述べている。

——私にとって「学ぶこと」は，脳神経を刺激及び賦活することにより，柔軟な思考力を養って，更には身体全体を現職時代のペースに近づけバランスにする。毎日の生活で無為に過ごす時間が多いほど身体が鈍ってきて，頭脳の働きにも悪影響を及ぼすことがわかりました。現在日課として朝のラジオ体操及び太極拳演技等試みていますが，頭脳の面でも思考をめぐらせて，心身の健全なバランスを保つ努力をしています。要は，心身の状態を出来る限り現職時代のコンディションに近い状態にしたい……残り少ない余生を十分に有意義に過ごしたいのです(自由記述)。

日々忍び寄る老いとのたたかいが，実は学習という日常的行為のもうひとつの隠された意味であったのだが，それは高橋さんだけでなく高齢学習者の多くに共通するものであった。

——80歳を過ぎると体力の低下は当然ながら，頭脳も次第に衰え物忘れも多くなりますので，努めて頭を使い老化を防ぐために各種の講演会に出席し……老年者向けの講座も沢山ありますので，受講するよう努力しております。(兼重さん **事例⑪**・自由

5．明確な目標と隠された動機

記述)

自分よりも若い人と一緒に学びたいというのは，斉藤さん(**事例⑧**)である。これもまた，老化とのたたかいへ向けての彼女らしい知恵が生み出したものである。

――夫が亡くなってから楽になりましたので，東京の息子の所へ行ったり横浜へ行ったりしてましたけどね。こないして遊んでいたのではいかん，もっとちゃんと生きていかないかんという気持ちになって。昭和61年からまず方々のいろんな所へ……大学っていう憧れだった所，家が近いっていう所でね，私もこういう若い学生さんたちが勉強している同じ場所で勉強するのもいいかなと思ってね。……老人学級はね私は自分が一番若いいう所はいやなんです，自分が一番年長者っていう所でないと……。そうすると若いでしょ，ほかの生徒さんが。だから少しでもエネルギーを頂くんじゃないかなと思って。……だから老人が集まる所よりもそのほうを選んで行ってるんです，老人くさくなりたくないなっていうね……。そこでできるお友達も昔の学校の友達とかご近所の友達とかでなくて，環境がそれぞれ全部違う若い人たちとか，そういう人たちと一つ部屋で同じ講義を受けるっていうのがね……。皆さんとご挨拶するだけでも楽しいんですよ。

### 生きがいとしての学び

高齢の学習者が異口同音に述べるのは，学ぶことそのことが楽しく，それが生きがいになっているということだ。

――もう毎日が，私ね，本当に楽しく生きていけるっていう……。好きなことだけをしていこうと思うんですよ。(その中に勉強があるわけですか?)はい。これがね，もう唯一のあれがこれなんです，この大学講座が。(これが生きがいのひとつでもあるわけですか?)そりゃもう大きなものですよ。(斉藤さん(**事例⑧**))

――学ぶとは，私の生きがいと言えます。もし私からこの精神を奪い去れば，私は生きる活力を失うでしょう。誇張と思われるかもしれませんが，私はそう信じています。(船木さん(**事例⑤**)自由記述)

――私にとって「学ぶこと」とは，結論として「よりよく生きたい」という願望だと思います。学ぶことは驚きであり，知識の広がり，好奇心を満たすと共に，つぎの学びへの機会ともなります。……「生きている」ということは「学ぶこと」といえるのではないかと考えています。(田代さん(**事例⑩**)自由記述)

――人は生まれながらにして学びたいという欲求があるのだと思います。老人とよば

れる年代になることにより，一見無駄とも見えるような，何の得にもならないことに精出して取り組むことができる，これこそ大きなよろこびです。生きている証しのように思えます。(大谷さん(**事例**⑦) 自由記述)

彼らはいずれも「なにも得にならないこと」の中に，喜びと生きがいを感じている人たちである。それは精神医学者の神谷美恵子が，外界から隔離された世界にありながらもなお，学ぶことを生きがいとしているハンセン病棟の人たちを指して「無償の学究心に突き動かされている人たち」と呼んだものにほかならない[24]。このような「無償の学究心」は，たとえ困難な環境の中にあっても精神的な生きがいを生み出すことができるのだと彼女は言う。"学びの報酬"は，充実した時間を生きたという感覚によって内面から生み出され，それが生きる力を支えていくのであろう。

### 共生と変革への学び

上述のようにライフステージの最終段階を迎えた人たちの学びにあっては，現実的利得を超えたなにかの追求が目標となる。それは前章で紹介した「教養ある人として死にたい」と述べて，未来学セミナーの出席者に大きな感銘を与えた，あの老人の言葉に象徴されよう。しかし一方では，ただ自己を高めることのみに満足せず，社会との関わりを大事にし，人びととの連帯の中で社会をよりよくしていくことに，使命と喜びを見出している人もいる。たとえば，高齢者運動を生きがいとして精力的に活動している森さん(**事例**③)，中国に行って日本語教師のボランティアで日中親善に役立ちたいと，中国語を学んでいる横山さん(**事例**⑥)などがそれである。

　——ただ自分のために憶える，そこから実務的に活用するというだけでは幅が狭いように思うのでね。だからそういう勉強をしているので，海外旅行もソ連はペレストロイカの時代にも行って来ました。中国は改革開放政策をとった時も行って見て来ました。……社会がどう動いているか，今はどうなのかというのも関心があるから行ってみたわけです。……高齢者のためになる何かをし続けていくことが，自分の生きがいになっていると思うんです，"社会的な生きがい"と思うんですけどね……。「ひとりは万人のために，万人はひとりのために」というのが，私の人生観の柱だと思うんです(森さん)。

　——学習とは私にとって生涯の努力目標です。当面は高齢化社会をどう生きるか，自

分だけでなく多くの高齢者と共に，より健康で，より美しく，より豊かに生き抜くために学びたいと思っています（森さん・自由記述）。
　——私にとって「学ぶこと」とは，自己の知的好奇心を満足させること，得られた知識を活用して社会に何らかの貢献をなすことにつきます。（横山さん・自由記述）

　ここには，社会からの穏やかな隠退を説いた「離脱理論」に真っ向から挑む，元気な高齢者がいる。彼らは社会とのつながりを積極的に求め，人びととの連帯の中で社会の変革や発展に少しでも貢献することに自らの学びを位置づけようとする。ここには，個人の内面的な自己実現に安住することなく，社会との連帯と共生を目指す学びがある。
　"共生への学び"は，もっと若い世代である堀江まゆみさん（事例⑬）の事例にその典型をみることができる。三児の母としてもともと教育問題に関心をもっていた堀江さんは，公開講座で「子どもの権利」について学習したことがきっかけとなり，不登校児など子どもの問題について同じ悩みをもつ母親たちと自主学習グループをつくった。そして今日の子どもの問題や子どもにとっての学びの意味を追求する中で，彼女は数人の仲間の応援をえて自宅を開放し，不登校児がのびやかに集うことのできる空間を提供する活動へと進んでいく。
　——権利とか条約とかいうものは，紙に書いてみんなで読んでてもしょうがない。子どもたちの間で日々活かしてこそ本当の「権利条約」になるんではないか，ということもみんなと話したんですね。そして「自分たちに今何ができるんだろうか」というところから出てきたものがあるんです。……たまたま私自身の子供が不登校してたという経験があったのと，友達の子どもさんもいじめを受けてて，すごく毎日つらい思いをして学校に行ってるというような状況を抱えていたんですね。もうひとりのスタッフも子供が不登校してたんですけども，そんな状況で私たちにできるのは，不登校とかいじめとかにあってる子どもたちの気持ちをわかってあげることかも知れない，そういうところから出てきたものなんです。だから発展できたのは「子供の権利条約」の勉強をしたからだと思ってます。……不登校の子どもたちと接してから学歴社会というか，そういうものに対する矛盾という，学歴社会のレールからはみ出した子どもと今一緒にいますので，そういうところから教育とは何かというのを考えて行くんですね。教育とは何か，学習とは何か，子どもたちにとって学ぶってことは何なのか……。学校に行ってない，はみ出しているといわれる子どもたちの中にも，確かに学

習意欲があるんですね。いろんな事に興味を示すんですね。それをどう実際に自分で学んでいくというのに結びつけてあげればいいのかっていうのが今課題ですね。……目標といえば日本中の子どもの目がキラキラ輝いてくれたらそれが一番，その目を見たら幸せだなぁというのがありますよね。だから子どもたちが生き生きしてくれる社会がほしいなと……。子どもたちが生き生きしてたら社会も生き生きするんではないか，というのが私の考えなんですけども……（**事例⑬**）。

「向社会的動機づけ」ということばがある。波多野宜余夫はこれを説明して「仲間のひとびとと情報をやりとりし，影響を与えあい，役に立ったり助けてもらいたいとのぞむ。……人間は，条件さえ与えられれば，活動的で好奇心が強く，よく努力し，他人のことを思いやるはずだ。いまもしそうでないとしたら，それはこの条件が与えられていないからにほかならない」と述べている[25]。堀江さんのケースは，公開講座がこうした「向社会的動機づけ」の条件を用意し，それを刺激する機能を果たす可能性があることを示す一例であろう。その意味で，この事例は今後の大学公開講座のひとつの在り方を示唆するものとして注目しておきたい。

## 6．継続学習者にとっての大学公開講座

これまで13人の公開講座受講者について，その一人ひとりの学習の特徴をナマの発言や自由記述などの資料をもとに，さまざまな角度からみてきた。その中には彼ら受講者の側からみた大学公開講座の機能にふれたものが少なくなかったが，上記の他にもいくつか興味深い発言があった。そこで最後に，それらの中から「公開講座のここを評価する」という，率直で期待のこめられたコメントを紹介しておこう。

### 高い専門性
──「（県の）シルバー大学校」は講師が入れ替わって，公開講座のように突っ込んだ10回の講座というのではないんですね。……公開講座では突っ込んだ話をしてくれる。他のはやっぱり短い。……でもこのごろは公開講座も自分の研究したものを発表するというような態度ではなく，聴衆を喜ばせるような講義が多くなったように思います

な……。良いことを言いよんじゃけど，儂にはピッとこない。やっぱりね，本当にご自分が研究したことを話してくれたら一番良いと思うんですけど……。(**事例⑤船木さん**)

——それぞれの先生方が一生懸命に研究なさったことを，私たち門外漢というか素人にお話しくださるというのは，本当にありがたいことだなあと思いましたね。(**事例④山崎さん**)

——今まで聞いたことのない話がいっぱいあるので勉強になります。他にもいっぱい講座があるけど，やっぱり徳大のは専門的だからね，こんな話は他ではないもんで……。(**事例⑪兼重さん**)

——「市民大学」は"講演"だけですからね。……公開講座は10回なら10回，90分ずっと聞きますと毎回内容が充実していますね。1回こっきりで，1時間なら1時間で終わるというふうなのとは違いますでしょう。今日の講義が前の講義につながっておりますし，また次の講座へとつながりますからね，ずっと流れに乗ってますから。……毎週のお勉強というのがよいんですよ。それで教え惜しみがない。例えば医学的なことでも学生の講義資料をそのままお持ちくださって，それでお勉強する時もありますね。……皆さんやっぱり昔に返って，ちょっと"青春しながら"お勉強を聞くのとちがいますか……。(**事例⑫加藤さん**)

とりわけさまざまな事情で，青年期に高等教育の門を閉ざされた高齢の受講者にとっては，"大学が提供する講座"というところに最大の魅力があるようだ。そしてその魅力のポイントとなっているのは，提供される内容の専門性にあるといえるだろう。

### 新しい世界・視点の発見

堀江まゆみさん(**事例⑬**)は公開講座パンフレットの「受講者の声」欄に，次のような一文を寄せている。

——時々，自分でも不思議なのだが，私にはとうてい理解不能だろうと思われる講座を受講したくなることがある。今回の『無限とパラドックス』もそのような講座のひとつだ。SF小説か推理小説を思わせるようなタイトルにひかれて受講申込みをしたものの，「果たしてわかるかなあ」という一抹の不安があった。しかし，このような場合いつもそうなのだが，今回も1回目の講義で不安は吹き飛んでしまった。先生の語られる言葉のすべてがすべて理解できているわけではない。が，無限という日常生活では無縁の世界での，"意外な答え"に驚いてしまう。「この意外な結果がおもしろ

いのです」との先生のお言葉になるほどと思う。自分の頭の中にある常識をくずして，発想を変え，視点を変えると，今まで見えてこなかったものが見えたり，考えられなかったものがすっと頭の中にすべり込んできたりする。目の位置を変えることによって得られる新しい世界，不得手と思っていた数学が全く違ったものとして目の前に現れてくる。これがうれしくてたまらないのである。その上この作業——視点を変えたり，発想を変えるということが，日常生活に広がりをもたらしてくれる……。

ここには，近年成人教育において重視されるようになった，「パースペクティブ（個人がもつものの見方，とらえ方の枠組み）の変容」を軸とする「意識変容の学習」[26]にも通じるものが垣間見える。それは固定的な観念に縛られた現実の生活を批判的に乗り越え，新しい認識のもとに新たなる行動を生み出す源泉となる可能性をもつ。堀江さんの場合，現実に同じ学びの仲間たちとともに，子どもの人権と幸せを守る活動へと展開していったことは，すでにふれたとおりである。そうした契機となるような日常性から離脱した新しい視点の提供は，多様で批判的な"知の集積体"である大学だからこそできることではなかろうか。知的好奇心に満ちた多くの成人学習者に応えるため，この"知の宝庫"をさらに広く開放していくことが望まれよう。

## 知の探求を共にする仲間がいる

仲間と共に学ぶのは楽しいことだ。しかもそれが，自分と同じように知的好奇心や向上心に燃えた人たちと一緒ならば，また競争相手ではなく互いに励まし合う仲間としてであればなおさらであろう。そこでの交流を通して，学習の継続・発展へのさらなる動機づけが与えられていくにちがいない。

　——お友達もでき，講座についての情報交換があったり，街でお逢いした時には挨拶も交わすようになり，徐々に講座とのつきあいが深まり，生活の中に大きな位置を占めてゆくことになりました。……「宇宙」を受講しましたらば「素粒子」の世界でした。ささやくようなお声を聞きもらすまいと，神経を集中させていました。おもしろかったのです。そして，最後の日，後ろの席のかわいいお婆ちゃんは，おせんべいを皆さんに下さったのでした。むつかしかったけどよかったね，と目を細めていました。秋にはまた何か受けましょね，と誘われました。（**事例⑫加藤さん・自由記述**）

学ぶ仲間の集団は，時として10年，20年と長く続く。なかにはNHKの英

語講座受講者によって自主的に結成された学習サークルで,実に40年以上続いているといったケースもある[27]。このような長期にわたる自主的な学習集団がどのようにして誕生し,またどのように成長,変化していったのか,なにがそれを支えたのか,またそこから何が生み出されたか,メンバーの一人ひとりはどのように変わっていったのだろうか。ぜひ知りたいところである。

**注**

1) 三輪建二「成人の学習ニーズの個別化に関する一考察」『人間発達研究』(23号) お茶の水女子大学,2000,p.1-18.
2) 倉内史郎「「個別化」の段階を迎えた社会教育」『社会教育』(1987年5月号) 全日本社会教育連合会,1987,p.83-88. 倉内史郎『視点——教育・学習・人間形成——』丸善出版サービスセンター,1999,p.256-257.
3) 本章は次の論文を素材に加筆・再構成したものである。藤岡英雄「公開講座固定受講者の研究(2)公開講座受講者にみる学びのスタイル〜ケース・スタディの結果から〜」『徳島大学大学開放実践センター紀要』(第10巻) 1999,p.43-66.
4) Houle, Cyril O. *The Inquiring Mind.* The University of Wisconsin Press, 1961, 1988 (Second Edition).
5) 倉内史郎・鈴木真理・西村美東士・藤岡英雄編著『生涯学習の生態学——成人学習の個別化状況を探る——』(野間教育研究所紀要37集) 野間教育研究所,1993.
6) 藤岡英雄『おとなの学びの行動学・第1部 学びのメディアとしての放送——放送利用個人学習の研究』学文社,2005,p.218-234. 藤岡英雄「講座番組利用者にみる学習の諸相——横浜調査のケース・スタディから」『放送研究と調査』(1985年7月号) 日本放送出版協会,1985,p.40-47.
7) 近年の研究として女性のライフコースと学習を主題に,日本,イギリス,オランダの女性を対象に事例研究を行った矢口悦子らの研究 (矢口悦子「成人前期女性のキャリア形成と生涯学習の役割——日・英・蘭の比較研究より」科研費報告書,2006.),青年団活動をとおしての意識変容の解明をライフ・ヒストリー法の面接調査により試みた安藤耕己の研究 (安藤耕己「成人学習におけるライフ・ヒストリー法——学習の意味を人生に即してみる——」日本社会教育学会編『成人の学習〈日本の社会教育第48集〉』東洋館出版社,2004.p.45-56.) などが注目される。
8) ダニエルJ.レビンソン (南博訳)『人生の四季』講談社,1980. Levinson, Daniel J. *The Seasons of A Man's Life.* Knopf, 1978.
9) West, Linden. *Beyond Fragments: Adults, Motivation and Higher Education.* Taylor & Francis, 1996.
10) 新井郁男編著『「生き方」を変える学校時代の体験〜ライフコースの社会学〜』ぎょ

うせい，1993.
11) グループの形成とその後の展開については第5章注（13）の猿田論文参照．
12) Houle, C. op. cit., p.25.
13) Boshier, R.W. "Motivational Orientations of Adult Education Participants: A Factor Analytic Exploration of Houle's Typology." *Adult Education*, Vol.XXI, No.2, 1971, p.3-26.
14) 藤岡英雄『おとなの学びの行動学・第1部　学びのメディアとしての放送——放送利用個人学習の研究』学文社，2005，p.80-81．藤岡英雄「講座番組の研究3・学習手段の関連構造——成人学習手段の相互関連と講座番組の位置」『NHK文研月報』（1974年7月号）日本放送出版協会，p.30.
15) Houle, C. op. cit., p.24.
16) 鈴木裕久「最近の受容過程研究における二，三の問題」東京大学新聞研究所編『コミュニケーション・行動と様式』東京大学出版会，1974，p.165.
17) Houle, C. op. cit., p.97-98.
18) Houle, C. op. cit., p.77.
19) Cumming, E. & Henry, W. *Growing Old: The Process of Disengagement*. Basic Books, 1961.
20) 新井郁男編著，前掲書，p.6-7.
21) 田中雅文『現代生涯学習の展開』学文社，2003，p.108.
22) West, L. op. cit., p.10.
23) R.J.ハヴィガースト（荘司雅子監訳）『人間の発達課題と教育』玉川大学出版部，1995，p.279.
24) 神谷美恵子『生きがいについて』みすず書房，1966，p.152.
25) 波多野誼余夫・稲垣佳世子『知的好奇心』中央公論社，1973，p.69-70.
26) Cranton, Patricia. *Understanding and Promoting Transformative Learning*. Jossey-Bass, 1994. p.22-28．シャランB.メリアム，ローズマリーS.カファレラ（立田慶裕・三輪建二監訳）『成人期の学習——理論と実践——』鳳書房，2005，p.374-398.
27) 著者が大阪教育大学の堀薫夫教授からいただいた私信によれば，1962（昭和37）年に『NHKラジオ英語会話』（松本亨講師）の受講者で京都市近在の人たちを中心に結成された学習サークルが，その後43年以上経過した時点においてなお活発に活動を続けており，内容は週1回の英語学習の集いとおりにふれてのキャンプ，忘年会，ハイキングやテニスなどに加え，外国からの旅行客との交流親善活動等も行っているという．堀氏自身もメンバーのひとりで，私信とともに著者に送られてきたサークル40周年記念文集には，33人の会員がそれぞれの学習体験を英文で綴っている．

# 第7章　僻地住民の学習ニーズ
## ——徳島県における実態調査をもとに——

## 1．僻地住民の学習実態と学習関心

### 問題の背景

　人びとの学習は生産行動を含む日常の生活行動と密接に関わっており，その意味でどのような地域に居住しているかが，住民の学習活動を大きく左右することはいうまでもない。たとえば山間僻地に住む人びとを大都市居住者と比べてみると，学習条件，学習環境という面で大きな格差があることは当然予想される。こうした居住地の特性と人びとの学習活動の関係を取り上げた研究としては，ルポルタージュや実践記録等を素材にしたものは少なくないが，社会調査の手法によるものとしては，千葉県市川市の住民を対象に生活行動圏と学習行動圏の関連を分析した山本恒夫の研究[1]や，栃木県藤原町の住民を対象に生産的行動，家政的行動，文化的行動と学習行動の関連を探った浅井経子の研究[2]など，ごく限られたものしかみられない。

　生涯学習の振興が叫ばれる今日，行政による生涯教育・社会教育関連の調査が数多く実施されているが，その多くは都市部およびその周辺地域の住民を対象とするもので，山間僻地，過疎地の住民を主たる対象としたものはきわめて少ない。あたかもそこには人びとの学習ニーズが存在しないかのごとくである。しかしこうした地域にも教育や学習へのニーズはしっかり存在し，公的な支援が切実に求められていることはいうまでもない。

　かつて著者が大学教員として10年近くを過ごした徳島県の場合，1951（昭和26）年以降人口の減少が続き，とりわけ県の西部や南部では過疎化の進行が著しく，20年の間に40％以上も人口の減少した地域がいくつもあった。その背

景には産業構造の変化，生活環境の不便さなどによる人口の都市部への流出がある。なかでも若年人口の流出は過疎化に拍車をかけ，その結果もたらされたのが人口構成の著しい高齢化であった。ところで過疎化や高齢化は行政や産業，医療や福祉の問題であると同時に，教育や文化の問題でもある。過疎と高齢化がもたらすさまざまな問題を乗り越えていくためには，外からの支援を待つだけでなく，住民自らが問題を把握しそれを克服していく力を身につけていくことが必要だが，それは内容やレベルの違いはあれ，若者から高齢者まで住民すべてに求められる課題だといえよう。

過疎と高齢化の進む地域を多くかかえる徳島県の場合，こうした視点に立って地域住民の教育と学習をめぐる問題点を明らかにし，公的な施策に反映していくことが大きな課題となっている。徳島大学の大学開放実践センターでは，すでに紹介してきたように1986（昭和61）年のセンター創設以来，公開講座を中心に大学開放事業を進めてきたが，上述のような背景のもとに教育の機会均等という立場から，大学所在地の徳島市とその周辺にとどまらず県の全域にその事業を拡げる試みを続けてきた。そのひとつが「出張公開講座」，すなわち県内各地に講師を派遣して開くいわば公開講座の"出前サービス"で，89（平成元）年度の県西の池田地区を皮切りに，県南の日和佐地区や中部の貞光地区で実施したものである。

この事業はそれまで対象としてきた都市部住民とは異なる，農村部や山間へき地住民のニーズに応えようとするものである。そこでセンターはこれらの地区のニーズを探るため，1990（平成2）年の徳島市周辺住民を対象とした「生涯教育需要調査（徳島県央地区）」[3]に引き続き，県西県南地区を対象とした「生涯教育需要調査（徳島県西県南地区）」を92（平成4）年に実施した。本章ではそこで得られたデータをもとに，過疎地・僻地における住民の学習ニーズと大学への期待を探りながら，それに対応した支援のあり方について考えてみたい。なお，この調査は文部省特定研究経費による「過疎地域における生涯学習需要の構造に関する研究」の一環として実施したものである[4]。

**調査の概要**

この調査は県央地区との比較を行うことを大きなねらいとしているので，調

図 7.1　調査対象地域

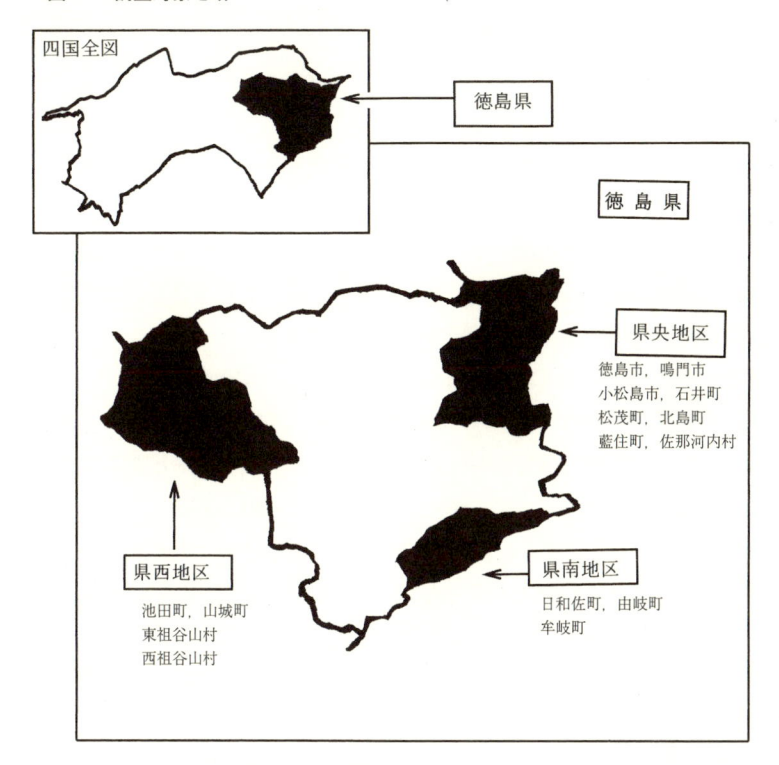

[四国全図 / 徳島県]

県央地区
　徳島市，鳴門市
　小松島市，石井町
　松茂町，北島町
　藍住町，佐那河内村

県西地区
　池田町，山城町
　東祖谷山村
　西祖谷山村

県南地区
　日和佐町，由岐町
　牟岐町

査の方法と内容は県央地区調査のそれを踏襲している。調査対象は徳島県西部の三好郡内の4町村（池田町，山城町，東祖谷山村，西祖谷山村），および県南部の海部郡内の3町（日和佐町，由岐町，牟岐町）に居住する20歳以上の住民3万8792人を母集団とし，選挙人名簿から無作為抽出した3384人である。

　ここで調査時点での対象地域の特性を簡単に紹介しておこう（図7.1参照）。まず県西地区は四国中央部にあり，吉野川流域の平坦地と剣山や大歩危，小歩危，祖谷渓などの名勝地を含む山岳部からなっている。徳島市から県西地区の中心である池田町まで鉄道で約2時間，高知・高松までは特急列車を利用して約1時間で結ばれている。愛媛，香川，高知の3県に接し，経済圏・生活圏は広域化している。基幹産業は農林業。県南地区は四国南東部に位置し，山地が

表7.1 有効サンプル構成

(( )内は「県央地区調査」)

| 全体 (実数=100％) | 性別 | | | 年齢別 | | | | | | |
|---|---|---|---|---|---|---|---|---|---|---|
| | 男 | 女 | 不明 | 20代 | 30代 | 40代 | 50代 | 60代 | 70代〜 | 不明 |
| 1,691人 (2,298人) | 40.6％ (45.4) | 56.2 (52.9) | 3.3 ( 1.7) | 6.7 (12.5) | 12.7 (17.7) | 17.3 (20.4) | 16.6 (17.4) | 21.9 (15.3) | 16.7 ( 9.7) | 8.1 ( 7.2) |

海岸線まで連なって平地は少ない。徳島市までは特急利用で約1時間，普通列車で約2時間の距離にある。基幹産業は農林漁業。両地域とも人口が減少し続け，高齢化の急速に進んでいる過疎高齢化地域である。

調査内容は概略次の4項目からなっている。①「学習行動（過去1年間に行った学習）」および「学習関心（今後行いたい学習）」の有無とその内容・目的・方法，学習への意識・態度，学習阻害経験など，②大学公開講座・出張公開講座等の認知と受講希望，大学への期待など，③余暇時間量，余暇行動等，④生活意識・関心，ライフスタイル。調査のフォーマットと内容は県央地区調査の場合と同様，かつて著者が開発・実施した全国調査である「NHK学習関心調査」に準じているが，調査方法は県央地区と同じく郵送法によった。

調査は1992（平成4）年2月に実施し，1691人から有効票を得た（回収率50％）。表7.1は有効サンプルの属性構成である。（ ）で示した県央地区との大きな違いは40代以下が相対的に少なく，逆に60代以上が約39％と県央（25％）を大きく上回っていることで，ここにこの地域の特色が色濃く表れている。

### 過去1年間の学習行動

この調査では県央地区調査の場合と同様，過去1年間に「自分の自由になる時間を利用して，ある程度継続的に知識や教養を身につけたり，趣味やスポーツを習ったりしたこと（学習行動）」があるかどうかをたずねた。「ある」と回答した人には，その内容を「趣味・けいこごと」「家庭生活・日常生活」など「NHK学習関心調査」で使用したのと同じ7つの領域ごとに具体的内容を選んで記入してもらった。表7.2はその結果を「県央地区調査」の結果と並べて示したものである。

表に示したように，34％の人たちが過去1年間になんらかの学習を行ってお

表7.2　学習行動——過去1年間に行った学習

(( )内は「県央地区調査」)

| | 全体 | 男 | 女 |
|---|---|---|---|
| 学習行動「あり」の比率 | 34.1%　(41.4) | 30.0%　(37.7) | 38.1%　(44.7) |
| ——学習の領域—— | | | |
| 趣味・けいこごと | 20.8　(25.1) | 14.9　(21.2) | 25.7　(28.5) |
| 家庭生活・日常生活 | 11.1　(12.8) | 7.0　( 8.4) | 14.0　(16.5) |
| スポーツ・体育・レクリエーション | 10.6　(14.7) | 9.9　(14.3) | 11.2　(15.0) |
| 外 国 語 | 2.0　( 3.6) | 2.5　( 4.2) | 1.4　( 3.0) |
| 教　　　養 | 4.6　( 6.2) | 5.0　( 8.0) | 4.3　( 4.7) |
| 社　　　会 | 6.8　( 4.9) | 7.4　( 5.7) | 6.2　( 4.3) |
| 職　　　業 | 4.4　( 6.0) | 6.3　( 6.8) | 3.3　( 5.4) |
| そ の 他* | 0.4　( 0.3) | 0.4　( 0.7) | 0.4　( 0.1) |

＊7領域に分類困難なもの。

り，その割合(以下「行動率」と呼ぶ)を県央地区と比較すると，県西・県南地区は7ポイント程度低い。学習の領域別にみていくとほとんどの領域で県央よりも行動率が低いが，唯一「社会」領域は県西県南地区の方が高くなっている。年齢別に子細にみたところ，とりわけ県西県南の70代以上の男性と40代女性の「社会」の行動率が県央地区のそれを大きく凌いでいた。過疎と高齢化をかかえるこの地区では，社会的な問題への関心がそれだけ強いことを示すものであろう。このことは全国を対象とした「学習関心調査」の結果と比較すると，さらにはっきりする。ちなみに徳島県での県央地区と県西県南地区の2つの調査はいずれも「学習関心調査」のフォーマットを踏襲しているので，おおよその比較は可能である。

　全国の成人を対象とした1993年の「第4回学習関心調査」の結果をみると学習行動率は45%で，県西県南地区の34%はそれを10%も下回っている[5]。しかし「社会」領域に限ってみると，全国の3.2%に対し県西県南地区は6.8%と，全国のほぼ2倍の行動率を示していた。なお県央地区は4.9%で，県西県南地区はこれをも上回っている。いったい県西県南地区のどのような人たちが「社会」領域の学習をしているのであろうか。具体的にはどのような内容であろうか。次にこの点について少し立ち入ってみてみよう。

図7.2 「社会」領域の学習行動率——全国との比較

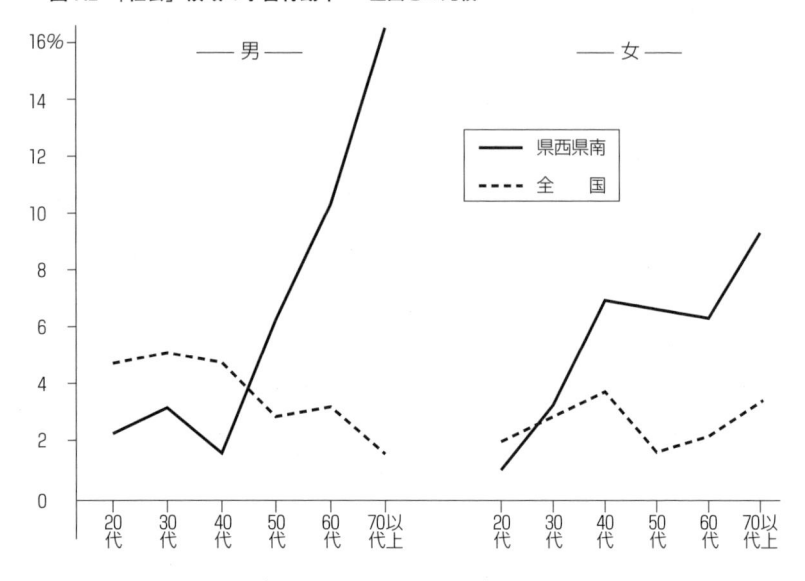

表7.3 高齢者の主な学習内容　　　　　　　　　　　　　　（太字は「社会」領域の項目）

| 男　70代以上 | | | | 女　70代以上 | | | |
|---|---|---|---|---|---|---|---|
| 県西県南 地区 | | 県 央 地区 | | 県西県南 地区 | | 県 央 地区 | |
| ゲートボール | 10.2% | 哲学・思想・ | | ゲートボール | 12.3% | 健　康 | 11.6% |
| 園　芸 | 7.6 | 　宗　教 | 7.0% | 音　楽 | 8.6 | 手　芸 | 8.3 |
| **福祉・医療** | 5.9 | ゲートボール | 6.0 | 舞　踊 | 6.1 | 華　道 | 8.3 |
| 健　康 | 5.1 | 健　康 | 5.0 | 料　理 | 6.1 | 茶　道 | 7.4 |
| **高齢化社会** | 5.1 | 音　楽 | 4.0 | **高齢化社会** | 5.5 | 園　芸 | 7.4 |
| 釣　り | 4.2 | 美術・工芸 | 4.0 | 華　道 | 4.9 | 音　楽 | 5.8 |
| 囲　碁 | 3.4 | 将　棋 | 4.0 | 手　芸 | 4.3 | 俳句・短歌 | 5.8 |
| **国内の政治・** | | 園　芸 | 4.0 | 哲学・思想・ | | 料　理 | 5.8 |
| 　**経済** | 3.4 | 釣　り | 4.0 | 　宗　教 | 4.3 | 和洋裁 | 5.0 |
| **人　権** | 3.4 | 書　道 | 3.0 | 俳句・短歌 | 3.7 | **福祉・医療** | 4.1 |
| 音　楽 | 2.5 | 俳句・短歌 | 3.0 | 健　康 | 3.7 | **高齢化社会** | 4.1 |
| 美術工芸 | 2.5 | 囲　碁 | 2.0 | 食品・栄養 | 3.1 | 舞　踊 | 3.3 |
| 農林水産 | 2.5 | 写　真 | 2.0 | **福祉・医療** | 2.5 | 年金・保険 | 3.3 |
| | | 貯蓄・投資 | 2.0 | | | 哲学・思想・ | |
| | | **福祉・医療** | 2.0 | | | 　宗　教 | 3.3 |
| | | ボランティア | | | | 美術・工芸 | 2.5 |
| | | 　技術 | 2.0 | | | 貯蓄・投資 | 2.5 |

214　第7章　僻地住民の学習ニーズ

図7.2は県西県南地区の「社会」領域の学習について，性・年層別にみた行動率を全国調査（第4回学習関心調査）の結果と比較したものである。

　県西県南地区の「社会」領域の学習は，行動率でただひとつ全国を上回る領域であるが，これは主に50代以上の男性と30代以上の女性が全国を凌いだからであることがわかる。このように全国と比較した県西県南地区成人の学習活動の特徴は，比較的若い層の学習が不活発である反面，中高年層は他地域以上に「社会」領域の学習を積極的に行っていることで，その背景には過疎化，高齢化といった切実な生活課題，地域課題の存在が推測できる。ちなみに「社会」領域で具体的にどのような学習が行われているかを，70代以上の層について調べてみると，表7.3のようになった[6]。比較のため県央地区の結果も示してある。

　このように県西県南地区の高齢者，とりわけ70歳以上の男性には「福祉・医療」「高齢化社会」「国内の政治・経済」「人権」といった，「社会」領域の学習を行った人が県央地区に比べて多いことがわかる。

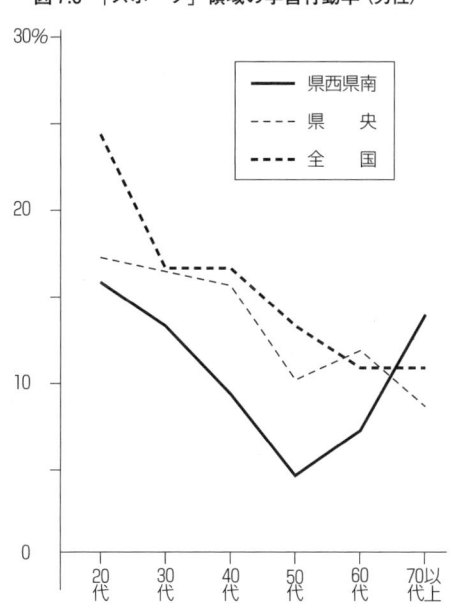

図7.3　「スポーツ」領域の学習行動率（男性）

1．僻地住民の学習実態と学習関心

一方，県西県南地区の比較的若い層の学習行動率は県央・全国のいずれよりも低いが，これは学習行動内容の分析から，ひとつには図7.3にみるようにこの地区の男性若年層の「スポーツ」領域の学習が県央，全国のいずれよりも少ないことにあると思われた。ここには労働等の生活条件の制約とともに，施設や指導者，学習機会の不足といった学習環境面の問題の存在も推測される。

**行ってみたい学習〜学習関心〜**

　過去1年間の学習行動と並んで今後学んでみたいと思っていること（学習関心）の有無と，ある場合は具体的内容をたずね，学習行動と同様に7領域に分類・集計した（**表7.4**）。

　学習関心がひとつでもある人は57％にのぼるが，実際になんらかの学習をしている人は34％にすぎなかったことと併せ考えると，関心はありながらも行動に結びつくまでにいたっていない人が少なくないことを示している。どの領域も行動率に比べ関心率はかなり高く，行動率では2〜7％にとどまった「外国語」「教養」「社会」「職業」でも，関心率はいずれも8％以上となっているが，県央地区と比べると男性の関心率は11ポイント，女性のそれは14ポイント低い。ただし学習行動と同様，「社会」領域の関心率は男女いずれも県央を上回っており，ここにも県西県南地区住民の社会的問題への関心の高さが表

表7.4　学習関心――今後行ってみたい学習

(（　）は県央地区の結果)

|  | 全　体 | 男 | 女 |
|---|---|---|---|
| 学習関心「あり」の比率 | 56.5%　(69.5) | 56.7%　(67.7) | 58.1%　(72.0) |
| ――学習の領域―― |  |  |  |
| 趣味・けいこごと | 28.7%　(36.9) | 27.0%　(33.3) | 30.8%　(40.2) |
| 家庭生活・日常生活 | 22.9　　(25.4) | 16.3　　(17.7) | 28.5　　(32.3) |
| スポーツ・体育・レクリエーション | 14.7　　(21.5) | 15.7　　(21.3) | 14.2　　(21.8) |
| 外　国　語 | 8.3　　(14.4) | 9.8　　(14.7) | 7.7　　(14.6) |
| 教　　養 | 9.4　　(13.6) | 12.8　　(16.0) | 7.2　　(11.7) |
| 社　　会 | 10.7　　(10.0) | 13.0　　(12.0) | 9.4　（ 8.2) |
| 職　　業 | 12.9　　(17.3) | 18.1　　(20.8) | 9.8　　(14.5) |
| そ　の　他* | 0.8　（ 0.3) | 1.3　（ 0.5) | 0.5　（ 0.2) |

＊7領域いずれにも分類不能なもの。

れている。

　関心と行動のギャップという点で注目されるのは,「職業」領域である。男性の「職業」は行動率では7領域中5位だったが,関心率では「趣味」に次ぎ2位にあがっている。パソコンやワープロに代表される情報処理関連の学習と,資格取得へのニーズはとりわけ若い層に多いのだが,ここにもそうした学習を望みながら実際の行動を阻んでいる学習機会や環境面での問題の存在が推測される。

　もうひとつ20代女性の「社会」領域への関心にも注目しておきたい。行動率はわずか1％にすぎなかったが,関心率は17％で県央を含めた両地区の女性で最も高い関心率を示していた。ちなみにその具体的内容をみてみると「福祉・医療」「ボランティア技術」「国内の政治・経済」などで,この地域の若い女性は趣味やスポーツにとどまらず,こうした地域や社会のかかえる問題に対

表7.5　学習関心の具体的内容

| 県西県南地区 | | | | | | 県央地区 | | | | | |
|---|---|---|---|---|---|---|---|---|---|---|---|
| 英　語 | 6.8% | ボランティア | | | | 英　語 | 11.6% | 書　道 | 3.0 |
| 料　理 | 6.6 | 　技　術 | 2.2 | | | パソコン | 7.7 | 哲学・思想・ | |
| 健　康 | 6.1 | 哲学・思想・ | | | | ワープロ | 7.2 | 　宗　教 | 2.6 |
| 園　芸 | 5.1 | 　宗　教 | 2.1 | | | 料　理 | 6.7 | 被服・縫製 | 2.6 |
| パソコン | 4.7 | 被服・縫製 | 2.1 | | | ゴルフ | 6.4 | 食品・栄養 | 2.4 |
| ワープロ | 4.7 | 歴　史 | 2.0 | | | 園　芸 | 5.8 | 和洋裁 | 2.3 |
| 手　芸 | 4.2 | テニス | 2.0 | | | 水　泳 | 5.7 | 心理・教育 | 2.3 |
| 音　楽 | 3.3 | 環境・安全・ | | | | 健　康 | 4.7 | 福祉・医療 | 2.3 |
| 高齢化社会 | 3.3 | 　資　源 | 2.0 | | | 歴　史 | 4.5 | 釣　り | 2.2 |
| 華　道 | 3.2 | 釣　り | 1.9 | | | 華　道 | 4.4 | 自動車・バイク | 2.2 |
| ゴルフ | 3.1 | 年金・保険 | 1.9 | | | 美術・工芸 | 3.8 | ヨガ | 2.1 |
| 水　泳 | 3.1 | 経　営 | 1.9 | | | 手　芸 | 3.8 | 工業技術 | 2.1 |
| 福祉・医療 | 2.7 | 経理・簿記 | 1.8 | | | テニス | 3.8 | 経理・簿記 | 2.0 |
| コンピュータ | 2.7 | 和洋裁 | 1.8 | | | 茶　道 | 3.7 | 囲　碁 | 1.8 |
| 美術・工芸 | 2.5 | 貯蓄・投資 | 1.8 | | | 貯蓄・投資 | 3.6 | 民俗・風俗・ | |
| 食品・栄養 | 2.5 | 経理・簿記 | 1.8 | | | コンピュータ | 3.5 | 　文　化 | 1.8 |
| 各種の資格 | 2.5 | （以下略） | | | | 各種の資格 | 3.2 | 経　営 | 1.8 |
| 俳句・短歌 | 2.3 | | | | | 俳句・短歌 | 3.1 | （以下略） | |
| 書　道 | 2.2 | | | | | 音　楽 | 3.0 | | |

して少なからぬ関心を抱いていることがうかがわれた。

表7.5は「今後してみたい学習」として1.8%以上の選択を得た項目を示したもので、比較のため県央地区の結果も並べて掲げた。

県西県南の太字の項目、すなわち「高齢化社会」「福祉・医療」「ボランティア技術」「環境・安全・資源」などは県央地区の上位には見られない項目だが、これらはいずれも「社会」領域の項目である。県西県南地区は「社会」領域の学習を実際に行っている人が県央より多かったのだが、学習関心にも同様な傾向が表れている。23位の「環境・安全・資源」は県央では30位内にも入らない項目である。地域開発か環境保護かで揺れる地域であるだけに、地元住民の環境問題への関心はそれだけ大きいということであろう。

また県西県南では「ボランティア技術」が19位にあがっており、44位であった県央にくらべるとこの地区のニーズははるかに高い。年層別にみたところ「高齢化社会」と「福祉・医療」は県西県南70代男性の学習関心で2位と4位、また「福祉・医療」と「ボランティア技術」は県西・県南20代女性では10位と13位で、この2つの項目への20代女性の関心率は、県央、県西県南のすべての年層を通じて最も高かった。ここにも高齢化の進行著しい地域にあって、さまざまな層が抱える課題が垣間見える思いがする。

### 学習の方法

表7.6は過去1年間に行った学習（行動）および今後行ってみたい学習（関心）について、どのような方法で行ったか、また行いたいかをたずねた結果である。

学習行動で最も多かったのは「公的機関の学級・講座・講習会」で、全体の12%が過去1年間にこれを利用した経験をもつ。2番目は「本・雑誌・新聞」等による個人学習で、以下「地域のグループ・サークル」「知人・友人・家族などに習って」「関心のある仲間でつくるサークルや学習会」「テレビ・ラジオ」と続く。県央と似た傾向だが、3位に県央では6位の「地域のグループ・サークル」があがっているのが特徴である。一方県央5位の「カルチャーセンター・教室」はこの地域に少ないこともあり、9位にとどまった。

学びたいことがある場合に使いたい方法（学習関心）では、「公的機関の学級・講座」がここでも最も多く、以下「仲間のサークル・学習会」「地域のグルー

表7.6　学習の方法

(複数回答(100%＝全サンプル)，( )は県央地区)

| | 学習行動 | | 学習関心 | |
|---|---|---|---|---|
| 教育委員会，公民館，PTA，その他公的機関の学級・講座・講習会で | 12.2 | (10.8) | 20.1 | (21.8) |
| 本・雑誌・新聞で | 8.0 | ( 9.1) | 10.9 | (15.1) |
| 地域のグループ・サークルで | 7.9 | ( 5.6) | 13.0 | (10.5) |
| 知人・友人・家族などに習って | 6.7 | ( 7.1) | 9.7 | (11.2) |
| 関心のある仲間でつくるサークルや学習会で | 6.0 | ( 6.9) | 18.1 | (17.7) |
| テレビ・ラジオで | 5.8 | ( 6.6) | 9.0 | (12.2) |
| 個人教授で | 4.4 | ( 5.0) | 4.4 | ( 6.0) |
| 通信教育で | 2.6 | ( 3.4) | 7.1 | ( 9.1) |
| カルチャーセンター・教室で | 2.5 | ( 6.8) | 8.0 | (14.8) |
| 職場のグループ・サークルで | 2.2 | ( 3.7) | 5.0 | ( 4.3) |
| テープ・レコード・ビデオ教材で | 2.2 | ( 2.6) | 4.0 | ( 6.5) |
| 企業や組合が従業員・組合員のために開いている自由参加の講座で | 1.8 | ( 2.6) | 4.0 | ( 5.2) |
| 各種学校・専修学校・職業訓練校で | 1.4 | ( 1.5) | 2.3 | ( 4.3) |
| 高校・大学の公開講座で | 0.2 | ( 0.9) | 3.3 | ( 8.3) |
| 短大や大学に正規に入学して | 0.1 | ( 0.4) | 0.3 | ( 0.3) |
| 大学の研究生や聴講生になって | 0.1 | ( 0.2) | 0.9 | ( 3.0) |
| 定時制高校や夜間の短大・大学で | － | ( 0.1) | 1.1 | ( 0.7) |
| その他の方法で | 1.0 | ( 1.3) | 0.8 | ( 0.7) |

プ・サークル」と続き，サークル形態への希望が多いことが注目される。こうした集団的自学自習形態を求めるものが県央よりも多いのは，県央と比べ学習の機会や資源に恵まれない地域にあって，それが共通の学習課題をかかえた住民の中から自然発生的に生まれた，いわば自衛的な学習形態であることを示すものかもしれない。

　それはともかく，県央と同様に行動と関心のいずれにおいても「学級・講座」が1位にあがっていることは，過疎地・僻地住民にとって行政の提供する学習機会が最大の拠り所となっていることを示すものである。ちなみに全国の成人を対象とした「第4回学習関心調査」では，「学級・講座」を選んだものは「学習行動」で10.0%，「学習関心」で13.7%と，いずれも全学習方法中7位にとどまっていた。過疎地住民のこうした声は，県や市町村の社会教育・生涯学習

施策への期待の大きさを示すものでもあるが,それだけ行政の責任は重いといえよう。ただここに表された結果は,この地区住民の行政提供の機会への依存度の高さとともに,地域住民自らの独自の学習形態・方法創出への努力の不十分さをも示すもので,そうした面への働きかけと支援が求められているといえよう。

**学習を妨げているもの**

今後学んでみたいことが「ある」人が6割近くいる一方で,現実に学習を行った人は3分の1にとどまったということは,学びたくてもできない人が少なくないことを示している。そこで,学びたいと思いながらできなかった経験(学習阻害経験)の有無をたずねたところ,46%がなんらかの阻害経験をもっていた。そして阻害経験率は男性よりも女性に,また20～40代の比較的若い層に高かった。

学習を阻害しているものはなんだろうか。理由を複数回答でたずねたところ表7.7のような結果を得た。

学びたくてもできない理由として圧倒的に多かったのは,「時間のやりくりがつかなかったから」で,6割の人がこれをあげている。時間の不足は通常最も大きな阻害要因であり,これは県央にあっても変わらない。2番目は学習機会や場の欠如で,県西県南は県央にくらべ10%ポイントも高くなっており,予想どおりこれが県央との格差を生む大きな要因となっている。このほか「どこ

**表7.7 学習阻害理由**

(複数回答,100%＝阻害経験のある人,( )は県央地区)

| | |
|---|---|
| 時間のやりくりがつかなかったから | 60.7% (61.7) |
| それを学ぶ適当な場がなかったから | 44.3　(35.2) |
| どこでやっているか,いつやっているのか,などがよくわからなかったから | 19.8　(17.2) |
| 健康上の理由から | 19.7　(11.5) |
| 費用がかかりすぎるから | 18.4　(18.3) |
| 一緒に学ぶ仲間がいなかったから | 14.3　(13.8) |
| なんとなくやる気がなくなったから | 12.0　(11.1) |
| 子どもの世話で外に出られなかったから | 10.9　(12.9) |
| 老人,病人の世話で外に出られなかったから | 9.2　( 5.1) |
| 家族の協力が得られなかったから | 6.1　( 5.3) |
| その他 | 3.4　( 1.8) |

**表 7.8　主な学習阻害理由——全国との比較**

(複数回答，100% = 阻害経験のある人)

| 理　由 | 県西県南 | 全　国 |
|---|---|---|
| 時間のやりくりがつかなかったから | 60.7% | 75.1% |
| それを学ぶ適当な機会や場がなかったから | 44.3 | 16.6 |
| どこでやっているか，いつやっているのか，などがよくわからなかったから | 19.8 | 6.0 |
| 健康上の理由から | 19.7 | 6.4 |
| 費用がかかりすぎるから | 18.4 | 15.0 |
| 一緒に学ぶ仲間がいなかったから | 14.3 | 5.1 |
| なんとなくやる気がなくなったから | 12.0 | 6.3 |
| 子どもの世話で外に出られなかったから | 10.9 | 10.6 |
| 老人，病人の世話で外に出られなかったから | 9.2 | 2.6 |
| 家族の協力が得られなかったから | 6.1 | 2.6 |
| その他 | 3.4 | 2.4 |

でやっているか，いつやっているか，などがよくわからなかったから」つまり学習情報の不足，そして「健康上の理由」「老人，病人の世話」などが県西県南には多い。後の2つは高齢者の多いこの地区の特性を表すものといえよう。

こうした学習阻害条件は，全国とくらべるとどこに違いがあるだろうか。「第4回学習関心調査」には同種の質問がないので「第3回調査」(1988年)とくらべてみた（表7.8）。調査時期に4年の隔たりはあるがおおよその傾向はつかめよう。

全国調査では学習阻害経験のあるものは39%であったから，県西県南地区の46%は全国よりも7ポイント高い。阻害理由の主なものをくらべてみると，県西県南地区は全国にくらべて「時間」を阻害理由としてあげる人が若干少ない一方，他の理由をあげる人が多い。中でも学習の「機会」や「情報」の不足，あるいは「仲間」の不在をあげるものが全国の2〜3倍にのぼっているのが注目される。たとえば表は省略したが男性の場合「学習の機会や場がない」というものは全国では21%であったのに対し，県西県南では46%にものぼっているし，「情報不足」も全国の男性では7%にすぎなかったが県西県南では22%で，いずれも阻害理由の3位に上っていた。以上から県西県南地区の学習環境面での問題点を集約するなら，まず住民のニーズに対応した学習の場や機会が少ないこと，次いで学習機会についての情報の提供が不十分なことで，こうした情

報不足はとりわけ男性や有職者にとって学習阻害要因になると思われる。

## 2．大学への期待と課題

### 大学公開講座への関心と期待

県西県南地区では1989（平成元）年度から池田町で，90（平成2）年度からは日和佐町で徳島大学の「出張公開講座」が開設され，自治体関係者や講座受講者から強い支持を得ていたが，一般住民の関心はどうであろうか。この点についてもこの調査では調べている。まず大学が公開講座を開いていることを知っていたかどうかたずねたところ，県西県南地区では35％が「知っていた」と答えたが，受講経験者は1％弱であった。また県央地区と比べると公開講座のことを「知っていた」人は13ポイント少ないが，「受講した」人の比率には差がなかった。

では受講を希望する人はどれだけいるのだろうか。「自分の居住地で開かれるとすれば」という仮定のもとでたずねたところ，表7.9のように「ぜひ受講してみたい」と強い希望を表明したものが13％，「そのうち機会があれば」とやや消極的な希望が44％で，全体の6割近くが多かれ少なかれ関心を示しており，なかでも「ぜひ」という積極的希望者は県央を上回っている。表には示さなかったが男性には積極的希望者が県央の2倍もあり，とりわけ50代男性の18％，70代以上男性の14％は，県央のそれぞれ5.4％，7.0％を大きく上回っていた。

大学公開講座のようなアカデミックな内容の学習機会に乏しい地区だけに，

表7.9　公開講座の受講希望

|  | 県西県南 | 県央 |
|---|---|---|
| ぜひ受講してみたい | 12.9% | 8.1% |
| そのうち機会があれば受講してみたい | 44.1 | 44.3 |
| 受講したいとは思わない | 14.3 | 17.8 |
| どちらともいえない | 20.8 | 21.6 |
| 無回答 | 7.9 | 8.1 |

期待はそれだけ大きくなるのであろう。こうした地域での公開講座の開設は学習機会の地域間格差を埋め，教育と学習における機会均等を保障することにつながるものであり，そこに大学の果たすべき大きな役割があることをこの結果は示唆しているといえよう。

　では地域住民はどのような内容の公開講座を望んでいるのだろうか。受講希望の有無とは関係なくすべての調査対象者に，どんな領域・内容の講座を希望するかをたずねたところ，多い順に「趣味」「スポーツ・健康づくり・レクリエーション」「家庭生活・日常生活」「教養」「社会一般」「地域」となり，県央にくらべ「家庭生活・日常生活」「社会一般」「地域」等の希望が多くあげられた。なお調査では具体的な希望内容を自由記述で記入してもらっている。144件にのぼる記述があったが，注目されるのは表7.10に示したような地域の問題を含む社会領域の希望が47件と，全体の3分の1を占めたことである。

　県央地区調査では341件の希望が寄せられたが，ここでは「社会」領域の希望は54件で全体の16％にすぎなかった。このように県西県南地区住民の「社会」領域への潜在的ニーズは県央を大きく凌いでおり，それがとりわけ過疎と高齢化，そして環境破壊の進む地域の問題と多かれ少なかれ関わるものであることは，容易にうかがえる。

　大学は地域の期待に応えていくことが求められている。それに対応して「出張公開講座」のような"出前講座"，さらにテレビ・ラジオによる"放送公開

**表7.10　開設希望講座の内容**

| 社会一般，地域に関すること（47件） |
|---|
| ・政治・経済（国内の政治経済，世界経済の動向，世界における日本，国際情勢，農業・林業，憲法，税金など）‥‥‥‥‥‥‥‥‥‥‥‥‥‥‥‥‥14件 |
| ・地域の問題（地域の文化・資源・伝統，地域の歴史，地域活性化，過疎化対策，地方の学校教育のあり方，地方政治など）‥‥‥‥‥‥‥‥‥‥‥10件 |
| ・高齢化社会の諸問題‥‥‥‥‥‥‥‥‥‥‥‥‥‥‥‥‥‥‥‥‥‥‥9件 |
| ・環境問題（自然破壊，環境汚染，地球環境，川・海の汚染と地域の環境，自然保護，リサイクル運動など）‥‥‥‥‥‥‥‥‥‥‥‥‥‥‥‥‥‥6件 |
| ・労働問題（労働組合，労働者の賃金など）‥‥‥‥‥‥‥‥‥‥‥‥‥3件 |
| ・人権問題（人権・同和問題，日本の差別構造，報道と人権）‥‥‥‥‥3件 |
| ・教育問題‥‥‥‥‥‥‥‥‥‥‥‥‥‥‥‥‥‥‥‥‥‥‥‥‥‥‥‥2件 |

表7.11　大学に期待すること

| （「とても必要」の比率） | 県西県南 | 県央 |
|---|---|---|
| 地域の発展に役立つ研究をすること | 41.6% | 44.2% |
| 研究成果をマスコミなどを通じて地域の住民に知らせること | 31.0 | 32.4 |
| 地域の住民に親しみやすくすること | 29.5 | 33.8 |
| 県や市町村が行う各種の講座や学級に協力すること | 25.1 | 29.5 |
| 社会人が正規に入学しやすくすること | 25.0 | 34.2 |
| 大学自体が住民向けの公開講座をもっと開くこと | 24.0 | 31.7 |
| 国や県，市町村の政策立案や計画に協力すること | 23.4 | 20.8 |
| 大学や施設を住民に開放すること | 19.2 | 27.9 |
| 企業との協力を進めること | 14.6 | 16.2 |

講座」もこの地域で行われるようになった[7]。近い将来はインターネットによる教育サービスも利用可能となり，過疎地・僻地の学習・教育環境は大きく改善されることであろう。しかし地域住民はそういったことのほか，大学にはどのようなことを期待しているのだろうか。この点をさぐるため県央地区調査と同様に，表7.11のような9項目のそれぞれをどの程度必要と思うかたずねてみた。なお表には「とても必要」と回答したものの比率のみ示している。

「地域の発展に役立つ研究をすること」が必要だとするものが最も多く，県西県南と県央のいずれにおいても他の項目を10ポイント以上引き離しており，これに続く研究成果の地域還元とともに，地域に貢献する研究を大学に期待していることがうかがえる。また大学が地域住民に親しみやすくなってほしいという声も，地域にもっと開かれた大学になってほしいとの期待の表明であろう。

総じて県西県南地区は県央地区にくらべて回答の比率が低いが，それはこの地域の住民にとって大学はまだ馴染みの薄い存在であるためであろう。そうした中で注目されるのは「国や県，市町村の政策立案や計画に協力すること」については，県央よりも期待が大きいことである。過疎化，高齢化をはじめとする地域の問題を解決していこうとする自治体の取り組みに，大学は積極的に手を貸してほしい，との切実な願いがここには込められているように思われる。

**過疎地における独自の取り組み**

地域の大学がこうした期待に応えるべきことはいうまでもないが，地域課題

に取り組む主体はやはり地域住民自身である。そこで現実にどのような取り組みがなされているかを調べてみたところ，意欲的な取り組みがいくつか始まっていた。本研究の共同研究者である徳島大学大学開放実践センターの猿田真嗣講師は，研究の一環として県南地区の海部郡日和佐町での取り組みについて独自の事例研究を行った[8]。猿田は地域住民の学習機会へのアクセス保障という観点からアプローチを試みる。すなわち成人の学習を成り立たせるには時間的・空間的条件，経済的条件等の保障，学習機会と学習情報提供・相談事業などが必要となるが，それは僻地・過疎地においてはいずれも困難な課題である。そうした中で県南の日和佐町は徳島大学の「出張公開講座」の開設に協力する一方で，「高齢者大学講座」「家庭教育通信講座」「海亀大学講座」といった独自の取り組みを行っていた。

「高齢者大学講座」は町中心部の公民館本館で開催される各種の講座とは別に，周辺地域の分館に開設しているもので，「高齢者大学赤松分校」のように「分校」の名称が使われており，交通や健康上等の理由で本館の講座に参加できない高齢者たちにとって貴重な学びの場となっている。また「家庭教育通信講座」は町内の学校・保育所などの教師・保母たちが主に執筆する，対象年齢ごとの8種の機関誌を媒体とした子育てのための一種の通信教育で，対象保護者全員に毎月送付される機関誌には，身近な話題提供や問題点の指摘が盛り込まれている。この事業は女性の社会進出等による環境変化に伴い，従来型事業では参加者を得にくい状況への対応のひとつだという。また「海亀大学講座」は生活と水，消費者問題，安全な食生活などのテーマや地方史などについて専門家の話を聞く講座である。

猿田はアクセス保障という点から3つの点に注目する。すなわち第一に，大学と連携して企画にあたっていること，第二に，身近で関心の強いテーマを積極的に取り上げていること，第三に，受講料を無料にするなど，住民に負担をかけていないことである。日和佐町のような地域独自の工夫と努力を側面から支援していくことが，大学がまず果たすべき役割であろう。猿田は「出張公開講座」のような形の支援は「過疎地域における生涯学習を活性化するための"触媒"として機能すべきである。……過疎地におけるアクセス保障の成否は，こ

ういった大学との連携事業をバネにして，地元独自の生涯学習をいかに展開していくか，というところにひとつの鍵が潜んでいる」[9]と述べている。まさにそうした取り組みを媒介することをとおして，大学自体にも新しい途が開かれてくるのではなかろうか。

**注**

1) 山本恒夫「学習行動圏の分析」辻功・古野有隣編著『日本人の学習 —— 社会教育における学習の理論 —— 』第一法規，1973，p.93-116.
2) 浅井経子「成人の学習行動 —— 生活行動との関係について —— 」日本生涯教育学会編『生涯教育の展開』（日本生涯教育学会年報第1号）ぎょうせい，1980，p.257-272.
3) 調査の詳細については，以下を参照されたい。藤岡英雄・小田利勝・近藤善浩・野島良子・猿田真嗣「大学公開講座への地域住民の関心と潜在的需要の考察 —— 生涯教育需要調査（徳島県央地区）の結果から —— 」『徳島大学大学開放実践センター紀要』（第2巻），徳島大学大学開放実践センター，1991，p.81-99. 徳島大学大学開放実践センター『生涯学習需要と大学開放 —— 生涯教育需要調査（徳島県央地区）報告書 —— 』1992.
4) 調査の詳細については以下を参照されたい。徳島大学大学開放実践センター『過疎地の生涯学習 —— その現状と課題 —— 』（生涯教育需要調査・徳島県西南地区報告書）1995. 藤岡英雄『生涯学習需要の構造と大学開放 —— 徳島県における実証的研究 —— 』教育出版センター，1998.
5) 「第4回学習関心調査」については以下の報告を参照されたい。原由美子「日本人の学習 —— 成人の意識と行動をさぐる ——（第4回学習関心調査報告）」『放送研究と調査』（1993年9月号）日本放送出版協会，p.2-31.
6) 回答された具体的な学習内容は，県央地区調査と同様7つの領域あわせて99の学習項目カテゴリーに分類して集計した。「学習関心」の具体的内容も同様の処理をしている。
7) 「放送公開講座」は放送大学の発足に先立って，放送教育開発センターが実施主体となり1978年から98年まで実施された事業で，四国地区では徳島大学ほか6つの国立大学が参加した。詳しくは次の文献を参照されたい。藤岡英雄『学びのメディアとしての放送 —— 放送利用個人学習の研究（おとなの学びの行動学・第1部）』学文社，2005，p.138-143. 藤岡英雄「放送公開講座の学習構造と学習補助情報の機能に関する研究」『徳島大学大学開放実践センター紀要』（第3巻）徳島大学大学開放実践センター，1992，p.1-23.
8) 猿田真嗣「事例研究：海部郡日和佐町の生涯学習事業におけるアクセス保障の現状と課題」徳島大学大学開放実践センター『過疎地の生涯学習 —— その現状と課題 —— 』（生涯教育需要調査・徳島県西南地区報告書）1995，p.51-66.
9) 猿田真嗣，上掲論文，p.54.

# 第8章　おとなの学びの関連要因

学びを生み出すもの，学びが生み出すもの

## 1．CORモデルとその問題点

### 問題の背景

　およそ半世紀近く前にシカゴ大学のCyril O. Houleがわずか22人の成人学習者を対象に行った事例研究[1]は，のちに多くの研究者による追試研究を生み出し，成人の学習行動研究の先駆となった。Houleが行ったのは，フォーマルな学校教育を終えた後にもさまざまな形で自発的に学びに取り組んでいる"継続学習者 (continuing learner)"の存在に着目し，彼らはどのような人なのか，学びという行動に彼らを突き動かしているものはなにか，つまり，人びとはいったいなぜ学ぼうとするのかを問おうとしたのであった。当時このような"継続学習者"はまだ一部の特殊な存在と見られていたのである。

　時移り「生涯学習」が時代のキーワードともなった今日，このような成人学習者の姿はとりわけ珍しいものではなくなった。多くの成人にとってなにかを学ぶことは日常の生活行動の一部にすらなっている。そうした中で研究者の関心も，今日では「なぜ学ぶのか」よりも「学びの課題はなにか」「学びをいかに支援するか」といった，より実践的な課題に向けられるようになった。しかし，学ぶおとなの理解なくして効果ある学びの支援もありえないことを考えれば，人をして学びという行動に立ち向かわせるものはなにか，といった問いを発し続けることの意味は，今日においてもその重要さを失なってはいないのではなかろうか。それは成人教育研究における古くて新しい課題なのである。

　人間の行動を生起させる要因はきわめて多様で複雑にからみあっており，それを理論化することは容易ではない。学びという行動のもととなる動機，そし

て学習行動を生起させるメカニズムはなにか，さらにその背後にある内的外的なニーズはなにか，学習行動の継続や発展にはどのような要因が作用しているのか，学習によりなにが生み出されるのか……といったことを解明するには多くの困難が伴う。したがってこの課題に対しては，多面的なアプローチによりひとつひとつ解明していくことが求められよう。それは他の社会科学研究と同様，第一義的には法則定立を目指すものであるが，同時に実践のための指針を提供するものでもあることはいうまでもない。

1960年代から70年代にかけて米国では成人の学習参加に関するいくつかの研究が行われたが，それらを総合した理論モデルとのひとつに第4章でふれたCross, K.P.の「COR（反応の連鎖）モデル」[2]がある。成人の学習行動をさまざまな要因の連鎖の所産として説明するその総合性とユニークさは，この領域の研究に大きな影響を与えたとされるが[3]，その後このモデルを超えるものは現れていないといってよい。その意味では高く評価されるべきものであるけれども，今日の目から見るならば，このモデルにもいくつかの限界があるように思われる。『おとなの学びの行動学・第2部』を総括する意味もこめて，最後の章となる本章においては，まずCrossのモデルに立ち戻ってその有効性と問題点をあらためて検討し，そこから今後の成人の学習行動研究に組み込むべき新しい切り口をさぐってみることにしたい。

### COR モデル

CrossのCOR (Chain-of-Response) モデルはMiller, H.L., Rubenson, K., Boshier, R., Tough, A.らの先行研究[4]を巧みに取り入れたもので，成人の学習活動参加は図8.1のような(A)〜(G)の7要因の連鎖として表される。

まず個人は自分自身の学習能力についてどれだけ自信をもっているかの「自己評価(A)」と，自己の過去体験や身近な人の影響のもとに形成された「教育への態度(B)」により，成人教育参加に向けてプラスまたはマイナスに方向づけられる。次に自分にとっての「学習目標の重要度とその達成見込み(C)」が問題となり，それぞれが高ければ右に進む。なおこの段階は「ライフステージ(D)」の影響を受ける。かくして学びへと動機づけられた個人は「学習機会と（それを妨げる）障害(E)」という局面を迎えるが，ここでは学習に関する適切な「情報

図 8.1　COR モデル

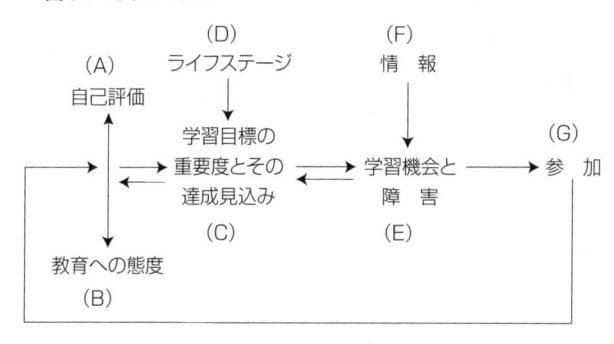

```
           (D)              (F)
(A)     ライフステージ        情 報
自己評価
           学習目標の                            (G)
    ←→   重要度とその  ←→   学習機会と  ──→   参 加
           達成見込み         障 害
           (C)              (E)
教育への態度
(B)
```

(F)」の存在が大きく関わる。このようにいくつかのステップをクリアしてはじめて「成人教育参加」，つまり学習行動の発現にいたるというわけである。

### COR モデルの問題点

　COR モデルについて触れた研究文献はわが国では少ないが，その中では辻功の「成人の学習行動解発研究序説」[5]）が注目される。辻は，COR モデルは未完成なものながら「これからの学習行動解発研究のひとつの重要な拠点になることは確かである」として高く評価すると同時に，概略次の5つの問題点を指摘する。1）「自己評価」の低い者，「教育に対する態度」が非好意的な者は，早い段階で成人教育の受講意思を失なってしまうことになるが，これでは生涯学習推進活動は無益なものになってしまう。2）重要な鍵概念が操作概念にまで掘り下げられていない。3）達成動機に偏りすぎている。人間関係に関わる欲求である親和動機を含めた図式を考えるべきである。4）学習内容，年齢，性，施設等によって異なるモデルが必要ではないか。5）妥当性の検証がなく，この図式が否定される可能性もある。こうした辻の問題提起をベースにしながら，以下，著者なりの視点から COR モデルを再検討してみよう。

　Cross は「学習活動参加に作用する力は個人に始まり次第に外的な条件に移行する」，そして「参加に導く反応連鎖の起点は自己評価である」と述べて[6]），「自己評価」と「教育への態度」をモデルの起点に置いている。このことは，左向き矢印による逆方向の作用の存在を認めながらも，あくまで個人の内的条件を第一要因と考えていることを示している。そのこと自体はうなずけるが，

それが「自己評価」「教育への態度」である点は辻が指摘するようにやはり問題であろう。

**達成動機と親和動機**

Crossは「教育は達成動機にもとづくもの」と述べているが、それは多かれ少なかれ競争的状況への適応であり、その成功あるいは失敗が自己評価の源泉となる。「自己評価」と相互規定的な関連要因となる「教育への態度」も、同じく過去経験の直接的影響を受ける。ここで注意しなければならないのは、Crossの言う「教育」がなにを指しているかということである。全体の文脈から読みとれるのは、学級・講座、セミナー、ワークショップといった伝統的な学校形態、教室形態の教育を暗黙の前提としていることである。それは、フォーマルな教育機関での職業教育がその大きな部分を占めていた、当時の米国における成人教育の状況を反映したものであろう[7]。また「教育への態度」にしても、当時多くの研究者が取り上げた問題、すなわち成人教育参加の社会経済的な階層間格差（中産階級に比べ下層階級の参加が少ない）への関心の反映にほかならない[8]。

CORモデルにはもうひとつの背景がある。原著 *The Inquiring Mind* の副題 "Increasing Participation" がいみじくも示しているように、Crossの念頭には成人教育機関の顧客獲得への戦略的役割、つまりマーケット・リサーチのための理論構築があったと思われる。その場合第一義的に問題になるのは、最大の参加（顧客獲得）を実現するにはどの要因にいかに働きかけるかということであろうが、この点で、人がなぜある特定の学習行動を行おうとするのかを、一人ひとりの学習者の生活文脈の中で理解しようとする本著者の立場との間に、どうしてもズレを感じざるをえないのである。

親和動機が無視されていることへの辻の不満には著者も同感である。しかし達成動機中心のモデルと親和動機中心のモデルの"二頭立て"図式の並立という辻の提案には、にわかには賛成できない。辻はまた動機の性質、参加者属性、学習機会のそれぞれに対応したモデルも示唆しているが、それではCrossが試みたような、成人の学習行動理解のための包括的図式を描く努力を放棄することになるのではなかろうか。

それはともかく COR モデルはあくまで達成動機重視であり，それ以外の動機は視野の外にあるように思われる。たとえば Houle の学習動機の3タイプのうち「目標志向」はともかく，「活動志向」や「学習志向」についての説明はこのモデルではできない。「活動志向」や「学習志向」の学習がとりわけ高齢者の学習の中で大きな比重を占めている実態[9]，そして各種の学習活動に参加する高齢者がますます増えている今日の状況を考えると，やはり新しい視点からのモデル構築が求められるのではなかろうか。

## 2．学習プロジェクトとベネフィット

### 学習プロジェクト

　Cross のモデルを乗り超えるためには，成人教育を考える場合に学級・講座等の定型的・教室的な教育モデルでとらえることから解放され，今日の多様な成人の学習活動，すなわち図書や放送，インターネットなどメディア利用による個人学習から，グループ・サークル形態の相互学習までをもひろく視野に入れていく必要がある。また学習活動が彼らの生活の中で果たしている機能を理解するためには，親和動機をはじめ学習に関わるさまざまな動機を取り入れたモデルが求められることになろう。

　ここで第1章および第4章でふれたカナダの研究者 Allen Tough の「学習プロジェクト（learning project）」の理論[10]をあらためて取り上げてみたい。理論化いまだ不十分として Cross は彼の説を採用していないが[11]，2つの点で注目されるからである。まず第一は，「成人が意識的な努力のもとに行う学習」を意味する「学習プロジェクト」なる概念である。これは学習の内容，理由，方法あるいは場所を問わず，学習者自らの計画になる「ある程度持続して行われるひとまとまりの学習行動」を指すが，この場合伝統的な集合形態の学習参加に限定することなく，個人教授や印刷物，テレビその他の媒体利用まで幅広く視野に入れている。そして，学習者がこうしたさまざまな学習機会や媒体を主体的・計画的に選択し組み合わせ，ひとつのプロジェクトとして学習活動を成り立たせている，と考えるところにその最大の特色がある[12]。

### ベネフィット

　Toughのモデルの第二の特色は，学習によってもたらされる「ベネフィット（benefit＝利得・恩恵）」を重要な要因のひとつとして組み込んだことである。彼によると学習者は，(A)学習活動→(B)知識・技能の獲得・保持→(C)知識技能の使用→(D)昇進・昇給・その他物質的報酬の獲得，といった過程をたどるが，各段階で3種のベネフィット，すなわち「喜び（pleasure）」「自尊感情（self-esteem）」「他者からの肯定的反応（others）」を得る。そしてこれらへの期待が学習を動機づける力として働くというものである[13]。

　Toughは学習開始時にベネフィットへの期待がはっきり意識されていると述べる一方で，学習の過程で予期せぬベネフィットが生じそれが学習を動機づけることもあるという。その具体的な状況として，好奇心の充足や疑問の解消，学習内容自体からもたらされる喜び，学んだ技能を使う喜び，成功感など7つをあげているが，見逃せないのはその最後にあげている「学習とは関係ない側面（aspects unrelated to learning）」[14]である。これは学習の内容とは直接関係なく，新しい人に出会い友達が得られる，単調な生活に変化をもたらす，息抜きや逃避になる，といったような形で現れるベネフィットである。これはまさにHouleの「活動志向」の学習動機そのものであり，CrossのCORモデルには欠落していた要因である。もともと達成動機を前提にしたモデルにはこうした動機が入る余地はない。しかし学習の結果として生じたこのようなベネフィットが，知らず知らずのうちに学習の励みになっていることは，われわれの誰しもが経験するところである。さまざまな学習に精力的に取り組んでいる高齢者を長年見てきた著者の経験では，それは学習活動の単なる副産物などではなく，いつしか当初の動機に取って代わり学習を支える中核動機となっていることが少なくない。そしてまさにそこに，その個人にとっての学習活動の真の意味が姿を見せてくるのである。次にそうした事例を通して，学習活動の背後に働く動機と，人びとの生活の中で学習活動がもっている意味をさぐってみることにしたい。

## 3．公開講座が生み出すベネフィット

### 学習志向の受講者

　徳島大学の公開講座の受講者数は，1986 (昭和61) 年の開設時にはのべ614人であったものが，10年後の96 (平成8) 年度には1318人へとほぼ倍増した。そしてこの10年間に起こった特徴的な現象のひとつは，第5章でみてきたような受講者の固定化であった。すなわち受講者の半数以上が"常連"となり，その中には講座の開設以来，毎年毎期欠かさず複数科目を受講する人すら存在したのである。

　1994 (平成6) 年度の調査によると，過去5年間に4年度以上の受講経験をもつ「固定受講者」は全受講者の28％にのぼったが，そのプロフィルを理念型的に描いてみると，次のようになる。(1)高年齢層の無職男性または中高年主婦。(2)新制高校または旧制中学，短大・旧制高校・専門学校卒レベルの学歴。(3)行政主催の学級・講座にも参加するアクティブな学習者。若干付言するなら，旧制の中・女学校や専門学校卒の人が少なくないことで，その多くは上級学校への進学率が低かった時代に青年期を迎え，強い向学心をもちながらも貧困や戦争などで進学の夢が断たれた世代である。そしてこの人たちの受講目的は「そのことをもっとよく知ったり，深めたりしたい」「それを学ぶこと自体の楽しみのため」など，Houleのいう「学習志向 (learning-oriented)」にそったものが最も多くみられた。

### 受講のベネフィット

　ところで5年あるいは10年と，長期にわたり公開講座の受講を動機づけているものはいったいなんだろうか。それを知るには"入口"としての受講目的や動機だけでなく，そこからなにを得ているか，つまり"出口"としての受講成果，言いかえればベネフィットをも見ていくことが必要になろう。こうした観点から，受講成果の自己評価項目スコアをもとにした分析を行ってみた。その結果は第4章でみたように，いずれの受講者も「学ぶ楽しさが味わえた」「向上していくよろこびを感じた」など「喜び」に関わる項目に高い評価がみられ

た。そして「ものの見方，考え方が深まった」「高度の学問的知識が学べた」「未知のことがらに眼が開かれた」「客観的・批判的な見方を学んだ」など「認識」に関わる項目では，長期継続受講者ほどその評価が高いこと，また受講者は総じて学ぶこと，成長することに喜びを感じているが，その中でも長期にわたり公開講座を受講し続けている人たちは，とりわけ知的好奇心旺盛な人たちであることが明らかになった。その多くは，Houle がいうところの「継続学習者 (continuing learner)」そのものであり，Roger Boshier が「成長に向け動機づけられた (growth-motivated) 学習者」[15] と名づけた人たちのイメージにきわめて近いものであった。

「学ぶ喜び」や「知的好奇心の充足」にベネフィットを見出すのは，公開講座受講者に共通にみられる内的特性の表れでもあろう。一方何年にもわたりさまざまな講座をつぎつぎと受講し続ける「固定受講者」は，そうした一般特性のほかにその人独自のベネフィットを見出しているのかもしれない。それはその個人の生活の中に学習がどのように位置づけられているか，という個々人のライフヒストリーに関わる問題でもある。第6章で紹介した13人の公開講座固定受講者の事例研究からは，次のようないくつかのベネフィットが浮かび上がっている。

### 生活のリズムと生きがいの創出

13人から等しく受ける印象がある。それは学びがきわめて自然な形で日々の生活の一部になっているということである。59歳無職女性の林さん（仮名，以下同じ）は「ことさら"学んでいる"という意識をもって臨んでるわけではなく，毎日の食事のように，夕方のウォーキングのように，学ぶことも日課の一部のような気がします」と言う。日常化した学習は生活にリズムを与え，生きていくエネルギーを生み出す源となる。また「"生きている"とは"学ぶこと"といえるのではないかと考えています」という66歳の女性田代さんのことばは，高齢学習者にとって日々学ぶことが生きがいの源泉となっていることを示している。

この人たちの中には定年退職を機に公開講座を受講し始めた者が少なくない。この場合，引退により生じた生活の空白を埋め，新たな生活にリズムと生きが

いを与えてくれるものとして公開講座があったのであろう。その際講座の内容やテーマがなにかは必ずしも問題ではない。元銀行員で67歳の女性加藤さんは、定年退職後なんとなく気分がすっきりしないような毎日だったが、たまたまテレビで見た公開講座の案内が電光のように自分の中のなにかを撃ち、ただちに受講申し込みをしたという。その後14年以上にわたり公開講座の受講を続けている。

　このケースのように公開講座の受講は生活にリズムを生み出し、それが健康につながる。高齢受講者には健康維持のベネフィットを講座に求める人が少なくない。元中学校教師で69歳男性の高橋さんは定年退職を機に受講し始め、その後10年にわたって70課目受講したという猛者で、年間の受講時間は実に100時間にもなる。それも特定の領域ではなく科学、経済、歴史から健康まであらゆるジャンルにわたっているのである。

　――毎日の生活で無為に過ごす時間が多いほど、身体が鈍ってきて頭脳の働きにも悪影響を及ぼすことがわかりました。……心身の状態を出来るかぎり現職時代のコンディションに近い状態にしたいと……。

　この人たちにとっては、定期的に知的刺激が得られるもの、要するに心身の老化を防いでくれるものならどんな科目でもよかったのである。

　このように日々忍び寄る老化とのたたかいが、多くの高齢者にとって大きな課題であり、心身の健康維持が学びの重要なベネフィットだったでのある。このように高齢者の学習と健康の間に大きな関係があることは、近年次第に注目されるようになってきた。英国の成人教育研究者 Peter Jarvis は、高齢期の学習にあっては learning とはつまるところ living に関わるものであり、生きていく原動力 (driving force) であるという。さらに継続的な学習活動が高齢者の健康の維持増進に有効であることを示す事例を紹介するとともに、施設において高齢者の学習を支援する "learning therapist" の積極的配置を提唱している[16]。

### 他者からの反応

　ところで学びが自己の中に生み出す喜びだけでなく、もしそれが他者からの喜びや感謝を生み出すものならば、喜びはさらに増幅され、さらなる学習を動

機づけるにちがいない。この種のベネフィットはToughのモデルの「他者からの反応 (others)」に相当するものである。元中学校教師で62歳女性の高木さんは、高齢の義父と実母の介護体験をきっかけとして、健康関連の科目を受講するようになったが、次第に自分は"家族の健康管理者"であるという自覚が芽生え、それがいつしか受講継続を支える最大の動機となった。このようなある種の社会的役割意識が学習を強く動機づけている事例は、社会・経済や福祉関係の講座を精力的に受講している元地方公務員の男性のケースにもみられた。定年退職後高齢者運動のリーダーとして活躍している73歳の森さんは、学んだことを高齢者仲間の生活向上に活かしていくことが目標であり、それが学習の大きな励みになっているという。

　新井郁男らは、定年退職後の高齢者を対象とした調査をもとに、社会の中で今なお一定の役割を果たしているという「生活貢献度感」が高い時において、生活満足度や生きがい感が高まるという事実を明らかにしている[17]。また、田中雅文は学級・講座等で学ぶ高齢者の分析から、学習成果を社会参加活動に生かすことにより生きがい感が強まり、学習活動と社会参加活動の充実感が相乗的に高まっていくメカニズムの存在を示唆している[18]。学習が個人の中で完結することなく、社会的な広がりの中でそれが生かされそこになにがしかの反応が生じたとき、自らがなお社会に役立つ存在であるという意識が生じ、生きがい感にみたされる。そしてそれがさらなる学習を動機づける。高齢者の学びを考える上での重要なポイントがここにあるように思われる。

## 4. おとなの学びとパーソナル・インフルエンス

### パーソナル・インフルエンス

　テレビ視聴などのメディア行動には、身近な人の影響が少なからず作用すること、つまり「パーソナル・インフルエンス」の存在が知られているが、成人の学習行動にも似たような作用が存在する。Houle は家族や友人等の中にいる継続学習者の存在が新たな継続学習者を生み出している事例をあげ、かかる影響を与える人のことを「刺激提供者 (stimulator)」と呼んでいる[19]。前著『お

となの学びの行動学・第1部』でも紹介したが，著者がかつて行ったテレビやラジオの講座番組利用者の研究から得られた知見のひとつは，講座番組の利用・非利用の判別に関わる要因のひとつは，家族や親しい人の中に講座番組利用者がいるかどうかであった[20]。

パーソナル・インフルエンスは学習行動の解発に作用するだけでなく，学習の継続・発展を動機づける要因としても働く。第4章ですでにみたように，公開講座の受講成果を説明する因子として析出されたのは「新しい友達ができてよかった」「講師と知り合えてよかった」などを評価する「交流」因子であった。自分と同じように知的好奇心に燃える仲間と学ぶ喜びを共有することが，いかに学習の継続・発展を動機づけるかは，第6章で紹介した67歳の受講者，加藤佐和子さんが残した次のことばに見事に表われている。

　──（受講生仲間と）街でお逢いした時には挨拶も交わすようになり，徐々に講座とのつきあいが深まり，生活の中に大きな位置を占めてゆくことになりました。……最後の日，後ろの席のかわいいお婆ちゃんは，おせんべいを皆さんに下さったのでした。難しかったけどよかったね，と目を細めていました。秋にはまた何か受けましょねと，誘われました……。

たとえ直接顔を合わせることがなくても，自分と同じような仲間がいることを知るだけでも，それは学習継続への大きな動機づけとなる。前著でも紹介したが，著者はかつてNHK教育テレビ『フランス語講座』の視聴者を対象にひとつの実験を行ったことがある。それは，どのような人がその番組で学んでいるか，どのように学んでいるかといった情報（学習補助情報）を実験的に提供して1年間追跡するものであった。結果は，仲間の情報を得た実験群は途中で脱落する者が対照群より少なかっただけでなく，脱落したが再挑戦したいという者が少なくなかったのである[21]。伝統的な郵便による通信教育やメディア利用の遠隔教育では，コースからの脱落が常に問題となるが，それを克服するひとつの方法としてこのような「学習補助情報」の有効な活用が検討されるべきであろう。それはともかく学習継続を動機づける重要な要因であるこうしたパーソナル・インフルエンスの存在を無視しているところに，Crossのモデルのもうひとつの問題点があるといえよう。

## 親和欲求

　人とのつながりをもちたい，というのは人間の本源的な欲求であろう。親和欲求とか親和動機と呼ばれているけれども，学びの場にもそれは大きく働いている。講座，学級，サークルといった学びの場にやってくる人たちは，あることを学びたい，できるようになりたいといった表向きの動機だけでなく，人との出会いをどこかで秘かに期待していたりする。見ず知らずの町に引っ越してきて親しい友人，知人もいないような場合には，公民館の学級や地域のサークルが救いの神となることも珍しくない。

　2004（平成16）年にわが国で封切られた『幸せになるためのイタリア語講座』という映画がある。デンマークの女性監督ロネ・シェルフィグは，単なる外国語の勉強を超えたなにかを求めて講座にやってくる受講生たちの姿を，軽妙なタッチで描く。――コペンハーゲン近郊の教会で開かれている「イタリア語初級講座」の受講生は，年齢も職業も境遇もさまざまな男女6人。共通しているのはあこがれの地イタリアに行きたいということ。そしてもうひとつの共通項は，人知れぬそれぞれの喪失体験であった。講座での出会いを通して，彼らはいつしか心を通わせることのできる友を得た。「イタリア語」以上の貴重なものを一人ひとりが得たのである。ここでは，講師の役割はいったい何だったのだろうか。自らもイタリア語講師である川野美也子は，この映画について次のようにコメントしている。

　　――イタリア語を学べば幸せになれる？　恋人や生涯の伴侶がみつかるとか，そんな短絡的なことじゃない，映画も現実も。受講生はなにを求め，講師側は何を提供できるだろう。知識？　出会い？　映画の中の講師たちは知識こそ確かだけど，それ以外のものを受講生たちに提供しているとは思えない。物語を動かすのは講師ではなく，受講生たちの学ぼうとする意志，あるいは出会いたいという意志。主人公たちはそれぞれ重大な「喪失」を経験し，それゆえに「出会い」への，「希望」への意志を切実にもっている。それが彼らを動かし，そこに「イタリア」という共通の憧れが触媒として働き，彼らを結びつけていく。……人生って結構長い。希望をもつためにはいろんな楽しみを知っておくといい。……楽しみ方を学ぶための手引きをするのが講師。でも，大事なのはあなた自身。あなたの「学びたいという意志」「出会いたいという意志」……。（デンマーク映画『幸せになるためのイタリア語講座』プログラムより）

高齢者はだれしも多かれ少なかれ，忘れ去ることのできぬ喪失体験をもっている。したがって高齢者の学習参加の背景には，人とのつながりをもちたいというニーズがどこかにあることを忘れてはなるまい。とくに高齢者の中でも身体的障害をもった高齢者の場合，社会の主流から取り残されたという疎外感をもつことが多く，それだけ人びとや社会との結びつきを求めるニーズが強くなることを，堀薫夫らの研究は明らかにしている[22]。必要なのはそうした背景をもつ人たちに，しなやかに，感受性豊かに対応する学習支援であろう。

## 5．学習ニーズと学習関心

### COR モデルの限界

　人間の行動はなんらかのニーズの充足を求めて起こるものと考えるなら，成人の学習行動を説明する際にも，ニーズを起点としたモデルが最も合理的であろう。この点 Cross の COR モデルではニーズの位置づけが必ずしも明確でない。しいてニーズにつながるものを探すなら「ライフステージ」があるが，それについての彼女の説明は，ライフサイクルの移行やそのほか突発的変化が教育欲求の引き金になることと，Havighurst, R.J. の発達課題論のいう学習の最適期の存在を述べるにとどまり，それ以上の言及はない[23]。彼女のモデルの意図は，ある特定の学習活動についてそれへの参加・不参加を左右するさまざまな要因（決定要因）を説明しようとするものであって，そもそも成人をして学習に向かわせるもの，つまり行動の源泉となるニーズそのものには，さほど関心がなかったのであろう。後者のほうにより大きな関心をもつ著者の立場からすれば，この点にこのモデルの最大の限界を感じざるをえないのである[24]。

　学習行動を生み出すニーズは，人生のある時期にかなりの普遍性をもって生じるライフサイクル上の課題をはじめ，個々人の日常生活対応から生じるもの，国際化，情報化，環境問題，人権や平和などのいわゆる「現代的課題」のような，歴史社会的な環境変化から要請されるもの，さらに自己実現のような個々人の実存的な課題として立ち現れるものなど，さまざまな源泉をもつ。こうしたニーズが行動として発現するためには COR モデルのような意志決定過程を

くぐりぬけることが必要だが，その前にまずなんらかの形でニーズが意識化される必要がある。意識化されたニーズはある時点でなにかを「学びたい」といったより具体的な学習動機を生み出し，それがさまざまな要因の作用のもとで最終的に学習行動となる。これは多かれ少なかれ時間経過の中で進行する過程であるが，そのようなプロセスを組み込んだモデルを考えることはできないであろうか。

### 学習関心の把握

すでに第1章および第2章で紹介したように，著者はNHK放送文化研究所に在職中にわが国成人の学習ニーズを探る「学習関心調査」の開発と実施にたずさわった。この調査は1982（昭和57）年の第1回調査を皮切りに，98（平成10）年までの16年間に5回の全国調査が実施されているが，そのベースとなったのは著者が開発した「学習関心」を軸にした「学習関心の階層モデル」，通称「氷山モデル」と呼んでいるものである。それは個々の成人のもつ「学習ニーズ」が学習へと向かう意識的・無意識的な心の状態である「学習関心」を生み出し，ここになんらかの要因が働いて「学習行動」が解発されるというものであった。

このモデルで「学習関心」は，学習したいことがもともとはっきりと意識されている「顕在的関心」と，外的刺激によってはじめて触発され意識化される「潜在的関心」の2つのレベルに分けてとらえられる。個人面接調査と配付回収調査を併用するこの調査にあって具体的には，まず個人面接において「学びたいこと」として自由回答形式で回答されたものを「顕在的関心」，留め置き調査票のリストの中から学びたいものとして選んで回答されたものを「潜在的関心」とするのである。こうした手法をとった理由は，学習行動化の予測精度を高めることもあるが，それ以上に実践的なねらいもある。今日「現代的課題」のような公共的ニーズに対応した学習の推進が行政の重要な課題になっているが，そうした学習を現実に行っている人はそれほど多くはない。しかしその必要性を感じている人は決して少なくないことがこの調査からも明らかになっている。そこで，すでに顕在化している関心に応えるだけでなく，潜在的関心に働きかけてこれを顕在化し，さらにそれを学習という行動に導いていく戦略が

求められるが，その指針となる理論モデルとして提出したのが次のような「学習関心モデル」であった。

### 学習関心モデル

図 8.2 は，学習関心と学習行動，先に論じたさまざまなベネフィット，そして COR モデルのような決定過程をその中に組み込んだ，成人の学習行動解発過程を説明する著者なりの理論モデルである。試論の域を出るものではないが，とりあえず「学習関心モデル」と名づけた。

このモデルでは，人びとの行動はなんらかのニーズを充足する過程として起こるものと仮定し，ニーズを行動の起点に置いている。学習行動は個人の数あるニーズを充足する行動のひとつとして起こるが，結果として学習に向かうニーズを「学習ニーズ」と呼ぶならば，そのような「学習ニーズ」は「学習関心」を呼び起こし，状況と機会が整えば「学習行動」となる。「学習関心」の喚起とその顕在化，さらに行動化へと進む過程で，COR モデルのいう自己評価，目標の重要度，学習機会とその障碍，学習情報などの要因，あるいは先に指摘したパースナル・インフルエンスなどのいくつかの要因が働くが，それを説明するのが「決定モデル」である。「学習行動」が産み出すのは「知識・技能の獲得」や「意識・態度の変容」だけではなく，さまざまな「ベネフィット」もまた産出する。そうしたもろもろの「学習の所産」はフィードバックされてそれぞれの過程に作用し，学習の継続を動機づけたり，新たな学習行動を産み出

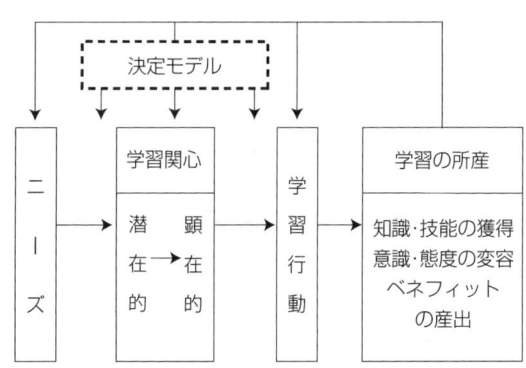

図 8.2　学習関心モデル

したりする。これは決定要因モデルを組み込んだ一種のマクロ・モデルというべきもので、「学習関心調査」のベースになったものである。なおこの「学習関心モデル」をもとに看護師のキャリア開発に関わる実践的研究[25]もすでに生まれていることをつけ加えておきたい。

## 6．"学びの意味"を通しての人間理解

### 学びによる自己の回復

　おとなはさまざまな動機をもって，学級やサークルに参加し，あるいは個人学習を行う。その結果として新たな知識・技能を獲得したり，今までとちがったものの見方や行動ができるようになったり，趣味を豊かにしたりする。しかしそうして獲得したものを，生活の中で実際に活用することが学習の第一の目的であるとはかぎらない。第6章でもみたように，学ぶという行動そのものがその個人の生活の中である特別な意味をもち，それに突き動かされて学習が行われる事例も決して少なくないのである。

　特定の目的達成や実用性から離れて，純粋に学ぶ喜びと自己の内面的向上を求める学習者は，Houle のいう「学習志向」の学習者であり，M.チクセントミハイのいう「フロー経験」[26]を学びの中に求める人たちであろう。第5章で紹介した「教養ある人として死にたい」と，A.トフラー主催の未来学セミナーへの出席理由を述べた77歳老人の場合も，そうした「学習志向」をもつ自己実現型の学びの典型かもしれない。しかし，この人たちはなぜ他ならぬ「学習」という行動に向かうのだろうか。その根元にあるニーズは一体なにか。そのような観点からもう一歩，一人ひとりのライフヒストリーに立ち入って覗いてみたとき，単純に"自己実現"のタームでくくることのできない，そしてその人にしか説明できない学習のもうひとつの別の意味が姿を見せることがある。

　多くの人にとって定年退職はライフサイクルの中でも危機的な移行期とされ，そこでどのようにアイデンティティの再構築をはかるかが大きな課題となる。公開講座受講者のいくつかの事例も，講座参加によりそうした課題を解決しようとするひとつの試みとみることができよう。岡本祐子らの研究によれば，一

般に老年期の危機を主体的に乗り越えアイデンティティの再統合を目指している人たちには,「人生においてやり残したこと」に積極的に取り組んでいるケースが少なくなかったという[27]。第6章の事例研究で紹介した59歳の女性,林豊子さんは,大学進学を断念せざるをえなかった若き日の挫折体験から自己を回復することが隠れた動機となり,公開講座の受講という形で"やり残した仕事"に取り組んでいた。同じく公開講座受講者で92歳の男性,船木正夫さんもまた似たようなケースで,人一倍すぐれた向学心と才能をもちながら,貧困のため働きながら夜学で学ぶ青年期を送ったが,晩年になって大学公開講座と巡り会い,今は学ぶことに最大の喜びと生きがいを感じているという。おそらくそれは船木さんにとって,人生最後の大事業となるにちがいない。

### アイデンティティのゆらぎと再統合

　アイデンティティの揺らぎは,定年退職のようにライフサイクルの移行に伴い予期された形で訪れるものばかりではない。長い人生には時として予期せぬことが起こり,突如アイデンティティのゆらぎに襲われることもあろう。人はその都度自らの生き方を問い直しアイデンティティの再統合をはかろうとするが,それは学習への重要な契機となる。Houle, C.O. は自著 *The Inquiring Mind* の第2版のあとがきで,今までなにも学習活動をしてこなかった成人が,ある日突如として学び始めるようになるプロセスについては,まだ十分な研究がなされておらず今後の課題であるとしながらも,Aslanian, C.B. と Brickell, H.B. が提出した "triggers for learning (学びへの引きがね)" に注目している[28]。彼らの研究によると,無意識ながら学びへの準備状態にあるときになにか思いがけぬ出来事が起こり,それが学習という行動への"引きがね"となるというもので,ライフサイクルや職業生活上の移行期においてそれは起こりやすいという。

　ここで思いおこされるのは,かつて著者が参加した倉内史郎東洋大学教授をリーダーとする㈶野間教育研究所の成人の学習に関する事例研究プロジェクトで,たまたま遭遇したある成人学習者のことばである。首都圏の成人32人の対象者の中に,「肉親の突然の死が,自らの生き方を百八十度変えた」という60歳の主婦Sさんがいた。15年前のある日,不慮の事故に見舞われてあっと

いう間に亡くなった彼女の姉は，死の直前まで寸暇を惜しむかのごとくさまざまな学習に取り組んでいたという。

　——亡くなってから英検2級の合格通知が来たんですよ。……いそがしい人でね，台所仕事をしながらでも，テレビを見ながら勉強してたんです。テレビを見ながら勉強するなんて，私はそのころばかにしていたわけです。もっと優雅に暮らせばいいのにと思って。そんなにまで勉強したいのかと，はじめて目が覚めた気がして……私は怠け者でしたから……。それから「今私が死んだら何も残らないんじゃないか」と思ったんです。それがものすごいショックというか，物事の考え方を変えたひとつの転機でした[29]。

　彼女はこの出来事を転機として，地域の社会教育活動に積極的に参加し，数年後には自主学習グループやボランティア活動などのリーダーとして多方面にわたって活躍するようになっていく。

　ここには，このままの自分でよいのか，本物の自分を探し確立すべきではないか，といったアイデンティティの探究・再構築に向かう，いわば"実存的ニーズ"を源泉とする学びがある。英国の成人教育家ジェニー・ロジャーズが紹介している公開大学で学ぶ中年女性のケースも，状況は異なるがそうしたもうひとつの事例といえよう。彼女は次のように語る。

　——ひとはしばしば，私がどうして続けられるのかと聞きます。……生活上の諸事に加えて公開大学の学習をすることがどれほど大変かを，今では誰もが理解しているからです。とてもきつい勉強ですが，実際は単純なことなのです。17歳で学校をやめねばならなかったことを，いつも悔やんでいました。継母とはうまくいっていませんでしたし，彼女は，私が経済的な厄介者だとはっきり言いました。ですから，大学なんて問題外でした。それに彼女は，私が大学に行けるほど頭が良くないということを匂わせるのでした。彼女が死んで何年にもなりますが，思うに私の動機は，彼女の間違いを証明してやることもありますが，これは二番目で，第一番は，この学習は私にふさわしいものだ，それも自分次第でできるんだということを，自ら感じることだったのです。私はやる気です！[30]

　苦労しながらも大学で学ぶことで過去の疎外体験を乗り越え，自らのアイデンティティの再構築に向かって進む喜びがここにはある。

　アイデンティティに関わる学習ニーズ，そして学習活動参加がそこで果たし

ている機能が研究対象となることは，これまでほとんどなかったのではなかろうか。そうした中で注目されるものに Linden West の研究がある。彼は英国の大学における社会人入学者のための予備コース（アクセス・基礎コース）に登録した成人学生の学習動機をさぐるために，30人の学生のライフヒストリーの分析を軸に，3年間にわたる事例研究を行った。その結果，貧困層やマイノリティ出身の学生にとっては，大学で学ぶことは職業選択など経済合理性に基づく動機からでは必ずしもなく，実は過去の無数の疎外体験によって植えつけられた「自分はとり残された，無意味だ，本当の自分ではない」という感情を，他のさまざまな背景をもつ学生との交流の中で克服する空間として，大学が重要な意味を担っていることを見出したという[31]。その当否は別にしても，こうした視点からのアプローチは，従来の成人教育研究の欠落部分を補うものとして重要な意味をもつものといえよう。当然のことながら，こうしたアイデンティティの再構築が成し遂げられた場合，そこには「ベネフィットの産出」があり，それがさらなる学習への動機づけとなることはいうまでもあるまい。

### 集団を通しての個の成長

ここで先の事例研究の主婦Ｓさんの話に戻るが，彼女はコーラスを皮切りにさまざまな学習活動に積極的に参加していき，その過程で次第に自分個人の学びから学ぶ仲間の支援へと，自らが進むべき新しい道を見出していく。そのひとつが自治体と連携した「託児ボランティア」の活動である。

　――「なにかボランティアで社会に還元するものがないか考えなさい」と言われたとき，学習のお手伝いをするのが一番じゃないかと思ったんです。だったら学習をしたいけども子どもがいてできない方々に手を差しのべるのが一番近道じゃないかと。……福祉や何かのボランティアは他にもありますから，私たちは学習のほうのボランティアにしましょうということで……。区で催し物があるときには託児のために専門家の保母さんが2人くらい来てくださるんですが，そのほかに何人か手が要るときなんか私たちが手伝いして。……ですけどやり方もよくわかりませんしね，それで「託児ボランティアスクール」という名称にして，託児ボランティアにはどういう意義があるか，どういうやり方をしたらいいかとか，それから児童心理学とか，幼児の心理学とか，そういう専門的なことなどの勉強を4回でしたが続けました。そういうことをやっている仙台とか名古屋などを国内研修で見学してまわったんです……。

Sさんはグループリーダーとして行政に働きかけて，託児ボランティア学習講座の開設にこぎつけ，その後も学習者の代表として地域の社会教育事業に積極的に関わっていくのだが，彼女は集団の中で共に支えあいながら学ぶ体験を通して，自らが大きく成長したと感じている。そこには個人学習からは得られないもっと大きなものがあったという。そうしたさまざまな「ベネフィット」が，彼女のさらなる活動の原動力となっていく。
　　――自分自身が視野が広がって，どういうふうに会を運営していったらよいかがわかってきたんですね。それがグループ学習の大きなメリットというかありがたいことだなあと思います。……なんかグループあってこその学習だと私は思うんです。協調だけではないグループの責任というんでしょうかね。……「（グループ学習をして）いったい何が残ったかしら」とひとが言うんですが，「かけがえのない仲間ができたじゃない，個人学習では得られない人間と人間のつながりができたじゃない」なんて言っているんです。

　社会教育にしても成人教育にしても，おとなの学びにあっては「誰かが誰かを教える」ことではなく「学ぶことをお互いに助け合う」ことにその本質があるのではなかろうか。自らの体験から滲み出た含蓄あるSさんの話を聞いていると，自然にそのように思えてくるのである。

### 成人学習者の理解

　成人教育の研究者・実践者にとって，これまでみてきたように一人ひとり異なった動機や背景をもつ学習者についての理解を深めることは，成人教育のプログラミングや学習指導の技術・技能と並んで，あるいはそれ以上に大切なことではなかろうか。小中学校のように同質の学習集団を教えるのとの大きなちがいがここにある。その意味で第6章で紹介した三輪建二の「一人ひとりの学習ニーズを虚心坦懐に見る視点」が必要だとの主張[32]に，著者も同感である。
　J.ロジャーズは自著『おとなを教える（*Adults Learning*）』の日本語版序文に，次のようなことばを贈ってくれた。
　　――おとなを上手に教える原理は，たとえどこの国に生まれていても，またどんな教科内容であろうとも，基本的には変わりがないと私は信じています。その核心にあるのは，尊敬ということ，すなわち教える者が学ぶ者を大事にし心くばりすることです。

……上手な教師は成人学習者がすでにもっている知識を尊重します。そして，学習の過程で必ず出てくるさまざまな障害に心を配ります。しかし同時に，学習者を大事にするとは，すすんで学習者にチャレンジし，そのもっているものを伸ばしていくことでもあります。支援とチャレンジの双方を通して学習者を尊敬し大事に扱うことのできる能力，まさにそのような能力こそ，すぐれた教師と凡庸な教師を分けるものにほかなりません[33]。

　表向きの学習ニーズ・学習期待と教育プログラム・学習指導とのマッチングに注意を払うだけでなく，学習者一人ひとりの背後にある隠れたニーズや動機を理解し，それにふさわしい支援をはかることができれば，それは成人教育の質を一段と高めることになろう。近年，成人教育指導者養成の新たな手法のひとつとして，個人の過去の教育・学習経験を軸にして書かれたライフヒストリーを素材に，教師と生徒が共に学習の意味を探究していく過程を，成人教育指導者養成の課程に組み込むことも提唱されている。その代表的な提唱者であるDominicé, P. によると，「教育的伝記 (educational biography)」と名づけられたこの手法は，成人の学習をより深く理解することをとおして成人教育教師をエンパワーする上で効果があるという[34]。Dominicé はこの「教育的伝記」について，「成人が自己の人生行路における学習について行った解釈である。それは心理学や社会学の領域の話ではない。それは，自らの人生の主体になるということがどういうことかの洞察を与えてくれるものである」[35]と述べている。

　おとなの学びの支援において求められることは，これまでとかくなおざりにされていた，学ぶおとな一人ひとりをつき動かしている動機や背景を尊重し，共感し，支援する姿勢であろう。そしてそれを支える理論と実践が求められているのではなかろうか。

注

1) Houle, Cyril O. *The Inquiring Mind*. The University of Wisconsin Press, 1961.
2) Cross, K. Patricia. *Adults as Learners: Increasing Participation and Facilitating Learning*. Jossey-Bass, 1981, p.109-131.
3) Kasworm, C.E. "K Patricia Cross." In P.Jarvis (ed.), *Twentieth Century Thinkers in Adult & Continuing Education, 2nd ed*. Kogan Page, 2001, p.187-188.

4) Miller, H.L. *Participation of Adults in Education: A Force-Field Analysis.* Center for the Study of Liberal Education for Adults, Boston Univ., 1967. Rubenson, K. "Participation in Recurrent Education: A Research Review." Paper presented at meeting of National Delegates on Developments in Recurrent Education, Paris, 1977. Boshier, R. "Educational Participation and Dropout: A Theoretical Model." *Adult Education,* 1973, 23 (4), p.255–282. Tough, A. "Choosing to Learn." In G.M. Healy and W.L. Ziegler (eds.), *The Learning Stance: Essays in Celebration of Human Learning.* Final report of Syracuse Research Corporation project, National Institute of Education, 1979.
5) 辻功「成人の学習行動解発研究序説」『生涯学習の研究——辻功先生退官記念論文集——』筑波大学社会教育学研究室, 1991, p.15–29.
6) Cross, K.P. op. cit., p.125.
7) Crossが引用している1975年の米合衆国統計局の調査によると, パートタイムで組織的な成人教育の中で, 受講者が最も多かったのは職業訓練関係のものであった(全体の49％)。同じく1975年に学習の場所を調べた米国立教育統計センターの調査では「大学の施設」が30％で最も多く, ついで「学校施設」(25％)となっている(Cross, K.P. op. cit., p.201, 215)。
8) Crossの準拠した先行研究のうち, Millerは下層階級の文化に内在する達成動機の低さと中産階級の価値観を内蔵した職業教育のあり方が, 彼らの職業訓練プログラムにおける脱落率を高める原因になっているという。Rubensonは準拠集団論の立場から, 同じ下層階級の仲間の労働者の成人教育に対する否定的な態度が成人教育の誘意性にマイナスに作用することを指摘し, またBoshierは下層階級における参加率の低さを, 中産階級の生活に対応した教育環境と下層階級の生活現実との不一致に求めている(Cross, K.P. op. cit., p.117–120)。
9) わが国の20歳以上の成人を対象に著者らが行った「第3回NHK学習関心調査」(1988)において, 過去1年間に行った個々の学習行動ごとに「学習目的」を16の選択肢(目標志向6, 学習志向4, 活動志向6)の中から単一選択で選んでもらった結果, 20・30代の若い層は目標志向38％, 学習志向32％, 活動志向30％であったのに対し, 60・70代の高年齢層は目標志向25％, 学習志向35％, 活動志向38％であった(NHK放送文化研究所編『日本人の学習～成人の学習ニーズをさぐる～』第一法規, 1990, p.330–331)。
10) Tough, Allen. *The Adult's Learning Projects: A Fresh Approach to Theory and Practice in Adult Learning, 2nd Edition.* The Ontario Institute for Studies in Education, 1979.
11) Cross, K.P. op. cit., p.122.
12) Toughは"episode""learning episode""learning project"の3つの概念を提出する。ひとつのまとまりをもった行動で区切られたひとつひとつの生活時間がepisodeで, そのうち特定の知識・技能の獲得・保持を主たる目的とするものがlearning episodeである。

それは単独でも存在するが個々の learning episode が相互に密接な関連をもつ場合、それは learning project となる。かくして設定された learning project が学習行動把握の計量的単位となる（Tough, A. op. cit., p.6-15）。このモデルの特色は、従来のように特定の学習機関や学習手段の側から人びとの行動を拾っていくやり方ではなく、個人の生活行動の中から学習として意味をもつ行動すべてを取り出し、相互に関連づけようとした点にある（第1章参照）。

13) pleasure は楽しさ、幸福感、満足感などポジティブな感情であり、self-esteem は自己を評価し、自信をもち、立派な人間、良き親、知識ある人間、よい仕事をする人間、好奇心旺盛な人間になったという自己イメージなど。others は学習活動そのものやその成果により他者が当人をより高く評価し、もっと好きになり、喜んだり感謝したり、誉めてくれたりするなどの、積極的な感情や評価の表明であるという（Tough, A. op. cit., p.48）。

14) Tough, A. op. cit., p.61.

15) Boshier, R. "Motivational Orientations of Adult Education Participants: A Factor Analytic Exploration of Houle's Typology." *Adult Education*, 21 (2), 1971, p.3-26.

16) Jarvis, P. *Learning in Later Life: An Introduction for Educators & Carers*. Kogan Page, 2001, p.120-123, 126, 138-139.

17) 新井郁男編著『「生き方」を変える学校時代の体験——ライフコースの社会学——』ぎょうせい、1993, p.53-54.

18) 田中雅文「高齢者における学習と社会参加の関係」『日本女子大学紀要・人間社会学部』第9号、1998, p.313-329.

19) Houle, C.O. op. cit., p.77.

20) 藤岡英雄『おとなの学びの行動学・第1部 学びのメディアとしての放送——放送利用個人学習の研究——』学文社、2005, p.75-77.

21) 同上書、p.113-156.

22) Shigeo Hori & M. Fujiwara. "Learning Needs and Activity Limitations of Elderly Japanese with Physical Disabilities", *Educational Gerontology*, 29, 2003, p.585-595.

23) Cross, K.P. op. cit., p.127.

24) 英国の研究者 West, L. (1996) も、「意志決定理論」にみられるような心理学的理論は行動予測が目的で、学習行動の源泉とその歴史的・現代的意味に触れていない点が問題だという（West, Linden. *Beyond Fragments: Adults, Motivation, and Higher Education, A Biographical Analysis*. Taylor and Francis, 1996, p.7.）。

25) 浦井伸子『卒後教育を受けた看護師の学習行動解発要因に関する研究——「学習関心モデル」の検証——』（東洋大学大学院教育学修士学位論文）2003.

26) M. チクセントミハイ（Csikszentmihalyi, M.）は、内発的な報酬をもたらすような仕事や遊びの中に内在する、実在感に満ちた楽しい状態を「フロー経験」と呼んでいる（M. チ

クセントミハイ（今村浩明訳）『楽しみの社会学——不安と倦怠を越えて——』思索社，1979）。
27) 岡本祐子『中年からのアイデンティティ発達の心理学——成人期・老年期の心の発達と共に生きることの意味』ナカニシヤ出版，1997，p.168.
28) Houle, Cyril O. *The Inquiring Mind* (*Second Edition*). The University of Wisconsin Press, 1988. Aslanian, C.B. & Brickell, H.B. *Americans in Transition: Life Changes as Reasons for Adult Learning*. New York: College Entrance Examination Board, 1980.
29) 倉内史郎・鈴木真理・西村美東士・藤岡英雄『生涯学習の生態学——成人学習の個別化状況を探る——』（野間教育研究所紀要・第37集）野間教育研究所，1993，p.400.
30) ジェニー・ロジャーズ（藤岡英雄監訳・徳島大学生涯学習研究会訳）『おとなを教える——講師・リーダー・プランナーのための成人教育入門——』学文社，1997，p.45.（Rogers, J. *Adults Learning, 3rd ed.*, Open University Press, 1989, p.29.）
31) West, Linden. *Beyond Fragments: Adults, Motivation and Higher Education: A Biographical Analysis*. Taylor & Francis, 1996, p.4-5, 10.
32) 三輪建二「成人の学習ニーズの個別化に関する一考察」『人間発達研究』(23号) お茶の水女子大学，2000，p.1-18.
33) ジェニー・ロジャーズ，上掲翻訳書，1997，p.1.
34) Dominicé, P. *Learning from Our Lives: Using Educational Biographies with Adults*. Jossey-Bass, 2000, p. xvii .
35) Dominicé, P. op. cit., p.10.

# あとがき

　NHK教育テレビ『英語会話』の初代ディレクターとしておとなの学びに関わるようになって約半世紀，また調査研究やさまざまな教育活動を通して学ぶおとなとじかに触れるようになってからも40年以上になる。いま自らの歩みを総括するにあたりまず思い浮かぶのは，それぞれ自分なりのやり方で学びに取り組んでいたあの多くの人たち，それは講座番組の視聴者や大学公開講座の受講者で，著者の調査研究にご協力いただいた方たちなのだが，そのうちの何人かの方々の面影は今なお鮮やかにまぶたの裏に浮かんでくる。その人たちの中には，非常に高齢ながら終生学び続け，亡くなる間際まで幾度か個人的な手紙のやりとりの続いた，著者にとって忘れることのできない方もある。

　おとなは特定の知識や技能の獲得や向上を求め，あるいは視野をひろげ趣味を豊かにするために，さまざまな学びの場に現れる。そこには共通の目標や目的があるように見えながら，その人のみが説明しうるもうひとつの理由があったりする。おとなの学びにはさまざまな背景があり，それが学びを生みだし，学びを支え，その人にとっての学びの果実をもたらす。そこに一人ひとりの学びの個性を見ることができる。そうした多様性こそおとなの学びの本質ではなかろうかと，このごろ思うようになった。

　成人教育に携わるものには，まず教えることがらについての専門家であること，そして教育指導にかかわる技能を身につけていることが不可欠だが，求められるのはそれだけではない。一人ひとりの学びを生みだし，それを支えているものはなにかを読み取り感応する能力もまた求められよう。人間理解と共感，それをもとにした学習支援こそ，成人教育のベースになるべきものではなかろうか。公共的価値の実現をめざす社会教育や生涯学習の振興・支援は大事なことだが，その場合にも学ぶおとな一人ひとりにとっての学びの意味を理解し，共感する姿勢がなければならないと思う。これはおとなの学びの支援の仕事を通して著者の得た，貴重な教訓であった。2部構成の形でまとめてきた『おとなの学びの行動学』は，そうした学ぶおとなを理解する一助となること

をねがい，これまでの研究ではあまり触れられることのなかったこうした側面にも，心理学や社会学などの知見と手法を取り入れて切り込んでみた。その成否については読者の判断にゆだねたい。

◇

　半世紀にわたりおとなの学びの支援と研究の旅を続けてきたけれども，その道中においては多くの方からさまざまな形でご支援をいただいてきた。まずは著者が担当・制作した番組を視聴してくださった全国の数多くの方々，貴重な時間をさいて調査・研究の対象者となって下さった方々，そして著者が講師としてじかに接した大学公開講座の受講者の皆さん方である。そうした多くの方々のご協力により，数多くの貴重な知見を得ることができた。遅ればせながらここに感謝のことばを述べさせていただく。

　一方調査・研究の先達として，また同僚として著者を導き支援協力して下さった方々がある。NHK放送文化研究所時代の先輩で大量観察手法による研究への眼を開かせて下さった辻功先生（筑波大学名誉教授），そして教育専門書に著者が初めて執筆する機会を与えて下さり，引き続き今日までご指導・ご支援いただいた倉内史郎先生（東洋大学名誉教授）のお二人にまず感謝申し上げたい。また著者の主導のもとに始まった「NHK学習関心調査」の開発・実施に参加し，著者のあとを継いでそれを継続発展させてくれたNHKの研究所のかつての仲間である大串兎紀夫，小平さち子，原由美子らの各氏，この調査の開発から実施まで一貫してご協力いただいた㈱ビデオ・リサーチの関係者の方々に，あらためて感謝のことばを申し述べたい。

　約10年在職した徳島大学では，発足して間もない公開講座の企画・実施から調査研究まで，大学開放実践センターの教職員の方々と協力して取り組んできたが，そこではスタッフの皆さんにたいへんお世話になった。また公開講座の受講者の方々とは，受講者の会主催の研修旅行やセンター記念事業の共同作業を通して，キャンパスの中だけでなく外にあっても，ともに学びともに楽しむ多くの機会をもつことができた。それはとても貴重な体験として著者の財産のひとつになっており，いまも深く感謝している。

　東洋大学を退職後も，形は変わりながらもおとなの学びとの関わりは続いて

いる。著者の大学院ゼミの元メンバーとその友人を中心に毎月続けている勉強会もそのひとつだが，参加者はいずれも指導者・支援者としてさまざまな形で日々おとなの学びにじかに関わっている人たちなので，なまなましい今日的な問題が常に登場する。これは定年により不本意ながら教職の第一線から退かざるを得なかった著者にとっては，まことに心地よい刺激であり，まさにこの歳でなお学ぶことのよろこびを，あらためて確認させてくれるものとなっている。

◇

　振り返ってみれば，著者のすぐ身近にもおとなの学びに情熱を傾ける者があった。受講者手づくりのおとなの学習活動として生まれた「鎌倉・市民アカデミア」の運営に長く関わり，また「日本女子大学・らいてう研究会」などを中心に，日本女性史の学びを数十年にわたり続けている妻サワ子である。その姿が著者の探究心を刺激し続けてくれたことも，ここにあわせ記しておく。

　最後に，貧しい農家に生まれ幼くして父を亡くし，母子家庭の長男として小学校卒業後は測量技師の徒弟として働きに出，のち独学で建築士の資格を取得した父，その父を小学校教師や文具店経営により支えてきた母のことを忘れることはできない。学ぶことの意味を身をもって示してくれた，いまは亡き両親の墓前に心をこめて本書を供えたい。

　前著『おとなの学びの行動学・第1部・学びのメディアとしての放送』上梓の際には，数多くの方から『第2部』への期待と激励のおことばをいただき，中には資金的なご援助を下さった方も何人かあったが，それらは著者にとってたいへん大きな励みとなった。ここにあらためて深く感謝の気持ちを申し述べさせていただく。

　本書の出版にあたっては，前著に引き続き学文社の三原多津夫氏にお世話になった。長年にわたり頂戴したご厚情に，あらためて感謝申し上げたい。

　2008年3月

藤岡　英雄

## 参照文献一覧

1. 安藤耕己「成人学習におけるライフ・ヒストリー法——学習の意味を人生に即してみる——」日本社会教育学会編『成人の学習〈日本の社会教育第48集〉』東洋館出版社, 2004.
2. 新井郁男編著『「生き方」を変える学校時代の体験～ライフコースの社会学～』ぎょうせい, 1993.
3. 浅井経子「成人の学習行動——生活行動との関係について——」日本生涯教育学会編『生涯教育の展開』(日本生涯教育学会年報第1号) ぎょうせい, 1980.
4. Aslanian, C.B. & Brickell, H.M. *Americans in Transition: Life Changes as Reasons for Adult Learning.* The College Board, 1980.
5. Boshier, R. "Motivational Orientations of Adult Education Participants: A Factor Analytic Explorations of Houle's Typology." *Adult Education*, Vol.XXI, No.2, 1971.
6. Boshier, R. "Educational Participation and Dropout: A Theoretical Model." *Adult Education*, 23(4), 1973.
7. チクセントミハイ, M.(今村浩明訳)『楽しみの社会学——不安と倦怠を越えて——』思索社, 1979.
8. Courtney, S. *Why Adults Learn: Towards a Theory of Participation in Adult Education.* Routledge, 1992.
9. Cranton, P. *Undestanding and Promoting Transformative Learning.* Jossey-Bass, 1994.
10. Cross, K.P. *Adults as Learners: Increasing Participation and Facilitating Learning.* Jossey-Bass Publishers, 1981.
11. Cumming, E. & Henry, W. *Growing Old: The Process of Disengagement.* Basic Books, 1961.
12. Dominicé, P. *Learning from Our Lives: Using Educational Biographies with Adults.* Jossey-Bass, 2000.
13. 遠藤恵悦「遠野物語ファンタジー——地域の歴史を伝え, 創る」『月刊社会教育』(1986年11月号) 国土社.
14. 藤岡英雄「講座番組の研究3・学習手段の関連構造——成人学習手段の相互関連と講座番組の位置」『NHK文研月報』(1974年7月号) 日本放送出版協会.
15. 藤岡英雄「教育番組のマーケット・リサーチ(1)"マーケット"をどうとらえるか——その性格と構造——」『NHK文研月報』(1981年9月号).

16. 藤岡英雄「教育番組のマーケット・リサーチ(2)マーケット情報の種類と要件」『NHK文研月報』(1981年11月号).
17. 藤岡英雄「教育番組のマーケット・リサーチ(3)教育番組需要調査の開発——調査の要件と問題点」『NHK文研月報』(1982年1月号).
18. 藤岡英雄「教育番組のマーケット・リサーチ(4)学習行動把握の方法と問題点」『NHK文研月報』(1982年5月号).
19. 藤岡英雄「教育番組のマーケット・リサーチ(5)学習関心把握の方法と問題点」『NHK文研月報』(1982年6月号).
20. 藤岡英雄・大串兎紀夫・小平さち子「日本人の学習関心——成人の学習ニーズをとらえる(学習関心調査・報告1)」『NHK放送研究と調査』(1983年5月号) 日本放送出版協会.
21. 藤岡英雄「"目的"からみた成人の学習 (学習関心調査・報告2)」『NHK放送研究と調査』(1983年10月号).
22. 藤岡英雄「学ぶ日本人のプロフィル——成人学習の諸類型 (学習関心調査・報告4)」『NHK放送研究と調査』(1984年5月号).
23. 藤岡英雄「講座番組利用者にみる学習の諸相——横浜調査のケース・スタディから」『NHK放送研究と調査』(1985年7月号).
24. 藤岡英雄「"学習関心の階層モデル"とその有効性——追跡調査の結果から」『NHK放送研究と調査』(1986年2月号).
25. 藤岡英雄「学習関心の階層モデル——学習ニーズ把握の新しい枠組みとその有効性について——」日本生涯教育学会編『生涯教育論 (研究) に問われるもの』(日本生涯教育学会年報第7号) 1986.
26. 藤岡英雄・小平さち子「日本人の学習関心'85——成人の意識と行動をさぐる (第2回学習関心調査・報告1)」『NHK放送研究と調査』(1986年3月号).
27. 藤岡英雄「成人学習の類型とその変容 (第2回学習関心調査・報告4)」『NHK放送研究と調査』(1986年11月号).
28. 藤岡英雄「「日本人の学習関心」の動向調査から——NHK学習関心調査をもとに——」『日本社会教育学会紀要』(1987年度・No.23) 日本社会教育学会, 1987.
29. 藤岡英雄「成人学習の類型とその変容——学習行動と学習者のタイプ分け」『日本人の学習——成人の意識と行動をさぐる——』(NHK学習関心調査'82, '85報告書) NHK放送文化調査研究所, 1987.
30. 藤岡英雄・木村由美子「日本人の学習関心'88——成人の意識と行動をさぐる (第3回学習関心調査・報告1)」『NHK放送研究と調査』(1989年5月号).
31. 藤岡英雄「成人学習者のタイプ」NHK放送文化研究所編『日本人の学習——成人の学習ニーズをさぐる——』第一法規, 1990.
32. 藤岡英雄・小田利勝・近藤善浩・野島良子・猿田真嗣「大学公開講座への地域住民

の関心と潜在的需要の考察〜生涯教育需要調査 (徳島県央地区) の結果から」『徳島大学大学開放実践センター紀要』(第2巻) 徳島大学大学開放実践センター, 1991.
33. 藤岡英雄「放送公開講座の学習構造と学習補助情報の機能に関する研究」『徳島大学大学開放実践センター紀要』(第3巻) 徳島大学大学開放実践センター, 1992.
34. 藤岡英雄「公開講座の受講動機と心理的充足に関する考察」『徳島大学大学開放実践センター紀要』(第5巻) 徳島大学大学開放実践センター, 1994.
35. 藤岡英雄「成人の学習ニーズ ── その特性と動向 ── 」『都市問題研究』(第46巻12号) 都市問題研究会, 1994.
36. 藤岡英雄『生涯学習需要の構造と大学開放 ── 徳島県における実証的研究』教育出版センター, 1998.
37. 藤岡英雄「公開講座固定受講者の研究(2)公開講座受講者にみる学びのスタイル〜ケース・スタディの結果から〜」『徳島大学大学開放実践センター紀要』(第10巻) 1999.
38. 藤岡英雄「CORモデル再考 ── 成人の学習行動解発要因研究のための試論 ── 」『東洋大学文学部紀要第55集, 教育学科編』東洋大学, 2001.
39. 藤岡英雄『おとなの学びの行動学・第1部 学びのメディアとしての放送 ── 放送利用個人学習の研究 ── 』学文社, 2005.
40. 古野有隣「成人の学習関心」室俊司編『生涯教育の研究 (日本の社会教育第16集)』東洋館出版社, 1972.
41. Griffith, W.S. "Educational Needs: Difinition, Assessment, and Utilization." *School Review*, Vol.86, No.3, 1987.
42. 学習関心調査プロジェクト「人々は何を学んでいるか」『NHK放送研究と調査』(1998年9月号).
43. 原由美子「学習者の類型とその変容 (第3回学習関心調査報告4)」『NHK放送研究と調査』(1989年10月号).
44. 原由美子「日本人の学習'93 ── 中高年層の学習実態と意識 ── (第4回学習関心調査報告2)」『NHK放送研究と調査』(1993年2月号).
45. 原由美子「日本人の学習'93 ── 成人の意識と行動をさぐる ── (第4回学習関心調査報告)」『NHK放送研究と調査』(1993年9月号).
46. 原由美子「成人学習の現在とテレビの利用」『NHK放送文化調査研究年報』(第44号) NHK放送文化研究所, 1999.
47. 原由美子・斎藤建作「人々は何を学んでいるか(3) ── どんな方法で学ぶか」『NHK放送研究と調査』(1998年11月号).
48. 波多野宜余夫・稲垣佳世子『知的好奇心』中央公論社, 1973.
49. Havighurst, R.J. *Human Development and Education.* Longman, 1953.
50. Havighurst, R.J. "Changing Status and Roles during the Adult Life Cycle: Significance for Adult Education." In Burns, H.W. (ed.) *Sociological Backgrounds of Adult*

*Education*. Publication in Continuing Education, Syracuse University, 1970.
51. ハヴィガースト，R.J.（荘司雅子監訳）『人間の発達課題と教育』玉川大学出版部，1995.
52. 北海道立教育研究所「学習要求把握の原理と方法」『研究紀要』（第75号）1975.
53. Houle, C.O. *The Inquiring Mind*. The University of Wisconsin Press, 1961, 1988.
54. Hori, S. & Fujiwara, M. "Learning Needs and Activity Limitations of Elderly Japanese with Physical Disabilities." *Educational Gerontology*, 29, 2003.
55. 稲生勁吾「東京都調布市における生涯学習情報提供事業の学習相談に関する事例研究」『青山学院大学文学部紀要』（第35号）1993.
56. 稲生勁吾「生涯学習社会の構築に向けての私の歩み」『生涯学習フォーラム』（第7巻第1・2合併号）紀尾井生涯学習研究会，2002.
57. Jarvis, P. *Learning in Later Life: An Introduction for Educators & Carers*. Kogan Page, 2001.
58. Johnstone, J.W.C. and Rivera, R.J. *Volunteers for Learning*. Aldine Publishing Company, 1965.
59. 神谷美恵子『生きがいについて』みすず書房，1966.
60. 神部純一「成人の体系的学習支援システムに関する研究——淡海生涯カレッジの開発とその成果——」日本生涯教育学会編『日本生涯教育学会年報』（第18号）日本生涯教育学会，1997.
61. 神部純一「淡海生涯カレッジの実践——大学・公民館・高校をつなぐ」『月刊社会教育』（1998年4月号）国土社.
62. 神部純一「大学の地域貢献に関する研究——「環境学習支援士」養成プログラム開発と課題——」日本生涯教育学会編『日本生涯教育学会論集27』日本生涯教育学会，2006.
63. 神部純一「生涯学習社会における大学公開講座の意味」日本生涯教育学会編『日本生涯教育学会年報』（第27号）日本生涯教育学会，2006.
64. Kasworm, C.E. "K Patricia Cross." In P. Jarvis (ed.). *Twentieth Century Thinkers in Adult & Continuing Education, 2nd ed.* Kogan Page, 2001.
65. 木村由美子「学習者の類型とその変容（第3回学習関心調査・報告4）」『NHK放送研究と調査』（1989年10月号）.
66. Knowles, M.S. *The Modern Practice of Adult Education: Andragogy versus Pedagogy*. Association Press, 1970.
67. Knowles, Malcolm S. *Self-Directed Learning: A Guide for Learners and Teachers*. Association Press, 1975.
68. 岸本幸次郎「成人の学習関心とその形成」室俊司編『生涯教育の研究（日本の社会教育第16集）』東洋館出版社，1972.

69. 小平さち子「人々は何を学んでいるか(4)――パソコン・インターネットを利用した学習」『NHK 放送研究と調査』(1998 年 12 月号).
70. クリネット徳島編『こどものしあわせのための約束――親と子で読む子どもの権利条約――』教育開発研究所, 1995.
71. 倉内史郎「「個別化」の段階を迎えた社会教育」『社会教育』(1987 年 5 月号) 全日本社会教育連合会, 1987.
72. 倉内史郎『視点――教育・学習・人間形成――』丸善出版サービスセンター, 1999.
73. 倉内史郎・鈴木真理・西村美東士・藤岡英雄編著『生涯学習の生態学――成人学習の個別化状況を探る――』(野間教育研究所紀要 37 集) 野間教育研究所, 1993.
74. リンデマン, E.(堀薫夫訳)『成人教育の意味』学文社, 1996.
75. Levinson, D.J. *The Seasons of A Man's Life*. Knopf, 1978. (ダニエル・J. レビンソン (南博訳)『人生の四季』講談社, 1980.)
76. Miller, H.L. *Participation of Adults in Education: A Force-Field Analysis*. Center for the Study of Liberal Education for Adults, Boston Univ., 1967.
77. 三輪建二「成人の学習ニーズの個別化に関する一考察」『人間発達研究』(23 号) お茶の水女子大学, 2000.
78. 三輪 正「成人学習の領域と欲求」『NHK 放送文化研究所年報』(第 20 集) 日本放送出版協会, 1975.
79. 三輪 正「学習欲求に関する諸調査」(NHK 総合放送文化研究所番組研究部「調査からみた成人の学習・第 2 部第 1 章」)『NHK 放送文化研究所年報』(第 21 集) 1976.
80. 文部省大臣官房『定住圏における生涯教育システム開発に関する調査報告書』1980.
81. 文部科学省編『平成 17 年度・文部科学白書』国立印刷局, 2006.
82. NHK 総合放送文化研究所・番組研究部「社会人の学習意欲――その一断面――」『NHK 文研月報』(1972 年 8 月号) 日本放送出版協会.
83. NHK 放送文化調査研究所『日本人の学習――成人の意識と行動をさぐる――(NHK 学習関心調査 ('82, '85) 報告書)』1987.
84. NHK 放送文化研究所編『日本人の学習――成人の学習ニーズをさぐる――(NHK 学習関心調査 '82・'85・'88 報告)』第一法規, 1990.
85. NHK Broadcasting Culture Research Institute, *Adult Learning in Japan: Outline of Learning Interests Survey Results*. NHK, 1991.
86. ノールズ, M.(堀薫夫・三輪建二監訳)『成人教育の現代的実践――ペダゴジーからアンドラゴジーへ』鳳書房, 2002.
87. 大串兎紀夫「地域別にみた成人の学習関心 (学習関心調査・報告 3)」『NHK 放送研究と調査』(1984 年 1 月号) 日本放送出版協会.
88. 大串兎紀夫「成人はどのような方法で学んでいるか (第 2 回学習関心調査・報告 2)」『NHK 放送研究と調査』(1986 年 4 月号).

89. 大串兎紀夫「地域別にみた成人の学習（第2回学習関心調査・報告3）」『NHK放送研究と調査』(1986年9月号).
90. 大串兎紀夫「成人の学方法（第3回学習関心調査・報告2）」『NHK放送研究と調査』(1989年6月号).
91. 大串兎紀夫「成人の学習の目的・レベル・費用（第3回学習関心調査・報告3）」『NHK放送研究と調査』(1989年8月号).
92. 大串兎紀夫「地域別にみた成人の学習（第3回学習関心調査・報告5）」『NHK放送研究と調査』(1990年1月号).
93. 岡本祐子『中年からのアイデンティティ発達の心理学──成人期・老年期の心の発達と共に生きることの意味』ナカニシヤ出版, 1997.
94. 小野徳郎・藤岡英雄・野島良子「美馬三好地区出張講座「90年代の世界と日本」について」『徳島大学大学開放実践センター紀要』（第1巻）徳島大学大学開放実践センター, 1990.
95. 小野徳郎・藤岡英雄・野島良子「池田地区および日和佐地区における出張講座について」『徳島大学大学開放実践センター紀要』（第2巻）1991.
96. 小山市中央公民館「婦人の社会調査〜調査技法の習得とフィールド・ワークの実践」『社会教育』(1987年5月号) 全日本社会教育連合会.
97. Rubenson, K. *Participation in Recurrent Education: A Research Review*. Paper presented at Meeting of National Delegates on Developments in Recurrent Education, Paris, 1977.
98. Rogers, J. *Adults Learning, 3rd ed.*, Open University Press, 1989.
99. ジェニー・ロジャーズ（藤岡英雄監訳・徳島大学生涯学習研究会訳）『おとなを教える──講師・リーダー・プランナーのための成人教育入門──』学文社, 1997.
100. 猿田真嗣「事例研究：海部郡日和佐町の生涯学習事業におけるアクセス保障の現状と課題」徳島大学大学開放実践センター『過疎地の生涯学習──その現状と課題──』（生涯教育需要調査・徳島県西県南地区報告書）1995.
101. 猿田真嗣「公開講座アンケート調査（平成6年度）報告」『徳島大学大学開放実践センター紀要』（第7巻）1996.
102. 猿田真嗣「大学公開講座を起点とした学習ネットワークの構築──「子どもの権利講座」の実践を振り返って」『徳島大学大学開放実践センター紀要』（第14巻）2003.
103. シャランB.メリアム，ローズマリーS.カファレラ（立田慶裕・三輪建二監訳）『成人期の学習──理論と実践──』鳳書房, 2005.
104. 住岡英毅「大学と地域社会教育」日本社会教育学会編『高等教育と生涯学習』（日本の社会教育第42集）東洋館出版社, 1998.
105. 鈴木裕久「最近の受容過程研究における二，三の問題」東京大学新聞研究所編『コミュニケーション・行動と様式』東京大学出版会, 1974.

106. 田中雅文「川崎市成人学校の時系列分析」川崎市生涯学習振興事業団・川崎市教育委員会『市民館利用者の学習実態に関する報告書』1993.
107. 田中雅文「高齢者における学習と社会参加の関係」『日本女子大学紀要・人間社会学部』(第9号) 1998.
108. 田中雅文『現代生涯学習の展開』学文社, 2003.
109. トフラー, A.(徳山二郎訳)『未来の衝撃』実業之日本社, 1971, p.501.
110. 徳島大学大学開放実践センター『生涯学習需要と大学開放～生涯教育需要調査(徳島県央地区)報告書～』1992.
111. 徳島大学大学開放実践センター『徳島県民の生涯学習～成人の学習実態と学習ニーズ～』1993.
112. 徳島大学大学開放実践センター『大学開放をめぐる環境と戦略——1993自己点検・評価報告書』1994.
113. 徳島大学大学開放実践センター『過疎地の生涯学習——その現状と課題——』(生涯教育需要調査・徳島県西県南地区報告書) 1995.
114. 徳島大学大学開放実践センター『徳島大学大学開放実践センター10周年記念誌』1996.
115. 徳島大学大学開放実践センター『徳島大学大学開放実践センター20周年記念誌』2006.
116. 『徳島大学大学開放実践センター同窓会会報・VOL.20 (20周年記念号)』六一会, 2006.
117. 友宗由美子・原由美子・斎藤建作・野本睦美「人々は何を学んでいるか(2)—テレビを利用した学習：その実態と関心」『NHK放送研究と調査』(1998年10月号).
118. Tough, A. *The Adult's Learning Projects: A Fresh Approach to Theory and Practice in Adult Learning.* The Ontario Institute for Studies in Education, 1971, 1979.
119. Tough, A. "Choosing to Learn." In G.M. Healy and W.L. Ziegler (eds.). *The Learning Stance: Essays in Celebration of Human Learning.* Final report of Syracuse Research Corporation project, National Institute of Education, 1979.
120. 辻 功「日本人の学習要求」辻功・古野有隣編『日本人の学習——社会教育における学習の理論——』第一法規, 1973.
121. 辻 功「成人の学習行動解発研究序説」『生涯学習の研究——辻功先生退官記念論文集——』筑波大学社会教育学研究室, 1991.
122. 辻 功「学習要求把握の意義」辻 功・古野有隣・山本和人・上條秀元・押川唯信『学習要求の理解』実務教育出版, 1987.
123. 浦井伸子『卒後教育を受けた看護師の学習行動解発要因に関する研究——「学習関心モデル」の検証——』(東洋大学大学院教育学修士学位論文) 2003.
124. West, L. *Beyond Fragments: Adults, Motivation and Higher Education, A Biograph-*

*ical Analysis*. Taylor & Francis, 1996.
125. 矢口悦子「成人前期女性のキャリア形成と生涯学習の役割——日・英・蘭の比較研究より」科研費報告書, 2006.
126. 山本恒夫「学習行動圏の分析」辻 功・古野有隣編著『日本人の学習——社会教育における学習の理論——』第一法規, 1973.
127. 山本慶裕『生涯学習の成果の評価方法に関する実証的研究』国立教育研究所生涯学習研究部, 1994.
128. 米沢 弘『日本人の関心の構造』至誠堂, 1980.
129. 吉田裕之「学習相談者の学習関心モデルによる分類に関する研究——調布市中央公民館における事例の分析——」日本生涯教育学会第15回大会発表資料, 1994.

# 著 作 一 覧

**(注)** 著者の著作物のうち2007年までに公刊されたものを収録し，学会・研究会等発表資料は除いた。ただし，〈児童とメディア〉の項の「1. ファシズムと児童文化」は，公刊書（杉村房彦著『教育再生のための教育学——現代の教育をどう読み解くか』学事出版，2007，p.203.）にその一部が紹介されているので，例外としてここに含めた。

## 児童とメディア

1. 「ファシズムと児童文化——日本ファシズムにおける支配的児童文化の性格と役割」（昭和31年度東京大学教育学部教育学科卒業論文／未公刊），1956，p.1-42.
2. 「学校放送利用の現状（昭和42年度）(1)受信設備普及状況および学校放送利用状況」『NHK文研月報』（昭和43年5月号）日本放送出版協会，1968，p.50-62.
3. 「学校放送利用の現状（昭和42年度）(2)学校の属性からみた利用状況および利用の形態」『NHK文研月報』（昭和43年6月号）日本放送出版協会，1968，p.57-62.
4. 「学校放送利用の現状（昭和43年度）全国学校放送利用状況調査の結果から」『NHK文研月報』（昭和44年5月号）日本放送出版協会，1969，p.32-52.
5. 「テレビの前の子どもと親——子どもの視聴態度と親のコントロール——」（多田俊文との共著）『放送文化』（昭和44年6月号）日本放送出版協会，1969，p.16-21.
6. 「子どもの生活とテレビⅠ-9：子どものテレビ視聴環境（その1）——親の属性およびテレビ観——」『NHK文研月報』（昭和45年2月号）日本放送出版協会，1970，p.211-234.
7. 「子どもの生活とテレビⅠ-10：子どもの視聴環境（その2）——視聴統制の実態——」『NHK文研月報』（昭和45年4月号）日本放送出版協会，1970，p.235-256.
8. 「子どもの生活とテレビⅠ-11：子どもの視聴環境（その3）——マスメディア接触行動と文化的活動——」『NHK文研月報』（昭和45年5月号）日本放送出版協会，1970，p.257-271.
9. 「子どもの生活とテレビⅡ-5：親の視聴統制——その性格と効果——」『NHK文研月報』（昭和46年3月号）日本放送出版協会，1971，p.367-393.
10. *Children and Television — Main Findings from Shizuoka Survey (1967).* (Tada, T., Kikuchi, N., Muramatsu, Y., Hamada, A.との共著) NHK Radio & TV Culture Research Institute, 1971, p.1-40.
11. 「危険がいっぱい——メディア時代の子育て環境」『助産師』（Vol.57 No.4）日本助産師協会，2003，p.6-8.

**遠隔教育**

1. 『通信高校生の学習とその背景——通信高校生の学習状況調査の結果から——』NHK総合放送文化研究所，1969，p.1-88.
2. 「通信教育の可能性——遠隔教育論的アプローチ——」『教育学研究』(第47巻第4号) 日本教育学会，1980，p.20-29.
3. 『新社会教育事典』(伊藤俊夫・河野重男・辻功編，分担執筆：第2部6．社会教育の具体的方法「社会通信教育」) 第一法規，1983，p.379-382.
4. 「おとなの学習能力」『道標』(文部科学省認定社会通信教育機関誌，No.577，2006年4月号) 実務教育研究所，2006，p.8-9.
5. 「"おとなの学び"から学んだこと」『道標』(文部科学省認定社会通信教育機関誌，No.584，2006年11月号) 実務教育研究所，2006，p.9.

**放送によるおとなの学び**

1. 「講座番組の研究1：講座番組はどれだけ利用されているか——横浜調査の結果から——」(神山順一，岩崎三郎との共著)『NHK文研月報』(昭和49年1月号) 日本放送出版協会，1974，p.1-24.
2. 「講座番組の研究2：利用者のプロフィル——利用者特性と利用規定要因の分析——」『NHK文研月報』(昭和49年5月号) 日本放送出版協会，1974，p.9-29.
3. 「講座番組の研究3：学習手段の関連構造——成人学習手段の相互関連と講座番組の位置——」『NHK文研月報』(昭和49年7月号) 日本放送出版協会，1974，p.24-34.
4. 「5人の利用者——講座番組利用者のクラスター分析から——」『NHK文研月報』(昭和50年3月号) 日本放送出版協会，1975，p.50-53.
5. 「講座番組の研究5：講座番組利用の諸類型——利用者の類型化と番組機能の分析——」『NHK文研月報』(昭和50年6月号) 日本放送出版協会，1975，p.18-43.
6. 『講座・現代技術と教育4－職業教育』(宮地誠哉・倉内史郎編／分担執筆：Ⅲ-5 放送による職業教育) 開隆堂出版，1975，p.179-196.
7. Course Programs and Adult Learning in Japan. *Studies of Broadcasting* (No.12). NHK Radio and Culture Research Institute, 1976, p.75-108.
8. 「成人学習としての講座番組利用」『NHK放送文化研究年報』(No.21) 日本放送出版協会，1976，p.47-64.
9. 「講座番組の研究6：学習補助情報とその効果——仲間についての情報は放送利用個人学習に役だつか——」『NHK文研月報』(昭和51年10月号) 日本放送出版協会，1976，p.1-15.
10. 「講座番組の研究7：固定利用者の特性」『NHK文研月報』(昭和52年10月号) 日本放送出版協会，1977，p.11-24.
11. 「半年編成はどのように受け入れられたか——「フランス語講座」パネル調査の結果

     から──」『NHK 文研月報』(昭和 53 年 7 月号) 日本放送出版協会, 1978, p.54-57.
 12. 「放送テキストはどのように使われているか──利用タイプの分類と機能分析の試み
     ──」『NHK 文研月報』(昭和 55 年 4 月号) 日本放送出版協会, 1980, p.21-30.
 13. 「語学講座テキストの利用形態とその機能──ロシア語講座・スペイン語講座を中心
     に」『NHK 文研月報』(昭和 56 年 3 月号) 日本放送出版協会, 1981, p.36-46.
 14. 「生涯学習媒体としての放送──人びとの意識をさぐる──(横浜調査・報告 2)」
     『NHK 放送研究と調査』(昭和 59 年 10 月号) 日本放送出版協会, 1984, p.12-25.
 15. 「放送利用個人学習の研究から」『電信技報』(Vol.85, No.37) 電子通信学会, 1985,
     p.27-32.
 16. 「講座番組利用者にみる学習の諸相──横浜調査のケース・スタディから──(横浜
     調査・報告 4)」『NHK 放送研究と調査』(昭和 60 年 7 月号) 日本放送出版協会, 1985,
     p.40-47.
 17. 『現代社会教育の創造』(日本社会教育学会編／分担執筆：第 15 章-3. 講座番組によ
     る成人学習の調査研究) 東洋館出版社, 1988, p.639-645.
 18. 「教養番組研究の視角 (その 1)──先行研究のレビューをもとに」『NHK 放送研究
     と調査』(昭和 63 年 7 月号) 日本放送出版協会, 1988, p.2-23.
 19. 「教養番組研究の視角 (その 2)──「教養観とテレビ」調査の結果と今後の研究課題」
     『NHK 放送研究と調査』(昭和 63 年 9 月号) 日本放送出版協会, 1988, p.36-47.
 20. 「放送利用学習における学習補助情報の効果に関する研究」(猿田真嗣との共著)『平
     成 2 年度放送利用の大学公開講座テーマ研究報告書・研究報告第 38 号』放送教育開
     発センター, 1991, p.203-229.
 21. 「放送公開講座の学習構造と学習補助情報の機能に関する研究」(平成 5 年度「康楽
     会賞」受賞論文)『徳島大学大学開放実践センター紀要』(第 3 巻) 徳島大学大学開放
     実践センター, 1992, p.1-26.
 22. 『おとなの学びの行動学・第 1 部　学びのメディアとしての放送──放送利用個人学
     習の研究──』学文社, 2005, p.1-300.

## 学習関心と行動／学習関心調査

 1. 「教育番組のマーケット・リサーチ(1)"マーケット"をどうとらえるか──その性格
    と構造──」『NHK 文研月報』(昭和 56 年 9 月号) 日本放送出版協会, 1981, p.33-37.
 2. 「教育番組のマーケット・リサーチ(2)マーケット情報の種類と要件」『NHK 文研月報』
    (昭和 56 年 11 月号) 日本放送出版協会, 1981, p.33-37.
 3. 「教育番組のマーケット・リサーチ(3)教育番組需要調査の開発──調査の要件と問題
    点──」『NHK 文研月報』(昭和 57 年 1 月号) 日本放送出版協会, 1982, p.46-49.
 4. 「教育番組のマーケット・リサーチ(4)学習行動把握の方法と問題点」『NHK 文研月
    報』(昭和 57 年 5 月号) 日本放送出版協会, 1982, p.20-25.

5. 「教育番組のマーケット・リサーチ(5)学習関心把握の方法と問題点」『NHK 文研月報』(昭和57年6月号) 日本放送出版協会, 1982, p.28-32.
6. 「日本人の学習関心――成人の学習ニーズをとらえる――(学習関心調査・報告1)」(大串兎紀夫・小平さち子との共著)『NHK 放送研究と調査』(昭和58年5月号) 日本放送出版協会, 1983, p.2-43.
7. 「"目的"からみた成人の学習 (学習関心調査・報告2)」『NHK 放送研究と調査』(昭和58年10月号) 日本放送出版協会, 1983, p.29-37.
8. 「学ぶ日本人のプロフィル――成人学習の諸類型――(学習関心調査・報告4)」『NHK 放送研究と調査』(昭和59年5月号) 日本放送出版協会, 1984, p.36-42.
9. 「成人の学習媒体とこれからの学習方法」『社会教育』(第40巻第3号) 全日本社会教育連合会, 1985, p.21-25.
10. 「市民生活と学習――意識と学習行動の現状」『社会教育』(第40巻第5号) 全日本社会教育連合会, 1985, p.67-72.
11. 「「学習関心の階層モデル」とその効果――追跡調査の結果から――」『NHK 放送研究と調査』(昭和61年2月号) 日本放送出版協会, 1986, p.56-59.
12. 「日本人の学習関心'85――成人の意識と行動をさぐる――(第2回学習関心調査・報告1)」(小平さち子との共著)『NHK 放送研究と調査』(昭和61年3月号) 日本放送出版協会, 1986, p.2-27.
13. 「成人の学習関心調査」『通信教育研究集録』(XXXIV) 日本通信教育学会, 1986, p.28-34.
14. 「成人学習の類型とその変容 (第2回学習関心調査・報告4)」『NHK 放送研究と調査』(昭和61年11月号) 日本放送出版協会, 1986, p.36-45.
15. 「学習関心の階層モデル――学習ニーズ把握の新しい枠組みとその有効性について――」『日本生涯教育学会年報・第7号』日本生涯教育学会, 1986, p.223-238.
16. 『日本人の学習――成人の意識と行動をさぐる――』(大串兎紀夫, 小平さち子との共著) NHK 放送文化調査研究所, 1987, p.1-44; 145-161; 181-193; 360-363.
17. 「「日本人の学習関心」の動向調査から――NHK 学習関心調査をもとに――」『日本社会教育学会紀要』(No.23) 日本社会教育学会, 1987, p.1-4.
18. 『公民館活性化への途』(岡本包治・元木健・坂元登編著／分担執筆：第2章・学習需要の動向) 日常出版, 1988, p.23-47.
19. 「日本人の学習関心'88――成人の意識と行動をぐる (第3回学習関心調査・報告1)――」(木村由美子との共著)『NHK 放送研究と調査』(平成元年5月号) 日本放送出版協会, 1989, p.8-32.
20. 『生涯学習講座5・生涯学習促進の方法』(佐藤守・稲生剄吾編／分担執筆：第2章・学習関心の把握) 第一法規出版, 1989, p.21-40.
21. 『生涯学習事典』(日本生涯教育学会編／分担執筆：学習要求と学習行動) 東京書籍,

1990, p.58-59.
22. 『日本人の学習——成人の学習ニーズをさぐる——』(NHK放送文化研究所編／分担執筆：第2章・学習関心調査——その特色と方法，第3章・学習行動と学習関心の概況) 第一法規，1990，p.19-28，p.29-52.
23. *Adult Learning in Japan—— Outline of Learning Interests Survey Results*. NHK Broadcasting Culture Research Instiute, 1991, p.1-28.
24. 「CORモデル再考——成人の学習行動解発要因研究のための試論——」『東洋大学文学部紀要第55集・教育学科編XXVII』東洋大学，1902，p.37-58.
25. 『おとなの学びの行動学・第2部 学習関心と行動——成人の学習に関する実証的研究』学文社，2008，p.1-269.

**おとなの学びと社会教育**

1. 『生涯学習時代における社会教育指導者のネットワーク化に関する実証的研究』(共著——科学研究費補助金研究・共同研究報告，代表：岡本包治／分担執筆：I研究報告編1．本調査研究の概要(1)-2) 調査研究の手順等) 社会教育指導者ネットワーク研究会，1990，p.3-7.
2. 『社会教育計画』(倉内史郎編著／分担執筆；第3章・学習者の特性と学習課題——学習者主体の観点を；特論・計画のための調査，資料の活用) 学文社，1991，p.41-69，p.169-181.
3. 『生涯学習の生態学——成人学習の個別化状況を探る——『野間教育研究所紀要・第37集』(倉内史郎・鈴木真理・西村美東士との共編著，分担執筆：I-2．調査の方法と実施) 野間教育研究所，1993，p.8-14.
4. 「成人の学習ニーズ——その特性と動向——」『都市問題研究』(第46巻第12号) 都市問題研究会，1994，p.45-65.
5. 「潜在的学習関心の発掘と行動化」『月刊公民館』(第486号) 全国公民館連合会，1997，p.5-10.

**大学開放と公開講座**

1. 「美馬三好地区出張講座「90年代の世界と日本」について」(小野徳郎，野島良子との共著)『徳島大学大学開放実践センター紀要』(第1巻) 徳島大学大学開放実践センター，1990，p.21-34.
2. 「大学公開講座への地域住民の関心と潜在的需要の考察——生涯教育需要調査(徳島県央地区)の結果から——」(小田利勝・近藤義浩・野島良子・猿田真嗣との共著)『徳島大学大学開放実践センター紀要』(第2巻) 徳島大学大学開放実践センター，1991，p.81-99.
3. 「池田地区および日和佐地区における出張講座について」(小野徳郎・野島良子との

共著)『徳島大学大学開放実践センター紀要』(第2巻) 徳島大学大学開放実践センター, 1991, p.59-79.
4. 『生涯学習需要と大学開放——生涯教育需要調査(徳島県央地区)報告書——』(小田利勝・野島良子・近藤義浩・猿田真嗣との共著, 分担執筆：第2章, 第3章) 徳島大学大学開放実践センター, 1992, p.7-45; 47-66.
5. 『徳島県民の生涯学習——成人の学習実態と学習ニーズ——「生涯教育需要調査(平成2年, 4年)」の結果から』(代表執筆) 徳島大学大学開放実践センター, 1993, p.1-59.
6. 『大学開放をめぐる環境と戦略——1993自己点検・評価報告書——』(松永強右・小野徳郎・近藤義浩・廣渡修一・中島由恵・猿田真嗣・田中俊夫との共著, 分担執筆：第1章(2)(3), 第6章) 徳島大学大学開放実践センター, 1994, p.12-22; 74-91.
7. 「公開講座の受講動機と心理的充足に関する考察」『徳島大学大学開放実践センター紀要』(第5巻) 徳島大学大学開放実践センター, 1994, p.21-48.
8. 「公開講座固定受講者の研究(1)「固定受講者層」の形成とその特性」『徳島大学大学開放実践センター紀要』(第8巻) 徳島大学大学開放実践センター, 1997, p.19-37.
9. 『生涯学習需要の構造と大学開放——徳島県における実証的研究——』(単著) 教育出版センター, 1998, p.1-165.
10. 「「継続学習者」と公開講座の機能——大学公開講座に関する若干の考察——」日本社会教育学会編『高等教育と生涯学習(日本社会教育学会年報・日本の社会教育第42集)』東洋館出版社, 1998, p.126-135.
11. 「公開講座固定受講者の研究(2)公開講座受講者にみる学びのスタイル——ケース・スタディの結果から——」『徳島大学大学開放実践センター紀要』(第10巻) 徳島大学大学開放実践センター, 1999, p.43-66.
12. 『おとなの学びの行動学・第2部 学習関心と行動——成人の学習に関する実証的研究』学文社, 2008, p.1-269.

**僻地・過疎地の生涯学習**
1. 『過疎地の生涯学習——その現状と課題——生涯教育需要調査(徳島県西県南地区)報告書』(近藤善浩・猿田真嗣・小田利勝との共著, 分担執筆：第1章, 第3章, 第4章) 徳島大学大学開放実践センター, 1995, p.1-4; 7-49.
2. 「過疎地の生涯学習～その現状と課題」藤岡英雄『生涯学習需要の構造と大学開放——徳島県における実証的研究——』教育出版センター, 1998, p.74-126.
3. 『おとなの学びの行動学・第2部 学習関心と行動——成人の学習に関する実証的研究』学文社, 2008, p.1-269.

**その他**

1. 「教育技術革新と放送──アメリカにおける研究開発の動向──」『NHK文研月報』(昭和46年10月号) 日本放送出版協会, 1971, p.36-45.
2. 「技法研究・調査対象のとらえ方」『社会教育』(第35巻第2号) 全日本社会教育連合会, 1980, p.14-16.
3. *Report on The Results of Teachers' In-Service Training through Courses Broadcast by TELEDUC.* (Domínguez, M.P.V. との共著) Pontificia Universidad Catolica de Chile-TELEDUC-Japan International Cooperation Agency, 1989, p.1-75.

## 著者紹介

### 藤岡 英雄
<small>ふじおか ひでお</small>

1934年山口県玖珂郡玖珂町（現岩国市）生まれ
東京大学教育学部教育学科卒業
国際基督教大学大学院教育学研究科中退

1958年 NHK教育局プログラム・ディレクター，教育テレビ『英語会話』初代ディレクター，のち各種教育教養番組の制作にあたる
1967年 NHK放送文化研究所員，のち同研究所主任研究員として，教育教養番組等の調査研究に従事
1989年 徳島大学大学開放実践センター教授，のち同センター長として公開講座等大学開放事業の企画運営，調査研究にあたる
1999年 東洋大学文学部教授，2002年定年退職，のち同大学非常勤講師，天使大学非常勤講師
この間，野間教育研究所兼任所員，JICA（国際協力事業団）チリカトリック大学教育テレビプロジェクト派遣専門家，日本放送教育学会理事，日本教育社会学会評議員，徳島県生涯学習推進会議委員，文部省衛星通信利用推進委員会委員，文部省生涯学習審議会作業部会委員，東京都文京区生涯学習推進協議会会長等を歴任

［主要著書］
『おとなの学びの行動学・第1部 学びのメディアとしての放送──放送利用個人学習の研究』（単著，学文社），『生涯学習需要の構造と大学開放』（単著，教育出版センター），『日本人の学習』（共編著，第一法規），『おとなを教える』（監訳書，学文社），『生涯学習の生態学』（共著，野間教育研究所），『社会教育計画』（共著，学文社）ほか

現住所：神奈川県横須賀市ハイランド5-21-15

---

おとなの学びの行動学・第2部
学習関心と行動──成人の学習に関する実証的研究

2008年5月20日　第1版第1刷発行

著　者　藤　岡　英　雄

発行者　田　中　千津子

発行所　株式会社 学文社

〒153-0064　東京都目黒区下目黒3-6-1
電話　03（3715）1501（代）
FAX　03（3715）2012
http://www.gakubunsha.com

印刷所　新灯印刷
製本所　小泉企画

© Hideo FUJIOKA 2008
乱丁・落丁の場合は本社でお取替えします。
定価は売上カード，カバーに表示。

ISBN978-4-7620-1757-5

| 鈴木眞理・清國祐二編著 **社会教育計画の基礎** A5判 248頁 定価 2415円 | 社会教育計画の策定に役立つように構成，また社会教育についての基礎的な理解が深められるよう配慮をした最良の概論テキスト。社会教育主事講習や研修などにも最適の一冊。 1338-6 C3037 |
|---|---|
| 鈴木眞理・松岡廣路編著 **社会教育の基礎** A5判 270頁 定価 2415円 | 社会教育とは何か。歴史的背景，学校教育・行政との関係，国際事情などさまざまな視点から包括的に考察していく。主に初学者を対象とし，わかりやすく解説。社会教育入門編テキスト。 1583-0 C3037 |
| 田中雅文著 **現代生涯学習の展開** A5判 208頁 定価 1890円 | 日本の生涯学習の今日までの流れを追い，公民館やカルチャーセンターなどで学ぶ成人学習者の特徴や学習支援側の実態を分析。市民活動の活発化による需給融合化の生涯学習政策について考察したテキスト。 1279-2 C3037 |
| 松岡廣路著 **生涯学習論の探究** ―交流・解放・ネットワーク― A5判 240頁 定価 2520円 | フレイレの教育論のテーマである「解放」に根ざし，これまでの社会教育・生涯学習論のパラダイムの超克をめざして，インフォーマル・エデュケーションを中心にすえた新しい教育を探究する。 1617-2 C3037 |
| ジョン・フィールド著／矢野裕俊・埋橋孝文・赤尾勝己・伊藤知子訳 **生涯学習と新しい教育体制** 四六判 288頁 定価 2625円 | イギリスにおける成人教育の歴史とヨーロッパでの生涯学習の展開をふまえてイギリスの学習社会の現状や教育・訓練システムの課題について論じた。日本における生涯学習のあり方を考えるうえでも有益。 1326-3 C3037 |
| E.リンデマン著 堀 薫夫訳 **成人教育の意味** A5判 134頁 定価 1575円 | 「教育は生活である」「成人教育の目的は，生活の意味の探求にある」「大人の経験は成人教育のすばらしい資源である」「成人教育の方法は，生活状況を話し合うことである」を訴えた好訳書。 1472-7 C3037 |
| 鈴木眞理著 **ボランティア活動と集団** ――生涯学習・社会教育論的探求―― A5判 320頁 定価 2625円 | 生涯学習・社会教育の領域においてボランティア活動・集団活動の支援はどのようになされているのか，その課題はどのようなものであるか等を，原理的なレベルから掘り起こし，総合的に検討する。 1282-2 C3037 |
| 鈴木眞理著 **学ばないこと・学ぶこと** ―とまれ・生涯学習のススメ― 四六判 192頁 定価 1470円 | 「人が学んでいるとき，そこには学ばないという選択も含めて，その人の生き方が反映されている」。様々な「学び」が氾濫する現代社会において，生涯学習・社会教育・学ぶことの意味を根底から問い直す。 1618-9 C0037 |